In der Originalausgabe des Tagebuchs von Gian Burrasca finden sich auf dem Umschlag folgende Zeilen von Vamba, die dem deutschen Leser nicht vorenthalten werden sollen: «Der Umschlag dieses Buches ist die getreue Wiedergabe des Umschlags des **Tagebuchs** von Giannino Stoppani, genannt **Gian Burrasca**.° Der Text wie auch die Zeichnungen wurden von mir redigiert, verbessert und ergänzt, ohne jedoch die Freimütigkeit und Aufrichtigkeit, mit der das Tagebuch geschrieben ist, anzutasten. Ich widme dieses Buch den Kindern Italiens, verbunden mit dem Wunsch, daß sie es auch ihren Eltern zu lesen geben».

Vamba

° Wörtlich etwa **"Hans Wirbelsturm"**

Das Tagebuch von Gian Burrasca

redigiert, verbessert
und ergänzt von

Vamba

*In der Fahne: Hoch lebe die Tomatensuppe!
Die beiden «Petrolieri d'onore» des Geheimbunds*

Cooperative Verlag
Frankfurt am Main

Die erste italienische Buchausgabe
mit den originalen Illustrationen von Vamba erschien 1912
im Verlag Enrico Bemporad in Florenz unter dem Titel
Il giornalino di Gian Burrasca

Aus dem Italienischen übersetzt,
und mit Anmerkungen versehen von
Walter Rosenthal und Eleonora Beltrani

Die Deutsche Bibliothek - CIP - Einheitsaufnahme
Vamba:
Das Tagebuch von Gian Burrasca
Erste vollständige deutsche Übersetzung
mit den originalen Illustrationen von Vamba

ISBN 3-88442-030-5

Copyright © Cooperative
Verlag für internationale Publikationen GmbH
Frankfurt am Main 1996
Vertrieb:
Prolit GmbH - D - 35461 Fernwald
Lithos und Satz: Gianfranco Fagni - I - Pistoia
Druck und Bindung:
Dipdruck OHG/snc. - I - Bruneck

Das Tagebuch von Gian Burrasca

Erste vollständige deutsche Übersetzung mit den originalen Illustrationen von Vamba.

Vollmond / 20. September/ Mittwoch
St. Eustachio, Soldat und Märtyrer
1870, Einzug der italienischen Truppen in Rom [1]
1897 Geburtstag von Giannino

So, geschafft! Ich wollte unbedingt das heutige Blättchen unseres Abreißkalenders hier in meinem Tagebuch abzeichnen, weil heute nicht nur der Tag ist, an dem die italienischen Truppen in Rom eingezogen sind, sondern auch der Tag, an dem ich geboren bin, und den habe ich unten auf dem Blättchen noch dazu geschrieben, damit die Freunde, die uns besuchen kommen, nicht vergessen, mir ein Geburtstagsgeschenk mitzubringen.

Hier die Liste der Geschenke, die ich bis jetzt bekommen habe:

1. Eine schöne Pistole zum Scheibenschießen von Papa;
2. einen karierten Anzug von meiner Schwester Ada, mit dem ich aber nichts anfangen kann, weil er kein Spielzeug ist;
3. von meiner Schwester Virginia eine fabelhafte Angel mit allem, was dazu gehört, und die man sogar auseinandernehmen und zu einem Stock machen kann. Damit hat sie genau das Richtige getroffen, denn Angeln gehe ich für mein Leben gern;
4. ein Mäppchen mit Schreibzeug und einem tollen zweifarbigen Buntstift in Rot und Blau von meiner Schwester Luisa;
5. dieses Tagebuch, das ich von meiner Mama gekriegt habe und das das Beste von allem ist.

Wirklich, das war eine phantastische Idee von meiner guten Mama, mir dieses Tagebuch zu schenken, damit ich etwas habe, in das ich alle meine Gedanken und Erlebnisse schreiben kann. Was für ein schönes Buch mit seinem grünen Leineneinband und all den weißen Seiten, von denen ich noch gar nicht weiß, wie ich sie voll kriegen soll! Wie lange schon wünsche ich mir nichts sehnlicher als ein eigenes

---

[1] Tag der Eroberung Roms durch die italienischen Truppen. Nach elf Jahrhunderten endete damit die weltliche Macht der Päpste.

Tagebuch, um meine Erlebnisse aufzuschreiben, genau so wie meine Schwestern Ada, Luisa und Virginia, die jeden Abend, bevor sie schlafen gehen, mit aufgelösten Haaren und schon halb ausgezogen ganze Stunden mit Schreiben zubringen!

Mir ist wirklich ein Rätsel, wo diese Mädels so viele Sachen zum Schreiben hernehmen!

Ich jedenfalls habe jetzt nichts mehr zu erzählen, und ich frage mich, wie ich all Deine leeren Seiten, mein liebes Tagebuch, voll bekommen soll... Ich hab's: ich werde mir einfach meine Zeichenkünste zunutze machen und hier von mir ein Bild zeichnen, das mich heute an meinem neunten Geburtstag zeigt.

Portrait von Giannino Stoppani an seinem 9. Geburtstag am 20. September 1905 [2]

Aber eigentlich gehören in ein so schönes Tagebuch wie dieses Gedanken, Erinnerungen, Erlebnisse.

Da kommt mir eine Idee! Wie wäre es, wenn ich ein bißchen aus dem Tagebuch von Ada abschreiben würde, die gerade mit Mama zusammen einige Besuche macht?

....

Gesagt, getan: Ich bin nach oben in Adas Zimmer gegangen, habe aus der Schreibtischschublade ihr Tagebuch herausgenommen, und jetzt kann ich in aller Ruhe ein bißchen daraus abschreiben.

"Oh, wenn dieser Signor Capitani doch nie mehr zu uns käme! Statt dessen war dieser alte Widerling heute abend schon wieder da! Es geht unmöglich! Er gefällt mir

---

[2] Inkonsequenz von Vamba: laut Kalenderblatt müßte Giannino 8 Jahre alt sein.

nicht, er wird mir niemals gefallen, niemals, niemals! Mama hat gesagt, daß er sehr reich ist und daß ich ihn heiraten muß, wenn er um meine Hand anhält. Ist das nicht eine himmelschreiende Grausamkeit? Mein armes Herz, warum nur mußt du solche Qualen erleiden?... Er hat so rote klobige Hände, und wenn er sich mit Papa unterhält, geht es immer nur um Wein, Öl, Ackerbau und Viehzucht! Und wie altmodisch er immer angezogen ist... Oh, wenn nur endlich Schluß mit dieser Geschichte wäre und ich ihn niemals wiedersehen müßte! Dann hätte meine Seele endlich wieder Frieden!... Gestern abend, als ich ihn zur Haustür begleitete und wir allein im Flur standen, wollte er mir die Hand küssen; aber ich lief schnell weg, während er ein langes Gesicht machte... Nein, niemals! Ich lasse nicht von meinem geliebten Alberto de Renzis! Wie schade, daß er nur so ein armer kleiner Angestellter ist... Aber diese ständigen Eifersuchtsszenen! Ich kann sie einfach nicht mehr ertragen! Welch eine Enttäuschung! So habe ich mir das Leben nicht vorgestellt!... Ach, ich bin sooo unglücklich!!!..."

So, und nun Schluß damit, denn jetzt habe ich zwei Seiten vollgeschrieben.

Vor dem Zubettgehen muß ich Dir, mein Tagebuch, noch von einer sehr ernsten Sache erzählen, die mir heute abend passiert ist.

Gegen acht Uhr ist, wie üblich, der *Signor* Adolfo Capitani gekommen. Was ist das doch für ein häßlicher alter Kerl! Er ist kugelrund wie eine Tonne und hat ein rosarotes Gesicht wie ein Schweinchen! Meine Schwestern haben wirklich recht, wenn sie sich über ihn lustig machen!

Ich war also im Wohnzimmer und hielt mein Tagebuch in der Hand, als mich

Der Signor Adolfo Capitani, Ada, Mama, Giannino Stoppani

plötzlich der Capitani mit seiner Stimme, die immer klingt wie die von einem Kater, dem gerade das Fell über die Ohren gezogen wird, fragte: — Was liest unser Giannino denn da Schönes? — Ich habe ihm natürlich sofort mein Erinnerungsbuch gegeben, worauf er sofort anfing, laut und vor allen anderen in ihm zu lesen.

Am Anfang wollten sich Mama und meine Schwestern halbtot lachen, aber als er zu der Stelle kam, die ich aus Adas Tagebuch abgeschrieben hatte, fing diese an zu schreien und versuchte verzweifelt, dem Capitani mein Tagebuch aus der Hand zu reißen. Doch der blieb stur wie ein Ochse; er wollte die Sache ganz zu Ende lesen. Als er fertig war, fragte er mich mit todernstem Gesicht:

— Wie kommst du denn dazu, solche Dummheiten zu schreiben? —

Ich antwortete ihm, daß das keine Dummheiten sein könnten, weil Ada sie in ihr Tagebuch geschrieben hätte und daß sie als meine große Schwester mehr Verstand hätte als ich und wissen müßte, was sie sagt.

Kaum hatte ich dies gesagt, da stand der *Signor* Capitani mit ernster Miene auf, nahm seinen Hut und ging ohne Gruß davon.

Was für ein Benehmen!

Statt daß sich Mama nun über den Capitani aufgeregt hätte, war sie böse auf mich und hat mir eine tüchtige Strafpredigt gehalten. Und die blöde Ada fing an, wie ein Schloßhund zu heulen.

Das hat man nun davon, wenn man seinen großen Schwestern einen Gefallen tun will.

Genug für heute! Ich sollte vielleicht jetzt besser schlafen gehen. Immerhin kann ich zufrieden sein, denn ich habe drei ganze Seiten meines geliebten Tagebuchs vollgeschrieben.

21. September

Ich bin wirklich als Unglücksrabe geboren!

Zu Hause kann ich mich kaum noch blicken lassen, denn alle behaupten, daß es allein meine Schuld ist, daß die Heirat zwischen Ada und dem *Signor* Capitani geplatzt ist, eine Heirat, die bei den heutigen Zeiten ein wahrer Glücksfall gewesen wäre, weil man so einen Ehemann wie den *Signor* Capitani mit seinen zwanzigtausend *Lire* Einkommen im Jahr nicht alle Tage findet. Und daß Ada nun dazu verdammt ist, als alte Jungfer zu sterben wie die Tante Bettina usw. usf., ewig die selben alten Geschichten.

Ich möchte wirklich wissen, was ich denn eigentlich Schlimmes verbrochen habe, als ich diese paar Zeilen aus Adas Tagebuch abgeschrieben habe!

Auf jeden Fall, das schwöre ich, werde ich mein Tagebuch von nun an ganz alleine schreiben, denn die albernen Geschichten von meinen Schwestern gehen mir sowieso auf die Nerven.

Nach dem Vorfall von gestern abend war heute morgen hier im Haus eine Stimmung, als wäre eine Katastrophe geschehen. Es hatte schon vor einer ganzen Weile 12 Uhr geschlagen, aber kein Mensch schien Anstalten machen zu wollen, sich wie all die anderen Tage an den Mittagstisch zu setzen. Da ich es vor Hunger kaum noch aushalten konnte, bin ich auf Zehenspitzen ins Eßzimmer gegangen, habe mir von der Anrichte drei Brötchen, eine Handvoll Trauben und einen Berg getrockneter Feigen genommen und bin dann mit meiner Angel unterm Arm zum Fluß gegangen, um in Frieden zu essen. Danach fing ich an zu angeln. Ich hatte es eigentlich nur auf die kleinen Fischchen abgesehen, aber plötzlich gab es an meiner Angel einen heftigen Ruck, und vielleicht habe ich mich dabei ein bißchen zu weit nach vorne gebeugt, denn es machte auf einmal platsch, und ich lag im Wasser. Es hört sich vielleicht verrückt an, aber in diesem Augenblick konnte ich einfach nicht anders, als bei mir zu denken: "Nun werden meine Eltern und meine Schwestern aber froh sein, daß sie mich los sind! Jetzt werden sie nicht länger mehr sagen können, daß ich der Ruin der Familie bin! Und nie mehr muß ich dann diesen Spitznamen "Gian Burrasca" hören, bei dem mich immer die Wut packt.

Ich sank immer tiefer und konnte an gar nichts mehr denken, als ich mich plötzlich von zwei kräftigen Armen hochgezogen fühlte. Ich atmete mit tiefen Zügen die frische Luft des Septembers ein, und kaum fühlte ich mich besser, als ich auch schon den Bootsmann, der mich in seinen Armen hielt, fragte, ob er auch daran gedacht hatte, meine arme Angel zu retten!

Das ist Gigi, der mir das Leben gerettet hat

Ich habe keine Ahnung, warum Mama so schrecklich geweint hat, als ich von Gigi ganz durchnäßt zu Hause abgeliefert wurde. Mir ging es prima, und ich sagte ihr das auch, aber meine Worte waren in den Wind gesprochen; ihre Tränen wollten einfach nicht aufhören zu fließen. Was war ich froh, daß ich in den Fluß gefallen war und beinahe ertrunken wäre, denn noch nie in meinem Leben bin ich mit so vielen Komplimenten und Liebkosungen überschüttet worden, wie an diesem Tag.

Luisa hat mich sofort ins Bett gesteckt, Ada hat mir eine Tasse kochend heißer Fleischbrühe gebracht und alle, einschließlich der Dienstboten, standen um mich herum, bis es Zeit war zum Abendessen. Dann haben sie mich, begraben unter einem Berg von Decken, so daß mir beinahe tatsächlich die Puste ausgegangen wäre, allein gelassen, nicht ohne mich vorher noch zu ermahnen, brav zu sein und mich ja nicht zu rühren.

Aber kann man sich so etwas bei einem Jungen in meinem Alter vorstellen? Was habe ich also gemacht, kaum daß ich wieder allein war? Ich bin aus dem Bett gesprungen, habe meinen karierten Sonntagsanzug aus dem Schrank geholt, habe mich angezogen und bin dann ganz leise, damit mich auch ja keiner hört, nach unten gegangen und habe mich hinter dem Vorhang im Salon versteckt. Was hätte ich nicht wieder alles zu hören gekriegt, wenn man mich da entdeckt hätte!... Ich weiß nicht, wie es kam, aber ich schlief fast auf der Stelle ein; vielleicht war ich müde oder einfach zu erschöpft von meinem Angelabenteuer. Als ich dann nach einer Weile aus tiefem Schlummer erwachte, sah ich durch einen Spalt des Vorhangs Luisa und Dr. Collalto nebeneinander auf dem Sofa sitzen und sich leise miteinander unterhalten. Virginia klimperte auf dem Klavier in der Ecke. Ada war nicht da; sicher war sie schon zu Bett gegangen, weil sie wußte, daß der Capitani nicht kommt.

— Es dauert mindestens noch ein Jahr — sagte Dr. Collalto. — Weißt du, Dr. Baldi wird allmählich alt, und er hat mir versprochen, mich als Assistent zu nehmen. Macht es dir etwas aus, mein Herz, so lange zu warten? —

— Oh nein! Und dir? — antwortete Luisa, und beide fingen an zu lachen.

— Aber du darfst es noch niemandem erzählen — fuhr er fort.— Bevor wir unsere Verlobung ganz offiziell bekannt geben, möchte ich eine gesicherte Position haben... —

— Aber wo denkst du hin? Ich werde doch nicht so leichtsinnig sein...! —

Kaum hatte Luisa dies gesagt, stand sie plötzlich auf und setzte sich in eine andere Ecke des Salons, weit weg von Dr. Collalto. Genau im selben Augenblick traten die Schwestern Manelli ins Zimmer.

Alle erkundigten sich lebhaft, wie es denn dem armen Giannino ginge, als Mama, kreidebleich im Gesicht, daß einem angst und bange werden konnte, in den Salon stürzte und ganz aufgeregt berichtete, daß ich nicht mehr im Bett wäre und daß sie mich überall gesucht hätte, mich aber nicht hätte finden können. Was habe ich also gemacht, um sie nicht länger zu beunruhigen? Ich bin mit lautem Indianergeheul aus meinem Versteck gestürmt.

Haben die alle einen Schreck gekriegt!

— Giannino, Giannino! Du machst mich noch ganz krank! — jammerte Mama und fing an zu weinen.

— Sag mal, bist du etwa die ganze Zeit hinter dem Vorhang gewesen? — fragte mich Luisa und wurde ganz rot im Gesicht.

— Ja, was hast du denn gedacht? — antwortete ich und fügte noch hinzu: — Aber eins möchte ich wirklich wissen: Ihr predigt mir immer, ich solle die Wahrheit sagen. Aber warum sagt ihr dann Euren Freundinnen nicht, daß ihr einander versprochen seid! —

Da packte mich meine Schwester am Arm und zog mich aus dem Zimmer.

— Laß mich los, laß mich los! — schrie ich. — Ich kann allein gehen! Warum bist du aufgestanden und hast dich woanders hingesetzt, als du es schellen gehört hast? Collalto... — aber ich konnte den Satz nicht zu Ende sprechen, weil mir Luisa mit der einen Hand den Mund zuhielt, während sie gleichzeitig mit der anderen die Tür zuschlug.

— Ich hätte wirklich große Lust, dir eine Tracht Prügel zu verpassen! — sagte sie und brach in Tränen aus. — Das wird dir der Doktor Collalto sicher nie verzeihen! — Und die Arme schluchzte so herzzerreißend, als hätte sie den größten Schatz der Welt verloren.

— Hör auf zu weinen, Schwesterherz, — sagte ich zu ihr. — Du kannst mir glauben: Wenn ich gewußt hätte, daß der Doktor so ängstlich ist, wäre ich bestimmt nicht mit so lautem Gebrüll hinter dem Vorhang hervorgekommen. —

In diesem Augenblick kam Mama und brachte mich wieder ins Bett. Und Caterina schärfte sie ein, nicht eher das Zimmer zu verlassen, bis ich fest eingeschlafen wäre.

Aber wie hätte ich schlafen können, ohne Dir, mein liebes Tagebuch, all die aufregenden Erlebnisse des heutigen Tages zu erzählen? Zum Glück konnte sich Caterina vor Müdigkeit kaum noch halten, und jedesmal, wenn sie gähnte, sah es so aus, als müsse ihr der Kopf gleich vom Hals fallen.

Leb wohl mein liebes Tagebuch, leb wohl für heute!

6. Oktober

Seit zwei Wochen habe ich nicht eine einzige Zeile mehr in meinem Tagebuch geschrieben, denn nach jenem Unglückstag, an dem ich beinahe ertrunken wäre und an dem ich das Bett verlassen hatte, obwohl ich schweißgebadet war, bin ich krank geworden. Dr. Collalto ist zweimal am Tag zu mir hoch gekommen, und er ist so gut zu mir gewesen, daß ich beinahe ein schlechtes Gewissen bekam, weil ich ihn an jenem Abend so erschreckt hatte. Wie lange es wohl dauert, bis ich wieder gesund bin?... Heute abend habe ich gehört, wie sich Ada und Virginia im Flur unterhielten. Natürlich habe ich die Ohren gespitzt, um zu hören, worüber sie sprachen. Anscheinend handelt es sich um nichts Geringeres als darum, daß man einen Ball in unserem Hause geben will.

Virginia sagte, daß sie heilfroh wäre, daß ich das Bett hüten müsse; so könne sie einigermaßen beruhigt und sicher sein, daß ich auf dem Fest nichts anstellen werde. Sie hofft, daß ich einen ganzen Monat im Bett bleiben muß. Ich kann überhaupt nicht verstehen, warum große Schwestern immer so häßlich zu ihren kleinen Brüdern sein müssen... Dabei bin ich immer so hilfsbereit ihr gegenüber!... Wenn ich gesund bin, gehe ich manchmal sogar zweimal am Tag zur Post, um Briefe für sie zu holen und einzuwerfen. Gut, hin und wieder habe ich mal einen verloren, aber davon hat sie nie etwas erfahren! Sie hat also überhaupt keinen Grund, auf mich böse zu sein!

Das ist Dr. Collalto, und er sieht ihm ziemlich ähnlich...

Heute ging es mir so gut, daß ich Lust bekam, aufzustehen. Gegen drei Uhr hörte ich, wie Caterina die Treppe heraufkam, um mir etwas zu Essen zu bringen. Da bin ich aus dem Bett geschlüpft, habe mich, eingehüllt in einen schwarzen Umhängeschal von Mama, hinter der Tür versteckt, und als Caterina die Tür öffnete, laut bellend wie ein Hund auf sie gestürzt... Und was glaubst du, hat dieser Tolpatsch von Caterina gemacht?... Vor lauter Schreck hat sie das Tablett auf den Boden fallen lassen!... Was für ein Jammer!... Die himmelblaue Porzellankanne zersprang in tausend Stücke und der Milchkaffee ergoß sich auf den Teppich, den mir Mama gerade gestern erst gekauft hatte. Und die doofe Caterina fing so laut an zu schreien, daß Mama, Papa, meine Schwestern, die Köchin und Giovanni alle ganz erschrocken nach oben gerannt kamen, um nachzusehen, was passiert war... Wie kann man sich nur so dumm anstellen!... Aber die Schimpfe habe natürlich mal wieder ich abgekriegt... Aber sie werden noch

Das ist Caterina, sie hat aber eine längere Nase und spricht mit französischem "r"

sehen!... Sobald ich wieder richtig gesund bin, haue ich hier ab, und gehe ganz ganz weit weg, damit sie endlich lernen, Kinder so zu behandeln, wie es sich gehört.

7. Oktober

Heute morgen haben sie mir endlich erlaubt, aufzustehen... Aber glaubt man im Ernst, daß ein Junge wie ich in einem Sessel und mit einer Wolldecke um die Beine ruhig sitzen bleiben kann? Da stirbt man doch vor Langeweile! Also habe ich, als Caterina einen Moment nach unten gegangen war, um mir ein Glas Zuckerwasser zu holen, blitzschnell die Decke abgeworfen und bin in Luisas Zimmer gelaufen, um all die Fotografien zu betrachten, die sie in einem Kästchen in ihrem Schreibtisch aufbewahrt. Meine Schwestern waren mit einer Freundin, der *Signorina* Rossi, im Salon. Natürlich hat Caterina, nachdem sie mit dem Zuckerwasser zurück war, mich überall gesucht, aber ohne Erfolg... Kein Wunder!... Ich hatte mich nämlich im Schrank versteckt...

Das waren vielleicht Fotos, einfach zum Kaputtlachen!... Auf einem stand: *"Ein echter Schwachkopf!"*... Auf einem anderen: *"Ist der süß!"*... Auf noch einem anderen: *"Der will mich heiraten... aber ich bin doch nicht plemplem!"* Und weiter: *"Ein Prachtkerl!"*... Oder: *"Was für ein Mund!* Und auf einem stand sogar: *"Portrait eines Esels!"*...

Es gab nicht eine einzige Fotografie ohne einen derartigen Kommentar. Ich habe etwa ein Dutzend Fotos von Leuten, die ich kenne, an mich genommen, um, sobald ich wieder nach draußen gehen darf, einige harmlose Späßchen mit ihnen zu machen. Dann habe ich das Kästchen wieder sorgfältig verschlossen, damit Luisa ja nichts merkt...

Aber ich hatte noch gar keine Lust, wieder auf meine unaufgeräumte Bude zu gehen und mich zu langweilen. Auf einmal kam mir eine Idee: wie wäre es, wenn ich mich als Frau verkleiden würde?

Ich habe ein altes Korsett von Ada gefunden, außerdem noch einen weißen gestreiften Rock mit Schleppe, aus dem Schrank habe ich ein rosafarbenes, spitzenbesetztes Batistkleid von Luisa genommen, und dann habe ich angefangen, mich anzuziehen. Weil der Rock in der Taille zu knapp war, mußte ich ihn mit Sicherheitsnadeln fest machen. Schließlich habe ich mir tüchtig die Wangen mit einer rosafarbenen Creme, die ich in einem Döschen fand, beschmiert, und dann habe ich mich im Spiegel betrachtet... Heiliger Bimbam!... Ich war nicht mehr wiederzuerkennen... In was für ein schönes Fräulein hatte ich mich verwandelt!...

Ich war so angetan von mir, daß ich ausrief: — Meine Schwestern werden vor Neid platzen! —

Schon war ich nach unten gelaufen, wo ich gerade in dem Moment ankam, als die *Signorina* Rossi am Fortgehen war. Meine Güte, gab das eine Aufregung!

— Mein rosa Batistkleid! — schrie Luisa und wurde blaß vor Zorn.

Die *Signorina* Bice packte mich am Arm, drehte mich zum Licht und fragte mich spöttisch: — Verrat mir doch mal, woher du auf einmal so schöne rote Wangen hast, mein lieber Giannino, hm? —

Luisa gab mir einen Wink, daß ich den Mund halten sollte, aber ich tat so, als hätte ich nichts gesehen und antwortete: — Och, ich habe in einer Schublade so eine Creme gefunden... — Da fing die *Signorina* Bice so hämisch an zu lachen, daß ich ihr am liebsten an die Gurgel gesprungen wäre.

Als sie weg war, sagte Luisa, daß die Bice Rossi eine alte Tratschtante wäre und daß sie es sicher kaum erwarten könnte, überall herum zu erzählen, daß meine Schwester sich das Gesicht anmalt. Aber ich kann beschwören, daß das nicht stimmt, denn Luisa benutzt diese Creme nur zum Färben der Seidenblumen, mit denen sie so wunderschön Hüte schmücken kann.

Ich war schon dabei, mich ganz schnell auf mein Zimmer zu verziehen, als ich vor Luisa halt machte, ihr ganz fest in die Augen guckte und, zack, die unterste Rüsche von ihrem Rock abriß. Hätte ich das nur bleiben lassen!... Sie ist fuchsteufelswild geworden und hat mir eine geklebt... — Warte nur ab, Schwesterlein — habe ich bei mir gedacht. — Wenn du wüßtest, daß ich dir welche von deinen Fotos stiebitzt habe! —

Die großen Schwestern von kleinen Jungen scheinen immer zu denken, daß deren Wangen nur dazu geschaffen sind, Backpfeifen zu kriegen... Wenn sie wüßten, wie trostlos und verzweifelt uns zumute ist, wenn sie uns so behandeln!... Ich habe kein Wort gesagt und im stillen gedacht: wart' nur ab bis morgen...

8. Oktober

War das vielleicht ein Spaß heute, all die Männer auf den Fotografien, die ich meinen Schwestern weggenommen hatte, im Original zu sehen!

Zuerst war ich bei Carlo Nelli, dem Besitzer des schönen Modegeschäfts auf dem *Corso*.[3] Er ist immer wie aus dem Ei gepellt, und er hat die Angewohnheit, auf Zehenspitzen zu laufen, weil seine Schuhe immer eine Nummer zu klein sind. Als er mich hereinkommen sah, sagte er:

— Oh, Giannino, bist du wieder gesund? —

— Ja — sagte ich, und nachdem ich brav alle weiteren Fragen beantwortet hatte, schenkte er mir eine schöne rote Krawatte, für die ich mich, wie es sich gehört, auch bedankte.

Als er dann anfing, mich über meine Schwestern auszufragen, schien mir der richtige Moment gekommen, sein Foto aus der Tasche zu ziehen. Darunter war mit Tinte geschrieben: *"Alter Gommeux!"*,[4] aber ich habe keine Ahnung, was das heißen soll.

Außerdem hatte man noch seinen Schnurrbart länger gemacht und seinen Mund bis zu den Ohren hoch gezogen.

Als er sein Bild derartig verunstaltet sah, wurde er rot wie eine Tomate, und dann sagte er:

— Das bist du wohl gewesen, du Lausebengel, was? —

— Nein! — antwortete ich. — Ich habe das Foto so im Zimmer meiner Schwestern gefunden! — Und dann machte ich mich aus dem Staub, weil er ein Gesicht machte, daß ich es mit der Angst zu tun kriegte. Außerdem wollte ich keine Zeit mehr mit weiteren Erklärungen verlieren, denn ich hatte ja noch die anderen Fotografien zu verteilen.

Und so bin ich gleich weiter zum Apotheker Pietrino Masi gelaufen.

Wie häßlich der arme Pietrino ist mit seinen roten borstigen Haaren und seinem gelben pockennarbigen Gesicht! Aber er scheint davon nicht die geringste Ahnung zu haben...

— Guten Tag, Pietro — sagte ich.

— Oh, Giannino! — antwortete er. — Sind alle gesund und munter zuhause? —

— Danke, ja. Und viele Grüße von allen!.—

Dann holte er von einem Regal einen großen Glasbehälter herunter und sagte zu mir:

— Du magst doch Pfefferminzbonbons, nicht wahr? —

---

[3] Hauptgeschäftstraße.
[4] Dandy, Geck.

Und ohne meine Antwort abzuwarten, gab er mir eine Handvoll Bonbons in allen möglichen Farben.

Es ist wirklich ein Glück, wenn ein kleiner Junge so nette Schwestern hat wie ich, denn ihre Verehrer sind dann immer besonders großzügig ihm gegenüber.

Ich steckte die Bonbons ein, holte dann das Foto hervor und sagte mit unschuldiger Miene:

— Schau mal, das habe ich heute morgen zuhause gefunden! —

— Laß mal sehen — sagte Pietrino Masi und

Apotheke Masi

griff nach dem Bild. Aber natürlich wollte ich das um keinen Preis hergeben. Er jedoch riß es mir einfach aus der Hand, und so konnte er lesen, was mit einem blauen Stift auf die Rückseite geschrieben war: *"Der will mich heiraten... aber ich bin doch nicht plemplem!"*

Pietrino wurde so weiß im Gesicht wie dieses Blatt hier, und einen Augenblick dachte ich, er würde gleich in Ohnmacht fallen. Doch statt dessen sagte er mit zusammengebissenen Zähnen:

— Es ist wirklich eine Schande, daß deine Schwestern sich so über anständige Leute lustig machen, hast du verstanden? —

Obwohl ich sehr gut verstanden hatte, wollte er meinem Verständnis noch mit einem Fußtritt nachhelfen, aber ich wich ihm mit einem Schlenker aus und versuchte schleunigst die Tür zu erreichen, nicht ohne mir noch schnell einige Bonbons in die Tasche zu stecken, die auf der Theke liegen geblieben waren. Dann lief ich zu Ugo Bellini.

Ugo Bellini ist ein blutjunger Rechtsanwalt von dreiundzwanzig Jahren. Er arbeitet in der Via Vittorio Emanuele 18 im Büro seines Vaters, der auch Rechtsanwalt ist, allerdings einer von den guten. Wenn man Ugo gehen sieht, könnte man denken, er sei Gott weiß wer, denn er geht immer mit geschwollener Brust, die Nase in die Luft gestreckt, und er spricht mit einer so tiefen Baßstimme, daß man meint, sie käme ganz unten von den Schuhsohlen.

Er ist wirklich ein komischer Kauz, da haben meine Schwestern recht. Aber ich hatte schon ein bißchen Bammel, als ich zu ihm ging, denn er ist ein Mensch, der nicht mit sich spaßen läßt.

Ich steckte den Kopf in die Tür und fragte:

Das ist Ugo Bellini

— Entschuldigen Sie, finde ich hier den alten *"Silva Stendere"*? [5] —
— Wie bitte...!?! —
— Ich habe hier ein Foto für ihn! —

Und dann überreichte ich ihm sein Foto, unter dem geschrieben stand: *"Sieht aus wie der alte Silva Stendere! Was für ein komischer Kauz!"*

Ugo Bellini nahm sein Foto und ich nichts wie weg. Das Foto muß ihn sehr beeindruckt haben, denn als ich die Treppe hinunterrannte, hörte ich ihn mit seiner schrecklichen Baßstimme brüllen:

— Ungezogene Gören! Tratschweiber! Schwatzbasen! —

Du liebe Zeit, wenn ich all die Erlebnisse von heute morgen aufschreiben wollte, käme ich überhaupt nicht mehr ins Bett heute abend.

Was für verdutzte Gesichter haben all diese Männer gemacht, als ich ihnen ihre Fotos unter die Nase hielt! Ich konnte mir manchmal kaum das Lachen verkneifen, wenn ich sah, was sie für Grimassen schnitten.

Aber der, über den ich am meisten lachen musste, war Gino Viani. Als ich ihm sein Foto zeigte, unter dem stand: *"Portrait eines Esels"!* kamen dem armen Kerl die Tränen, und er sagte mit kaum hörbarer Stimme:

— Das bricht mir das Herz! —

Aber das stimmte natürlich gar nicht, denn wenn ihm sein Herz wirklich gebrochen wäre, hätte er nicht im Zimmer hin und her laufen und dabei eine Menge unverständlicher Worte vor sich hin brummen können!

9. Oktober

Heute haben Ada, Luisa und Virginia den ganzen Tag Mama in den Ohren gelegen, um von ihr die Erlaubnis zu jenem Tanzfest zu bekommen, das seit einiger Zeit ständiges Gesprächsthema zwischen ihnen ist. Sie haben so lange gebettelt, bis unsere gute Mama schließlich ihrem Wunsch nachgegeben hat und das Fest auf Dienstag nächster Woche gelegt wurde.

Das Schöne ist, daß, als sie über die Gäste sprachen, die man einladen müßte, natürlich auch all die Namen der Männer fielen, denen ich gestern die Fotos gebracht hatte.

Aber kann man sich vorstellen, daß die, nach all den Komplimenten, die meine Schwestern auf ihre Fotos geschrieben hatten, noch Lust haben werden, mit ihnen zu tanzen?

12. Oktober

Ach, mein liebes Tagebuch, wie nötig habe ich Dich, um Dir mein Herz auszuschütten!

---

[5] Der Herzog Gomez de Silva ist der Gegenspieler zu Ernani in Verdis gleichnamiger Oper. Obwohl er schon sehr alt ist, will er seine junge Nichte Elvira heiraten; er versucht die Hand nach ihr "auszustrecken" ("stendere"). Der Satiriker Vamba macht aus diesem "stendere" ein Substantiv, um Ugo Bellini als Möchte-gern-Bewerber zu charakterisieren.

Es mag verrückt klingen, aber es ist wirklich wahr, daß Kinder nur auf die Welt kommen, um Unheil zu stiften. Daher wäre es besser, es würden keine Kinder mehr geboren, damit ihre Eltern endlich ihren Frieden hätten.

Oh, mein Tagebuch, gestern hat das Schicksal zugeschlagen, und gleich so viele Male, daß ich gar nicht imstande war, Dir davon zu erzählen! Oh je, was habe ich sie gekriegt!... Noch jetzt tut mir jeder Schritt weh, aber schlimmer noch ist das Sitzen, da besagte Schläge, mit Verlaub zu sagen, an einem gewissen Körperteil fingerdicke Blasen hinterlassen haben.

Doch obwohl mir das Sitzen solche Pein bereitet, habe ich mir heute geschworen, hier mein ganzes Unglück aufzuschreiben.

Ach, mein Tagebuch, was muß ich leiden, was muß ich leiden! Und das immer um der Wahrheit und der Gerechtigkeit willen!

Ich habe Dir gestern schon berichtet, daß meine Schwestern von Mama die Einwilligung bekommen haben, einen Ball in unserem Haus zu geben; und ich kann dir gar nicht sagen, wie aufgeregt alle bei diesem Gedanken waren. Sie liefen von einem Zimmer zum anderen, hatten dauernd etwas miteinander zu tuscheln und waren pausenlos beschäftigt... Man hörte und redete von nichts anderem mehr.

Tante Bettina im grünen Seidenkleid

Vorgestern morgen haben sie sich nach dem Frühstück im Salon versammelt, um die Gästeliste zusammenzustellen, und offenbar waren alle in bester Laune. Da klingelte plötzlich jemand laut und energisch an der Türe. Meine Schwestern unterbrachen ihre Beratung und fingen an zu zwitschern:

— Wer kann das nur sein zu dieser Stunde? — Und dann noch solch ein Sturmgeläute!... — So kann nur ein Bauer klingeln! — Auf jeden Fall ist es jemand ohne Manieren!... —

In diesem Augenblick erscheint Caterina in der Tür und sagt:

— Schauen Sie mal, wer gekommen ist, *Signorine*!... —

Und wer taucht hinter Caterina auf? Niemand anders als die leibhaftige Tante Bettina, die Tante Bettina, die auf dem Land lebt und uns zweimal im Jahr besuchen kommt.

— Uh, eine feine Überraschung! — sagten meine Schwestern mit hauchdünner Stimme, wobei ihre Gesichter ganz grün vor Ärger wurden. Und unter dem Vorwand, das Zimmer für die Tante vorbereiten zu wollen, überließen sie sie Mama und gingen ins Arbeitszimmer, um die Lage zu besprechen. Dieses Spektakel wollte ich mir nicht entgehen lassen, und so bin ich ihnen gefolgt.

— Mein Gott, diese häßliche alte Hexe! — rief Ada mit Tränen in den Augen.

— Die wird uns bestimmt den Gefallen tun und vor dem Fest wieder verschwinden! — sagte Virginia mit Ironie in der Stimme. — Und wie sie sich erst freuen wird, endlich wieder eine Gelegenheit zu haben, ihr grünes Seidenkleid, ihre gelben Handschuhe und ihre lila Haube zu tragen! —

— Die wird uns auf die Knochen blamieren! — fügte Luisa verzweifelt hinzu.

— Mein Gott, das ist wirklich eine schöne Bescherung! Wie ich mich schäme, eine solche Vogelscheuche der Öffentlichkeit zu präsentieren! —

Die Tante Bettina ist steinreich und dermaßen altmodisch, daß man denken könnte, die Arme sei der Arche Noah entstiegen, mit dem einen Unterschied allerdings, daß die Tiere aus der Arche Noah allesamt paarweise herauskamen, während die Tante allein kam, weil sie einfach keinen Trottel von Ehemann gefunden hat!

Meine Schwestern wollten also die Tante unter keinen Umständen bei ihrem Fest haben. Und wenn wir ehrlich sind: Kann man den armen Mädels das verdenken, nachdem sie sich so viel Mühe gegeben haben, damit das Fest ein voller Erfolg wird? Wäre es nicht jammerschade, wenn diese alte Vogelscheuche es ihnen durch ihre Anwesenheit verpatzen würde?

Es mußte also dringend etwas geschen, um die Situation zu retten. Und dafür brauchte man jemanden, der bereit war, sich für das Glück dieser armen Mädels aufzuopfern. Und ist solch ein Opfer nicht eine edle Tat für einen Jungen, dem das Wohl seiner Schwestern am Herzen liegt?

Da sich mittlerweile mein schlechtes Gewissen regte, weil ich meinen Schwestern mit den Fotos so einen üblen Streich gespielt hatte, zögerte ich nicht eine Sekunde lang, diesen durch eine gute Tat wieder wett zu machen.

Also habe ich mir vorgestern Abend gleich nach dem Essen die Tante Bettina beiseite genommen und mit dem gebotenen Ernst, aber so schonend wie möglich, zu ihr gesagt:

— Liebe Tante, wollen Sie Ihren Nichten einen großen Gefallen tun? —

— Worum geht es denn, mein Junge? —

— Es geht um folgendes: Wenn Sie Ihren Nichten wirklich eine Freude machen wollen, dann fahren Sie vor dem Ball wieder ab. Verstehen Sie, Sie sind einfach zu alt, und außerdem ziehen Sie sich auf solchen Festen immer auf eine so lächerliche Weise an, daß es nur verständlich ist, wenn meine Schwestern Sie nicht dabei haben wollen. Aber sagen Sie niemandem, daß ich Ihnen das verraten habe. Bitte, hören Sie auf mich und fahren Sie Montag wieder nach Hause! Ihre Nichten werden Ihnen ein Leben lang dankbar sein. —

Und jetzt möchte ich wissen: Mußte sich die Tante so aufregen, nachdem ich so offen und ehrlich mit ihr geredet hatte? Und mußte sie, wo ich sie doch extra bat, unser Gespräch für sich zu behalten, alles ausposaunen und am Ende gar noch das feierliche Versprechen abgeben, daß sie am nächsten Morgen gleich nach dem Aufstehen wieder abfahren werde?

Tatsächlich ist die Tante Bettina gestern morgen mit dem heiligen Schwur abgereist, nie mehr den Fuß über die Schwelle unseres Hauses zu setzen.

Aber damit nicht genug! Es scheint, daß Papa die Tante gebeten hatte, ihm eine bestimmte Geldsumme zu leihen, und da sie ihm diesen Wunsch erfüllt hatte, hat sie ihm nun Vorhaltungen gemacht, indem sie sagte, daß es eine Schande wäre, mit dem Geld von anderen Leuten Feste zu feiern!

Aber ist das vielleicht meine Schuld?

Doch wie nicht anders zu erwarten, hat sich der Ärger von allen wieder einmal auf einen armen Jungen von neun Jahren entladen!

Ich will Dich, mein liebes Tagebuch, nicht damit belasten, daß ich Dir lang und breit erzähle, was ich gelitten habe. Es genügt, wenn ich Dir sage, daß gestern morgen, sofort nachdem die Tante Bettina das Haus verlassen hatte, diejenigen Menschen, die mich am meisten auf der Welt lieb haben müßten, mir die Hose heruntergezogen und ohne eine Spur von Erbarmen den Hintern versohlt haben.

Oh weh, oh weh! Ich kann nicht mehr sitzen... aber außer den Schmerzen plagen mich noch die Gewissensbisse wegen des bevorstehenden Festes.

Die Vorbereitungen sind fast fertig, und mir ist ziemlich flau im Magen, wenn ich an die Sache mit den Fotos denke...

Schluß für heute! Jetzt können wir nur noch hoffen, geliebtes Tagebuch, sonst gnade uns Gott!

15. Oktober

Jetzt ist er da, der denkwürdige Dienstag, Ursache all der Aufregungen der letzten Tage.

Caterina hat mir meinen neuen Anzug angezogen und die schöne rote seidene Krawatte umgebunden, die mir neulich Carlo Nelli (das ist der, unter dessen Foto die mir unverständlichen Worte: *"alter Gommeux"* standen) geschenkt hat.

Das ist der Klavierspieler

Meine Schwestern haben mir eine nicht enden wollende Predigt gehalten, mit den üblichen Ermahnungen, brav zu sein, nichts anzustellen, mich höflich gegenüber den Gästen zu betragen und dem ganzen langweiligen Kram, den jedes Kind auswendig weiß, weil er ihn tausendmal am Tag hören muß, und den es nur deshalb anhört, um den Großen seinen guten Willen zu zeigen, obwohl es in Wirklichkeit dabei an ganz andere Sachen denkt.

Natürlich habe ich immer schön ja gesagt, und dann habe ich endlich die Erlaubnis bekommen, mein Zimmer zu verlassen und mich überall im Erdgeschoß umzusehen.

Was für eine Pracht! Alles ist vorbereitet für das Fest, das in Kürze beginnen wird. Das ganze Haus ist hell erleuchtet von unzähligen elektrischen Lämpchen, die in den Spiegeln ihr Licht zurückwerfen, und überall stellen die verschiedenartigsten Blumen ihre leuchtenden Farben zur Schau und erfüllen die Räume mit ihren zarten und lieblichen Düften.

Aber die lieblichsten Düfte kommen von der Schokoladen- und der Vanillecreme in den großen Silberschalen, von dem gelben und roten Wackelpudding und von den Bergen Gebäck und Plätzchen aller Arten, die sich auf dem mit einer Spitzendecke geschmückten Tisch im Eßzimmer türmen.

Überall ist ein fröhliches Gefunkel von Silber und Kristall...

Meine Schwestern sehen wunderschön aus in ihren weißen und tief ausgeschnittenen Kleidern, ihre Wangen glühen und ihre Augen strahlen vor Glück. Sie laufen überall herum, um nach dem Rechten zu sehen und sobald Gäste kommen, eilen sie herbei, um sie zu empfangen.

Ich bin inzwischen hoch auf mein Zimmer gegangen, um diese Notizen zu machen, jetzt, wo ich noch einen klaren Geist habe... Denn ob ich später noch in der Lage sein werde, Dir, mein liebes Tagebuch, von meinen Erlebnissen zu berichten, kann ich dir nicht garantieren.

Ich will schnell ins Bett, aber ich will Dir, mein Tagebuch, erst noch erzählen, wie der Abend weiter gegangen ist.

Als ich wieder nach unten ging, waren schon die ganzen jungen Damen aus unserem Bekanntenkreis eingetroffen: die Schwestern Mannelli und Fabiani, die Bice Rossi, die Carlini-Schwestern und viele andere. Unter ihnen war auch eine Bohnenstange namens Merope Santini, die sich immer so unmöglich schminkt, daß meine Schwester Virginia von ihr sagt, daß sie die Schminke mit dem Malerpinsel aufträgt.

Frauen gab es also jede Menge, aber was die Männer betraf, so war außer Dr. Collalto, dem Verlobten von Luisa, und dem Klavierspieler, der mit verschränkten Armen dasaß und auf das Zeichen für den ersten Tanz wartete, noch niemand da.

Die Uhr zeigte neun, und der Klavierspieler hatte gerade mit einer Polka begonnen, aber die Damen fuhren fort, weiter im Salon umher zu schlendern und miteinander zu plaudern.

Dann spielte der Pianist eine Mazurka, und zwei oder drei der jungen Damen entschlossen sich, miteinander zu tanzen, aber besonderen Spaß schien es ihnen nicht zu machen. Inzwischen zeigte die Uhr schon halbzehn.

Meine armen Schwestern ließen die Zeiger der Uhr nicht aus den Augen, höchstens um zum Eingang zu schauen, und sie machten ein so trauriges Gesicht, daß man einfach Mitleid mit Ihnen haben mußte.

Auch Mama war so bekümmert, daß ich vier Eis hintereinander verdrücken konnte, ohne daß sie es merkte.

Ach, was für Gewissensbisse hatte ich mittlerweile!

Endlich, es fehlten nur noch wenige Minuten an zehn Uhr, hörte man ein heftiges Läuten.

Dieses Läuten heiterte die Gäste mehr auf als alle Klänge des Klaviers, die bis dahin zu hören waren. Die ganze Damengesellschaft stieß einen tiefen Seufzer der Erleichterung aus und blickte in Erwartung der heiß ersehnten Tänzer zum Eingang, während meine Schwestern zur Tür eilten, um die Neuankömmlinge willkommen zu heißen.

Doch anstelle der lang erwarteten Kavaliere erschien Caterina mit einem großen Brief und überreichte ihn Ada, die sogleich von Luisa und Virginia umringt wurde.

— Bestimmt jemand, der sich entschuldigt, weil er nicht kommen konnte! — sagte Luisa.

Von wegen sich entschuldigt! Auch von einem Brief oder einem Billet konnte nicht die Rede sein! In dem Umschlag steckte eine Fotografie, die meine Schwestern nur allzu gut kannten und die bis vor kurzem in Luisas Schreibtisch gesteckt hatte!

Meine Schwestern wurden kreidebleich, und nach dem ersten Schreck fingen sie an, sich zu fragen:

— Wie ist das denn möglich? Wie kann das nur sein? Wie mag das nur zugehen? —

Kurz darauf läutete es noch einmal… und wieder blickten alle Gäste zur Tür, immer noch in Erwartung etwaiger Tänzer, aber wieder war es Caterina mit einem Brief, den meine Schwestern mit zitternden Händen öffneten. Und siehe da, wieder eins der Fotos, die ich vor ein paar Tagen an die entsprechenden Originale verteilt hatte.

Kaum waren fünf Minuten vergangen, läutete es ein weiteres Mal und wieder wurde ein Foto abgegeben.

Meinen armen Schwestern hatte es die Sprache verschlagen, und der Gedanke, daß ich die alleinige Ursache ihres Unglücks war, beschämte mich dermaßen, daß ich mich mit einigen dick belegten Brötchen abzulenken versuchte. Aber das wollte mir nicht recht gelingen, da meine Gewissensbisse einfach zu groß waren, und ich hätte weiß Gott was dafür gegeben, ganz weit weg von hier zu sein, nur um meine armen Schwestern nicht in diesem Zustand sehen zu müssen.

Schließlich kamen doch noch zwei Gäste: Ugo Fabiani und Eugenio Tinti, und die beiden wurden mehr gefeiert als Horatius Cocles [6] nach seinem Sieg über die Curiazer. Aber mir war sofort klar, warum der Fabiani und der Tinti es nicht gemacht hatten wie all die anderen Männer, die meine Schwestern eingeladen hatten. Ich erinnerte mich nämlich, daß unter dem Foto von Fabiani stand: *"Was für ein netter Junge"* und unter dem von Tinti: *"Schön, wunderschön, zu schön für diese Erde!"*

Immerhin gab es jetzt drei Tänzer (Collalto, der wie ein Bär tanzt, mitgezählt). Aber wie hätten die es anstellen sollen, etwa zwei Dutzend Damen zufriedenzustellen?

Irgendwann versuchte man es mit einer Quadrille, bei der eine der Damen einen Herrn spielen mußte, doch endete das in einem einzigen Durcheinander, das aber von niemandem als besonders lustig empfunden wurde.

Einige der Gäste, wie die Bice Rossi, konnten ihre Schadenfreude nicht verbergen und machten sich untereinander darüber lustig, daß das Fest eine solche Pleite war und meinen armen Schwestern die Tränen in den Augen standen.

Ganz und gar keine Pleite waren jedoch die Erfrischungsgetränke; aber wie ich vorhin schon sagte, fühlte ich mich gar nicht wohl in meiner Haut, so daß ich nicht mehr als drei oder vier davon probieren konnte. Am besten hat mir der Kirschsaft geschmeckt, obwohl auch der Johannisbeersaft nicht übel war.

Während ich so im Salon umherging, hörte ich, wie Luisa leise zu Dr. Collalto sagte:

— Mein Gott, was würde ich dafür geben, zu wissen, wer uns diesen üblen Streich gespielt hat! Der könnte was erleben!... Sicher sind wir morgen in aller Munde und niemand wird uns mehr ansehen! Ah, wenn ich doch wenigstens die Genugtuung hätte, zu wissen, wer das gewesen ist!... —

Im selben Augenblick blieb Dr. Collalto vor mir stehen, blickte mir fest in die Augen und sagte zu meiner Schwester: — Vielleicht kann dir Giannino deine Frage beantworten? Oder stimmt das etwa nicht, Giannino? —

— Wie bitte? — sagte ich und tat so, als hätte ich keine Ahnung, wovon die Rede war. Doch merkte ich, wie ich rot wurde und meine Stimme zitterte.

— Was heißt hier "wie bitte?" Wer sonst sollte denn die Fotos aus Luisas Zimmer genommen haben?

— "Ah!" — machte ich und wußte nicht mehr, was ich sagen sollte. — Vielleicht war es *Morino...* —

— *Morino?!* Was du nicht sagst! — antwortete meine Schwester und warf mir wütende Blicke zu.

— Doch, bestimmt war es Morino! Vorige Woche habe ich ihm zwei oder drei Fotos gegeben, weil er so gerne daran knabbert, und vielleicht hat er sie nach draussen geschleppt und auf der Straße liegen lassen... —

— Ah, dann warst du das also! — rief Luisa aus, die rot geworden war wie ein Stück glühendes Eisen; fast wären ihr die Augen aus dem Kopf gesprungen.

Sie sah wirklich aus, als wollte sie mich jeden Augenblick fressen. Ich kriegte eine schreckliche Angst und machte, daß ich schleunigst auf mein Zimmer kam, nicht ohne mir vorher noch einen *Torrone*[7] in die Jacke zu stecken.

Unter keinen Umständen möchte ich noch auf sein, wenn die Gäste gegangen sind. Ich ziehe mich jetzt aus und gehe ins Bett.

---

[6] Legendärer römischer Held z. Zeit der 1. römischen Republik, der Rom gegen den Etruskerkönig Porsenna verteidigte. Giannino bringt hier etwas durcheinander, denn der Sieg der Orazier über die Curiazer, also der Stadt Rom über die Stadt Alba Longa, war früher und hat mit Horatius Cocles nichts zu tun.
[7] Italienische Süßigkeit aus Nougat, Honig und Mandeln.

16. Oktober

Draußen wird es gerade hell.

Ich habe einen großen Entschluß gefaßt, und bevor ich ihn in die Tat umsetze, will ich ihn erst Dir, mein geliebtes Tagebuch, anvertrauen, bist du doch der Zeuge all meiner Freuden und Leiden, besonders der Leiden, wovon ich mehr als genug habe, auch wenn ich erst ein kleiner Junge von 9 Jahren bin.

Heute Nacht, nachdem das Fest zu Ende war, hörte ich ein aufgeregtes Geflüster an meiner Tür, aber ich tat so, als würde ich schlafen, und mich aufzuwecken, haben sie nicht fertig gebracht; aber heute morgen, wenn sie aufgestanden sind, kriege ich sicherlich wieder den Hintern voll, obwohl der mir noch weh tut von den Schlägen, die Papa mir vorgestern verpaßt hat.

Mit dieser Aussicht konnte ich die ganze Nacht kein Auge zudrücken.

Es gibt für mich keinen anderen Ausweg, als von zuhause abzuhauen, bevor meine Eltern und Schwestern wach werden. Auf diese Weise kapieren sie vielleicht endlich, daß man Kinder nicht mit dem Stock bessern kann, denn wie die grausame Behandlung der tapferen italienischen Freiheitskämpfer durch die Österreicher zeigt, kann der Stock zwar dem Körper wehtun, aber den Gedanken kann er nichts anhaben.

Und so ist mir die Idee gekommen, aufs Land zu flüchten, zur Tante Bettina, bei der ich schon mal gewesen bin. Der Zug geht um sechs Uhr früh, und von hier zum Bahnhof läuft man höchstens eine halbe Stunde.

Alles ist bereit für meine Flucht: ich habe mir ein Bündel geschnürt, in dem zwei Paar Socken und ein Hemd zum Wechseln sind... Im Hause ist noch alles still, jetzt werde ich auf Zehenspitzen die Treppe hinuntergehen und dann nichts wie raus aufs Land, unter freien Himmel...

Es lebe die Freiheit!!!

An dieser Stelle des Tagebuchs von Gian Burrasca gibt es ein zerknittertes Blatt, das fast ganz vom Abdruck einer kohlegeschwärzten Hand ausgefüllt ist, über der in großen und krakeligen Buchstaben, als wären sie mit einem Kohlestückchen geschrieben worden, ein paar Worte stehen, die ganz unvermittelt abbrechen. Geben wir auch dieses Dokument getreulich hier wieder, hat es doch im Tagebuch unseres Giannino Stoppani keine geringe Bedeutung.

Ich sterbe für die Freihei...!

17. Oktober

Tante Bettina ist noch nicht aufgestanden, und ich will diesen Augenblick nutzen, um hier das Abenteuer aufzuschreiben, das ich gestern erlebt habe und das es wirklich verdienen würde, von der Feder eines Salgàri [8] beschrieben zu werden. Gestern morgen also, während alle noch schliefen, bin ich, wie geplant, von zu Hause abgehauen und zum Bahnhof gelaufen.

Ich hatte mir vorher schon einen genauen Plan zurechtgelegt, wie ich es anstellen müßte, zum Haus der Tante Bettina zu kommen. Da ich kein Geld hatte, um mir eine Fahrkarte zu kaufen, und ich auch nicht die Landstraße kannte, die zu dem Dorf der Tante führt, hatte ich vor, auf den Bahnhof zu gehen, um den Zug abzuwarten, mit dem ich das letzte Mal zu Tante Bettina gefahren war und dann dieselbe Strecke entlang den Eisenbahnschienen bis zu dem Dorf zu laufen, bei dem die Villa Elisabetta steht, wo die Tante wohnt. Auf diese Weise brauchte ich keine Angst zu haben, den Weg zu verfehlen. Ich hatte noch in Erinnerung, daß die Fahrt mit dem Zug gute drei Stunden dauert, und so nahm ich mir vor, noch vor dem Dunkelwerden da zu sein.

Am Bahnhof angekommen, kaufte ich mir also die Bahnsteigkarte und ging hinein. Kurze Zeit später kam auch schon der Zug, und ich ging, um zu vermeiden, daß ich von einem Bekannten gesehen werden könnte, zum Zugende, um die Gleise zu überschreiten und auf die andere Seite des Bahnhofs zu gelangen. Dann blieb ich aber vor dem letzten Wagen stehen; es war ein leerer Viehwaggon, an dessen Ende sich das Bremserhäuschen befand, das ebenfalls leer war.

— Wie wäre es, wenn ich da hinaufkletterte? —

Gesagt, getan. Schnell guckte ich mich um, ob mich auch niemand beobachtete, dann sprang ich auf das Eisentreppchen, kletterte darauf hoch, und setzte mich in das Bremserhäuschen, die Bremsstange zwischen den Beinen und die Arme auf die Querstange gelegt, mit der die Bremse betätigt wird.

Kurze Zeit darauf setzte sich der Zug mit einem lauten Pfiff der Lokomotive, der mir durch Mark und Bein ging, in Bewegung. Das Fensterchen des Bremserhäuschens war genau in der Höhe meines Kopfes, und obendrein war von der vorderen Fensterscheibe nur noch eine kleine Scherbe übrig geblieben, so daß ich den ganzen Zug prima überblicken konnte: an der Spitze den schwarzen Rücken der Lokomotive, und dann all die Wagen, die sie hinter sich herzog.

Es war wirklich ein tolles Gefühl, so hoch über allem zu thronen und zu sehen, wie sich der Zug durch die Landschaft schlängelte, die noch ganz vom Nebel eingehüllt war. Ich war glücklich und zufrieden, und um irgendwie ein bißchen mein Glück zu feiern, zog ich ein Stück *Torrone* aus meiner Hosentasche und fing an, daran zu knabbern.

---

[8] Bedeutender italienischer Volksschriftsteller des 19. Jahrhunderts (1862 - 1911). Man könnte ihn als den Karl May Italiens bezeichnen.

Doch mein Glück dauerte nicht lange. Der Himmel bezog sich mit dunklen Wolken, und nach kurzer Zeit fielen dicke Regentropfen vom Himmel, und es kam ein stürmischer Wind auf. Gleichzeitig brach in den Bergen eine Salve von fürchterlichen Donnerschlägen los...

Ich habe keine Angst, wenn es donnert, im Gegenteil; aber es macht mich nervös. Und als jetzt die ersten Donnerschläge zu hören waren, sah ich meine Situation in einem ganz anderen Licht, als sie mir anfangs erschienen war.

Ich dachte daran, daß ich in dem Zug, in dem so viele Leute reisten, trotzdem ganz allein war, und daß niemand, weder meine Eltern noch sonst irgend jemand, eine Ahnung davon hatte, daß ich hier oben steckte, zwischen Himmel und Erde hängend, und tapfer den Gefahren eines schrecklichen Gewitters ins Auge schaute.

Außerdem mußte ich daran denken, wie recht mein Papa hat, wenn er von der Eisenbahn immer so unglaubliche Geschichten erzählt, z.B. vom skandalösen Zustand, in dem sich die Ausstattung der Wagen befindet. Einen schönen Beweis dafür hatte ich hier in der kaputten Fensterscheibe des Bremserhäuschens, durch die ungehindert Wind und Regen eindringen konnten, so daß die rechte Seite meines Gesichts zu Eis gefror, während die linke Seite glühend heiß wurde und es mir vorkam, als bestünde mein Gesicht halb aus Glühwein und halb aus Eis. Wehmütig dachte ich an das Tanzfest vom Vorabend zurück, das die Ursache so vielen Unglücks gewesen war.

Aber das Schlimmste kam, als die Tunnel anfingen.

Der Dampf der Lokomotive wurde in den Gewölben der Tunnel ganz dicht und drang durch das kaputte Fenster in das enge Bremserhäuschen, so daß mir der Atem weg blieb. Ich kam mir vor wie in einem Dampfbad, auf das jedesmal, wenn der Zug aus einem Tunnel wieder herauskam, plötzlich eine kalte Regendusche folgte.

In einem besonders langen Tunnel glaubte ich schon, ich wäre kurz vor dem Ersticken. Ich war ganz und gar von heißem Dampf eingehüllt, die Augen brannten mir vom Kohlenstaub, und ich konnte nichts mehr sehen; und obwohl ich versuchte, tapfer zu sein, spürte ich, daß mich allmählich die Kräfte verließen.

In diesem Augenblick wurde meine Seele von jener tiefen Verzweiflung überwältigt, die bei gewissen Abenteuern selbst die mutigsten Helden wie zum Beispiel *Robinson Crusoe, die Skalpjäger* und viele andere überkommt. Da ich schon glaubte, mein letztes Stündlein wäre gekommen, wollte

Giannino Stoppani im Bremserhäuschen am 16. Oktober, als er von zu Hause weglief

ich wenigstens der Nachwelt ein paar Worte hinterlassen und ihr ein Beispiel für den Heldenmut eines unglücklichen Jungen geben, der in der Blüte seiner Jahre dazu verurteilt war, auf einer Eisenbahnreise den Erstickungstod zu sterben, und so schrieb ich mit einem abgebrannten Streichholz, das ich auf dem Sitz des Bremserhäuschens gefunden hatte, die Worte aus meinem Tagebuch *(Seite 26)*

Ich sterbe für die Freiheit!

Aber ich konnte den Satz nicht mehr zu Ende schreiben, weil ich plötzlich keine Luft mehr kriegte und mir schwarz vor den Augen wurde.

Offenbar bin ich ohnmächtig geworden; und ich glaube, wenn mir nicht der Bremsknüppel, den ich zwischen den Beinen hatte, einen Halt gegeben hätte, wäre ich aus dem Bremserhäuschen gefallen und von den Rädern des Zugs zermalmt worden.

Als ich wieder zu mir kam, schlug mir erneut der eiskalte Regen ins Gesicht, und mich durchdrang eine solche Kälte, daß ich sie bis auf die Knochen spürte und ich mit den Zähnen zu klappern anfing.

Glücklicherweise hielt der Zug kurze Zeit später, und ich hörte, wie der Name des Ortes ausgerufen wurde, wo die Tante wohnt. Schnell wollte ich das Eisentreppchen hinunterklettern, ich hatte so zittrige Beine, daß ich auf der untersten Stufe abrutschte und auf die Kniee fiel.

Sofort war ich umringt von zwei Bahnarbeitern und einem Bahnbeamten, die mir wieder auf die Beine halfen, mich dann ganz erstaunt musterten und schließlich fragten, wie in aller Welt ich denn da hoch in das Bremserhäuschen gekommen wäre.

Ich antwortete ihnen, daß ich gerade eben erst dort hochgeklettert wäre, aber sie brachten mich kurzerhand zum Büro des Bahnhofsvorstehers, der mich vor den Spiegel stellte und zu mir sagte:

— So, du willst uns also weismachen, daß du eben erst auf das Bremserhäuschen geklettert bist? Kannst du mir dann verraten, wie du zu diesem Schornsteinfegergesicht gekommen bist? —

Als ich mich im Spiegel sah, stockte mir der Atem. Ich war nicht mehr wiederzuerkennen. Der Kohlenstaub der Dampflokomotive war mir so durch alle Poren meines Gesichts gedrungen, daß man mich für einen waschechten Mohren hätte halten können. Ganz zu schweigen von meinen Kleidern, die ganz zerfetzt und genau so schwarz waren wie mein Gesicht.

Dann mußte ich sagen, woher ich kam und wohin ich wollte.

— Aha! — sagte der Bahnhofsvorsteher, — Zu der *Signora* Bettina Stoppani willst du? Na, dann haben wir ja jemanden, der für dich bezahlt! —

Giannino Stoppani beim Eintreffen in der Villa Elisabetta

Und zu dem Bahnbeamten sagte er:

— Stellen Sie ein Strafprotokoll aus: dafür, daß er keine Fahrkarte hat, muß er eine Strafe in Höhe von drei Fahrkarten der dritten Klasse zahlen, und außerdem muß er eine Extragebühr entrichten, weil er im Bremserhäuschen gereist ist, zu dem nur das Dienstpersonal Zutritt hat! —

Am liebsten hätte ich geantwortet, daß dies eine ausgesprochene Gaunerei wäre! Statt für drei zu bezahlen, müßte ich von Rechts wegen von der Bahn eine Belohnung bekommen, weil ich mich damit begnügt hatte, schlimmer als Vieh zu reisen, das immerhin in geschlossenen Wagen fahren darf!

Aber da ich mich nicht so gut fühlte, sagte ich nur:

— Wenn Reisen im Bremserhäuschen schon so teuer sind, sollten diese wenigstens Glasfenster haben! —

Hätte ich doch besser meinen Mund gehalten! Der Bahnhofsvorsteher schickte sofort einen der Arbeiter zum Bremserhäuschen, um feststellen zu lassen, ob ich die Wahrheit gesagt hatte, und als dieser meine Aussage bestätigte, wurde meine Strafe um 80 *Centesimi* erhöht, als hätte ich die Scheibe kaputt gemacht.

Einmal mehr merkte ich, wie recht mein Papa hat, wenn er immer auf die Eisenbahn so schimpft. Aber ich sagte kein Wort mehr, weil ich befürchtete, auch noch für die Zugverspätung und vielleicht am Ende sogar noch für irgendeinen Schaden an der Lokomotive zahlen zu müssen.

Der Bahnbeamte begleitete mich dann zur Villa Elisabetta, und ich kann gar nicht beschreiben, was die Tante Bettina für ein Gesicht machte, als sie eine so schmutzige und zerlumpte Gestalt wie mich vor sich sah und zu allem Übel auch noch eine Rechnung über sechzehn *Lire* und zwanzig *Centesimi* bezahlen sollte, ganz zu schweigen von dem Trinkgeld für den Bahnbeamten, der sie ihr gebracht hatte.

— Um Himmels willen, was ist denn mit dir passiert?... — rief die Tante aus, als sie mich an der Stimme erkannt hatte.

— Tante Bettina — habe ich gesagt, — du weißt, daß ich zu dir immer offen und ehrlich bin. —

— Recht so, mein Junge! Dann erzähl mir mal... —

— Also die Sache ist die: ich bin von zu Hause weggelaufen! —

— Von zu Hause weggelaufen? Donnerwetter! Du bist wirklich von deinem Papa, deiner Mama und deinen Schwes...! —

Sie konnte auf einmal nicht weiter sprechen, als wäre ihr plötzlich schlecht geworden. Sicher dachte sie in diesem Augenblick daran, daß meine Schwestern sie nicht auf ihrem Fest dabei haben wollten.

— Das kann ich gut verstehen, mein Junge — fuhr sie dann fort. — Bei diesen Mädels verlöre ja selbst ein Heiliger die Geduld!... Aber jetzt komm erst mal herein, damit du dich waschen kannst; du siehst ja aus wie ein Kohlenhändler. Und dann erzählst du mir alles... —

Während die Tante noch redete, betrachtete ich *Bianchino*,[9] ihren heißgeliebten alten Pudel und den Diptam[10] am Fenster, in den sie so vernarrt ist. Seitdem ich das letzte Mal hier war, hat sich überhaupt nichts verändert, und es kommt mir vor, als wäre ich nie von hier weg gewesen.

Als ich mich gewaschen hatte, bemerkte die Tante, daß ich etwas Fieber hatte und schickte mich ins Bett, obwohl ich sie zu überzeugen versuchte, daß das Fieber nur daher käme, daß ich noch nichts gegessen hatte.

Die Tante schimpfte dann ein bißchen mit mir, aber im Grunde gab sie mir zu verstehen, daß ich ganz ruhig sein könnte und von ihrer Seite nichts zu befürchten hätte. Ganz gerührt von ihrem guten Herzen, wollte ich sie ein Stück von meinem *Torrone* probieren lassen, den ich noch in meiner Hosentasche hatte; und da ich selbst auch ein bißchen davon essen wollte, bat ich sie, ihn herauszunehmen.

Aber als die Tante versuchte, in meine Hosentasche zu greifen, konnte sie diese gar nicht aufkriegen.

— Aber hier ist ja alles verklebt! — sagte sie.

Was war passiert? Der *Torrone* war durch den heißen Dampf, der in das Bremserhäuschen gedrungen war, ganz geschmolzen und hatte meine Tasche so verklebt, daß sie nicht mehr zu öffnen war.

Kurz und gut, die Tante hat mir dann ein bißchen Gesellschaft geleistet, bis mir zum Schluß vor Müdigkeit die Augen zugefallen sind... Eben erst bin ich aufgewacht, und mein erster Gedanke galt Dir, mein Tagebuch, bist Du doch mein treuester Freund, der mich in all meinen Kümmernissen, Abenteuern und Gefahren noch nie im Stich gelassen hat.

Heute morgen war die Tante Bettina wegen eines harmlosen Scherzes, den ich mir mit ihr erlaubt hatte, sehr ärgerlich über mich. Dabei wollte ich ihr doch nur eine Freude bereiten!

Ich habe schon erzählt, daß die Tante ganz vernarrt ist in einen Diptam, den sie

---

[9] Von *bianco* = weiß.
[10] Nach Zitronen duftende Pflanze mit rosa Blüten. Wurde im Mittelalter als Heilpflanze gezogen. Heute selten zu finden. Enthält ein ätherisches Öl, das an heißen Tagen so reichlich verdunstet, daß es bei Windstille über der Pflanze angezündet werden kann. Daher wird sie auch noch "Brennender Busch" genannt.

auf einem Holzgestell vor dem Fenster ihres Zimmers im Erdgeschoß stehen hat, und dem sie jeden Morgen gleich nach dem Aufstehen Wasser gibt. Aber damit nicht genug: sie spricht sogar mit ihm, ungefähr so:

— So, da bin ich, mein Liebling; jetzt kriegst du was zu trinken. Was bist du wieder tüchtig gewachsen! — Es ist eine richtige Manie, aber man weiß ja, daß alte Leute ihre Schrullen haben.

Weil ich also heute morgen schon vor der Tante auf war, bin ich nach draußen gegangen, und als ich so ihren Diptam betrachtete, kam mir die Idee, ihn mit Hilfe eines Tricks zum Wachsen zu bringen und der Tante, die so an ihm hängt, damit eine Freude zu machen.

Im Nu hatte ich den Blumentopf heruntergenommen und den Diptam mitsamt der Erde ausgeschüttet. Dann habe ich an den Stengel mit einer Schnur ein dünnes, aber kräftiges Stöckchen gebunden und dieses durch das Loch gesteckt, das sich am Boden von allen Blumentöpfen befindet, damit das Gießwasser ablaufen kann.

Darauf habe ich den Topf wieder mit Erde gefüllt und den Diptam wieder eingesetzt, so daß alles wie unberührt aussah. Schließlich habe ich den Topf wieder an seinen Platz auf das kleine Gestell vor dem Fenster getan. Das Gestell hatte am Boden viele Holzstäbchen, zwischen denen aber genug Zwischenraum war, um das Stöckchen, das aus dem Loch des Blumentopfes kam, da hindurchzuschieben. Und nun brauchte ich nur noch auf den Augenblick zu warten, in dem ich mit der Vorstellung beginnen konnte.

Tatsächlich waren kaum fünf Minuten vergangen, da öffnete die Tante Bettina auch schon das Fenster und begann auf ihre pathetische Art und Weise mit ihrem Diptam zu sprechen.

— Guten Morgen, mein Lieber, wie geht es dir? Oh, guck mal, du Armer, du hast ja ein abgeknicktes Blättchen… Das war bestimmt eine Katze oder ein anderes böses Tier… —

Ich hielt mich ganz ruhig unter dem Fenster und hätte mich tot lachen können.

— Warte ein Momentchen, ich bin gleich wieder da! — fuhr die Tante fort. — Ich gehe nur das Scherchen holen, und dann schneide ich dir das abgeknickte Blättchen weg, damit du nicht krank wirst, mein Lieber. —

Und während sie das Scherchen holen ging, schob ich mein Stöckchen ein Stück höher.

— So, da bin ich wieder, mein Schatz! — sagte die Tante, als sie wieder zurück war. — Jetzt werde ich dir… !! —

Hier folgte eine kleine Pause und dann rief sie:

— Aber wie seltsam! Es kommt mir vor, als wärst du größer als vorhin… —

Ich konnte mich vor Lachen fast nicht mehr halten, aber ich riß mich zusammen. Inzwischen schnippelte die Tante weiter mit ihrem Scherchen an dem Diptam herum und sagte:

— Wirklich, du bist schon wieder ein bißchen gewachsen... und weißt du, woran das liegt? An dem klaren frischen Wasser, das ich dir jeden Morgen gebe... Paß auf, mein Liebling, ich gehe dir gleich neues holen, damit du noch größer wirst... —

Und während sie Wasser holte, schob ich mein Stöckchen ein ordentliches Stück weiter nach oben, so daß der Diptam wie ein richtiger kleiner Baum aussehen mußte.

Im selben Augenblick hörte ich einen Schrei: — Oh Gott, mein Diptam! — und gleich darauf einen dumpfen Schlag.

Vor lauter Schreck und Überraschung, weil sie ihren geliebten Diptam buchstäblich von einem Augenblick zum anderen hatte wachsen sehen, ließ die Tante den Wasserkrug aus der Hand fallen, der in tausend Scherben ging.

Dann hörte ich, wie sie murmelte:

— Was für ein Wunder! Mein Ferdinand, mein einzig geliebter Ferdinand, sollte am Ende dein Geist in dieser lieben Pflanze sein, die du mir zum Geburtstag geschenkt hast?

Ich hatte natürlich keine Ahnung, wovon sie eigentlich sprach, aber ich hörte, daß ihre Stimme zitterte, und um ihre Angst noch zu steigern, schob ich mein Stöckchen so hoch ich nur konnte. Aber während die Tante den Diptam weiter wachsen sah und 'Ah! Oh! Oh! Uh!' schrie, stieß das Stöckchen im Blumentopf auf ein Hindernis, und als ich es mit Gewalt noch weiter hoch schieben wollte, fiel der Topf mitsamt dem Diptam von dem Gestell herunter und mir vor die Füße und zerbrach.

Da schaute ich nach oben und sah die Tante, die ein Gesicht machte, daß es zum Fürchten war.

— Ah, du bist das gewesen! — sagte sie mit schriller Stimme. Und sie verschwand vom Fenster, um gleich darauf, mit einem Stock bewaffnet, wieder in der Haustür zu erscheinen.

Ich habe natürlich schnell meine Beine in die Hand genommen und habe das Weite gesucht. Dann bin ich auf einen Feigenbaum geklettert und habe mir den Bauch so mit Feigen vollgeschlagen, daß ich

fast geplatzt wäre.
Als ich wieder zur Villa zurückkam, sah ich, daß der Diptam wieder an seinem üblichen Platz und in einem neuen Blumentopf vor dem Fenster stand, und da dachte ich, daß die Tante, nachdem sie inzwischen alles in Ordnung gebracht hatte, sich wieder beruhigt hätte. Ich fand sie im Wohnzimmer, wo sie mit einem der Bahnhofsarbeiter sprach. Kaum hatte sie mich gesehen, zeigte sie mir zwei Telegramme und sagte äußerst kühl zu mir:
— Hier sind zwei Depeschen von Eurem Vater, eine von gestern abend, die nicht angekommen ist, weil der Bahnhof geschlossen war, und eine von heute morgen. Euer Vater ist verzweifelt, weil er nicht weiß, wo Ihr steckt... Ich habe ihm telegrafiert, daß er sofort kommen soll, um euch abzuholen. —
Als der Bahnhofsarbeiter gegangen war, versuchte ich die Tante zu besänftigen, indem ich mit weinerlichem Ton in der Stimme - und damit habe ich meistens Erfolg, weil man denkt, ich würde Reue zeigen - zu ihr sagte:
— Bitte bitte, liebe Tante, verzeiht mir, was ich gemacht habe... —
Aber sie antwortete nur ärgerlich:
— Ihr sollt euch was schämen! —
— Aber — fuhr ich mit noch weinerlicher Stimme fort — ich konnte doch nicht wissen, daß in Ihrem Diptam der Geist von diesem *Signor* Ferdinand stecken könnte, von dem Ihr gesprochen habt... —
Bei diesen Worten war die Tante auf einmal wie ausgewechselt. Sie wurde rot wie der Truthahn der Bäuerin, und stammelte:
— Sei still um Gottes Willen!... Versprich mir, niemandem zu erzählen, was passiert ist. —
— Ja, das verspreche ich euch! —
— Also dann wollen wir nicht mehr davon reden, und ich werde versuchen, daß auch dein Vater dir verzeiht... —
Papa wird sicherlich mit dem Drei-Uhr-Zug kommen, denn andere Züge gibt es nicht, weder vorher noch nachher. Aber ein bißchen Bammel habe ich schon...

Ich bin hier im Eßzimmer eingeschlossen, und ich höre die schrille Stimme der Tante an der Haustür, wo sie gegenüber der Bauersfrau ihren Unmut über mich ausläßt und jetzt schon das hundertste Mal sagt:

— Er ist ein Satan! Es wird bestimmt ein schlimmes Ende mit ihm nehmen! —

Und warum das alles? Nur weil ich und die Kinder des Bauern miteinander gespielt haben, so wie es alle Kinder auf der Welt tun, ohne daß irgendjemand etwas dagegen sagt. Da ich jedoch unglücklicherweise lauter Verwandte habe, die nicht verstehen wollen, daß Kinder dasselbe Recht haben, sich zu vergnügen, wie die Erwachsenen, bin ich nun hier eingesperrt und muß mir anhören, daß ich ein schlimmes Ende nehmen werde usw. usf.. Dabei wollte ich doch nur, daß schließlich auch die Tante ihren Spaß an meiner Menagerie [11] hat, der mir so fabelhaft gelungen ist.

Auf die Idee mit dem Zirkus kam ich, weil mich Papa einmal zum Zirkus *Numa Hava* mitgenommen hatte und ich seitdem immer wieder daran denken muß, denn das Gebrüll der Löwen, Tiger und all der anderen Tiere zu hören, wenn sie ihr Futter kriegen, und zu sehen, wie sie in ihren Käfigen schnaubend und scharrend auf und ab laufen, macht einen so großen Eindruck, daß man ihn so schnell nicht wieder vergißt. Außerdem habe ich schon immer ein großes Interesse für die Naturkunde gehabt, und zu Hause habe ich die *Säugetiere*, illustriert von Figuier,[12] worin ich oft lese. Vor allem betrachte ich gern die Bilder darin, und es macht mir immer wieder großen Spaß, sie abzuzeichnen.

Als ich gestern also hierher zur Villa Elisabetta kam, sah ich, wie auf dem Landgut, das an das der Tante grenzt, zwei Maler die Fensterläden am Haus des Gutsverwalters grün und die Tür des Stalles rot strichen. Und als mir heute morgen, nach der Geschichte mit dem Diptam, die Idee mit der Menagerie kam, fielen mir sofort wieder die beiden Farbtöpfe ein, die ich gestern bei dem Haus des Gutsverwalters stehen gesehen hatte, und ich dachte mir, daß sie für meinen Zweck gut zu gebrauchen wären, was auch tatsächlich der Fall war.

Aber zuerst mußte ich mit Angiolino, dem kleinen Sohn des Bauern der Tante, sprechen. Angiolino ist etwa so alt wie ich, hat aber bisher kaum etwas gesehen in seinem Leben, weswegen er mir immer mit offenem Mund zuhört und alles macht, was ich ihm sage.

Dies ist Geppina

— Ich will dir hier auf dem Hof die wilden Tiere des Zirkus *Numa Hava* zeigen! —

---

[11] Wandernde Schaustellung wilder Tiere, Wanderzirkus.
[12] Französischer Naturforscher aus dem 19. Jahrhundert.

sagte ich zu ihm. — Da wirst du Augen machen! —

— Die will ich auch sehen! — rief sofort Geppina, seine kleine Schwester.

— Ich auch! — sagte Pietrino, ein Kind von zweieinhalb Jahren, das noch nicht laufen kann und auf allen Vieren krabbelt.

Im Augenblick waren auf dem Bauernhof nur die drei Kinder, weil ihre Eltern und ihre größeren Brüder bei der Feldarbeit waren.

— Also gut… — sagte ich. — Aber man müßte irgendwie an die Farbtöpfe herankommen, die drüben am Haus des Gutsverwalters stehen! —

— Jetzt ist genau der richtige Moment, weil die Maler um die Zeit ins Dorf gehen, um zu frühstücken. — sagte Angiolino.

Und dann sind wir alle beide hinüber zum Gutshaus gegangen, wo wirklich keine Menschenseele zu sehen war. Am Fuß einer Leiter standen die zwei Töpfe mit Ölfarbe, der eine mit roter, der andere mit grüner. Sogar einen dicken Pinsel gab es, der so groß war wie meine Faust. Angiolino nahm den einen Topf, ich den anderen mit dem Pinsel, und dann sind wir schnell zum Bauernhaus zurückgelaufen, wo Pietrino und Geppina uns schon aufgeregt erwarteten.

— Fangen wir mit dem Löwen an! — sagte ich.

Zu diesem Zweck hatte ich mir Bianchino, Tante Bettinas heiß geliebten alten Pudel, mitgebracht. Ich befestigte an seinem Halsband einen Strick und band ihn damit an die Stange des Ochsenkarrens, der auf dem Hof stand. Dann ergriff ich den dicken Pinsel und malte damit Bianchino vom Kopf bis Fuß rot an.

— In Wirklichkeit ist der Löwe ockergelb — sagte ich zu den Kindern, damit sie eine genaue Vorstellung von dem Tier kriegten, das ich ihnen zeigen wollte. — Aber da wir kein Gelb haben, machen wir ihn rot, was im Grunde auf dasselbe hinausläuft. —

Es dauerte nicht lange, und Bianchino war nicht mehr wieder zu erkennen, und während er an der Sonne trocknete, machte ich mich auch schon daran, das nächste Tier herzurichten.

Nicht weit von uns entfernt weidete ein Schäfchen. Ich band es an den Karren neben dem Pudel und sagte:

— Dieses Schäfchen hier werden wir in einen wunderschönen Tiger verwandeln. —

Und nachdem ich in einer Waschschüssel ein bißchen rote und grüne Ölfarbe gemischt hatte, malte ich dem Schäfchen viele Kringel auf seinen Rücken, so daß es wie ein echter bengalischer Tiger aussah, genau wie jener, den ich im Zirkus *Numa Hava* gesehen hatte; allerdings machte es, obwohl ich ihm auch sein Gesicht angemalt hatte, lange nicht einen so wilden Eindruck wie ein richtiger Tiger.

In diesem Augenblick hörte ich ein Grunzen, und ich fragte Angiolino:

— Habt ihr etwa auch ein Schwein? —

— Ja, aber es ist noch ganz klein. Es ist hier im Stall, schau *Sor*[13] Giannino! —

Und mit diesen Worten zog er ein kugelrundes Ferkelchen aus dem Stall, das eine so zarte rosa Haut hatte, daß es eine Pracht war.

— Was könnte ich nur damit machen? — überlegte ich laut. Da rief Angiolino:

— Warum macht Ihr daraus nicht einen Leofanten? —

Da mußte ich lachen.

— Du meinst einen Elefanten! — verbesserte ich ihn. — Aber weißt du, daß ein Elefant so groß ist wie dieses Haus hier? Und außerdem: womit sollen wir den Rüssel darstellen? —

Bei diesem Wort fingen die Kinder des Bauern alle drei an zu lachen, und schließlich fragte Angiolino: — Was ist das für ein komisches Ding, ein Rüssel, *Sor Giannino*? —

— Ein Rüssel ist wie eine ganz lange Nase, so lang wie die Stange des Ochsenkarrens hier, und der Elefant hat ihn, um sich damit Nahrung zu holen, schwere Sachen zu heben und um die Kinder mit Wasser zu bespritzen, wenn sie ihn ärgern! —

Was ist doch die Unwissenheit für eine häßliche Sache! Diese Bauerntölpel wollten mir einfach nicht glauben und fingen an, sich halbtot zu lachen.

Ich überlegte inzwischen, was ich mit dem rosa Schweinchen anfangen könnte, das die ganze Zeit über wie verzweifelt grunzte. Endlich hatte ich die Lösung und ich rief:

— Wißt ihr, was ich mit dem Schweinchen machen werde? Ich werde es in ein Krokodil verwandeln! —

Auf dem Karren lag eine alte zerlumpte Pferdedecke; die nahm ich und wickelte sie mit einem Seil um das Schweinchen. Dann hob ich das Stück der Decke, das zu lang war und hinten am Boden schleifte, hoch und schnürte es ganz fest zusammen wie eine Sa‑

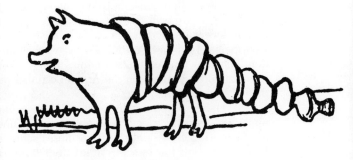

lami, so daß es aussah wie der lange Schwanz eines Krokodils. Dann habe ich das ganze Schweinchen einschließlich der Decke grün angestrichen, und fertig war das Krokodil.

Auch dieses wilde Tier befestigte ich an der Stange des Ochsenkarrens. Aber ich

---

[13] Altertümliche Form für *Signore;* analog *Sora* für *Signora.*

wollte noch ein weiteres Tier zeigen, und dazu sollte mir der Esel dienen, den ich aus dem Stall holte und der sich mit seiner grauen Farbe hervorragend dafür eignete, ein Zebra darzustellen. Ich brauchte nur, nachdem ich noch einmal rot und grün miteinander gemischt hatte, auf Rumpf, Gesicht und Beine viele Streifen zu malen. Auf diese Weise zauberte ich ein phantastisches Zebra hervor, das ich zu den anderen Tieren an den Karren band.

Jetzt fehlte zur Belebung der Szene nur noch der Affe. Zu diesem Zweck bemalte ich mit derselben Farbe, die ich schon für das Zebra verwendet hatte, das Gesicht von dem kleinen Pietrino, der bei dieser Aktion genau wie ein Berberaffe brüllte und strampelte. Und dann bastelte ich ihm noch einen wunderbaren Schwanz, indem ich einen Stoffetzen ganz eng zusammenwickelte und ihn am Gürtel unter dem Röckchen des kleinen Knirpses festmachte.

Und um die Sache noch natürlicher zu machen, dachte ich, daß es eine tolle Wirkung haben müßte, wenn man den Affen auf einem Baum sehen würde, und so hob ich Pietrino mit Hilfe von Angiolino auf den Ast eines Baumes, der auf dem Bauernhof stand, und band ihn, damit er nicht herunterfallen konnte, mit einem Strick daran fest.

Damit war meine Menagerie fertig, und ich konnte mit der Vorstellung beginnen.

— Ich bitte um Ihre geschätzte Aufmerksamkeit, meine Herrschaften! Dieses Tier hier mit vier Beinen und dem schwarz-grau gestreiften Rücken ist ein *Zebra*. Es ist ein komisches Tier, da es gemacht ist wie ein Pferd, aber kein Pferd ist, und beißt und tritt wie ein Esel, aber kein Esel ist. Es lebt in den Steppen Afrikas, ernährt sich von riesigen Selleriestauden, die in diesen Gegenden wachsen, und ist wegen der schrecklichen Pferdebremsen, die in den heißen Ländern so groß sind wie unsere Fledermäuse, dauernd auf Trab...

— Donnerwetter! — sagte Angiolino. — Und so etwas gibt es wirklich? —

— Und ob es das gibt! — antwortete ich.

— Aber du mußt jetzt deinen Mund halten. Bei der Vorstellung der wilden Tiere darf das Publikum nicht stören, denn das ist sehr gefährlich. Dieses Tier hier neben dem Zebra ist ein *bengalischer Tiger*. Er lebt in Asien, Afrika und anderen Gegenden der Welt und frißt Menschen und auch Affen... —

An dieser Stelle meiner Erklärungen fing Pietrino an zu plärren, und als ich zu ihm hoch guckte, sah ich, daß der Strick, mit dem wir ihn an den Ast gebunden hatten, locker geworden war, sodaß ihm vor lauter Angst fast die Augen aus dem Kopf fielen. In dieser Position sah er wirklich aus wie ein leibhaftiger Affe, der mit dem Schwanz am Ast eines Baumes hängt, und ich machte mir diesen Umstand sofort zunutze, in dem ich die Aufmerksamkeit des Publikums auf dieses neue Tier meiner Menagerie lenkte...

— Haben Sie das gehört, meine Damen und Herren? Bei der bloßen Erwähnung des Tigers fing der *Affe* an zu kreischen, und das mit Recht, denn es geschieht ziemlich oft, daß er den Angriffen dieses schrecklichen Raubtiers zum Opfer fällt. Den Affen, den Sie hier oben auf dem Baum sehen, nennt man im Volksmund Berberaffe. Er lebt auf den Baumwipfeln des Urwalds, wo er sich von den Schalen der Wassermelonen, von Kohlstrünken und allem möglichen anderem, das ihm in die Hände fällt, ernährt. Dieses merkwürdige und intelligente Tier hat die häßliche Angewohnheit, alles nachzuäffen, was es bei anderen sieht, und genau das ist der Grund, warum ihm die Naturforscher den Namen "Affe" gegeben haben... *Bertuccia*, verbeuge dich vor den Herrschaften!!... —

Aber Pietrino wollte von einer Verbeugung nichts wissen und plärrte weiter.

— Es wäre gescheiter, — sagte ich zu ihm, — du würdest Dir die Nase putzen... Aber wenden wir uns jetzt dem *Löwen* zu, jenem edlen und großmütigen Tier, das mit Recht der König der Tiere genannt wird, weil er mit seinem schönen Fell, seiner Stärke und seiner Fähigkeit, eine ganze Herde von Ochsen auf einmal zu verschlingen, bei allen anderen Tieren großen Respekt hervorruft. Er ist der größte Fleischfresser aller Fleischfresser, und wenn er Hunger hat, nimmt er auf nichts und niemanden mehr Rücksicht, aber er ist lange nicht so grausam wie andere Raubtiere, die aus reinem Vergnügen Leute umbringen, sondern er ist ein Tier, welches das Herz auf dem rechten Fleck hat, und in den Büchern wird sogar davon erzählt, daß er auch einmal in Florenz vorbeikam und auf der Straße ein kleines Kind mit Namen Orlanduccio traf, das sich verlaufen hatte, und das er dann ganz vorsichtig mit dem Maul an seinem Jäckchen nahm und zu seiner Mama brachte, die fast gleichzeitig vor Schreck und Erleichterung gestorben wäre. —

Ich hätte noch viele andere Geschichten über den Löwen erzählen können, aber da Pietrino ununterbrochen brüllte, als wäre er statt auf einem Baum am Spieß, beeilte ich mich und ging schnell zum *Krokodil* über.

— Sehen Sie sich, meine Herrschaften, dieses schreckliche Reptil an, das sowohl im Wasser als auch auf dem Lande leben kann! Es ist an den Ufern des Nils zu Hause, wo es Jagd auf andere Tiere und auf Neger macht, die es in seinem riesengroßen Maul verschwinden läßt, als wären es Pfefferminzbonbons!... Es heißt Krokodil, weil sein Körper ganz mit großen Schuppen bedeckt ist, die so hart sind wie die frischen Kokosnüsse,[14] die es in den Bars zu kaufen gibt und mit denen es sich gegen die Bisse der anderen Raubtiere schützt, die sich in diesen Gegenden herumtreiben. —

Bei diesen Worten gab ich dem Ferkel mit einem Stöckchen ein Paar anständige Hiebe auf den Rücken, worauf es ganz jämmerlich zu grunzen anfing, während das Publikum sich vor Lachen kaum noch halten konnte.

— Die Krokodiljagd, meine Damen und Herren, ist deshalb so schwierig, weil der Panzer des Krokodils so hart ist, daß alle spitzen Waffen wie Säbel oder Messer abbrechen; und selbst die Feuerwaffen können dagegen nichts ausrichten, weil ihre Kugeln am Körper des Krokodils abprallen. Doch die mutigen Jäger haben sich etwas Raffiniertes einfallen lassen, um die Krokodile zu fangen. Sie nehmen einen Spieß mit zwei spitzen Enden, in dessen Mitte sie einen Strick befestigt haben und gebrauchen ihn dann auf folgende Weise... —

Und damit diese beiden armen unwissenden Kinder vom Land sich unter meinen Worten etwas vorstellen konnten, nahm ich ein Stückchen Holz, spitzte die beiden Enden mit meinem Taschenmesser zu und befestigte in der Mitte eine Schnur.

Dann näherte ich mich dem Schweinchen, öffnete sein Maul und steckte mutig das Stück Holz hinein. Gleichzeitig fuhr ich in meinen Erläuterungen fort.

— Der Jäger wartet also, bis das Krokodil gähnt, was ziemlich oft passiert, weil es an den Ufern des Nils leben muß, was sogar für ein Tier ziemlich langweilig ist, und wirft dann den Spieß in das Riesenmaul, das es natürlich schnell wieder zumacht. Und was geschieht dabei? Der Wurfspieß bohrt sich von selbst mit beiden Enden in seinen Gaumen, wie die Herrschaften jetzt selbst sehen können... —

Tatsächlich bohrte sich das Holzstückchen, als das Ferkel sein Maul wieder schloß, in seinen Gaumen, worauf es herzzerreißende Schreie zum Himmel sandte.

Im selben Augenblick sah ich, als ich mich umdrehte, wie der Papa und die

---

[14] Im Italienischen haben 'Krokodil' und 'Kokosnuß' den selben Wortstamm: *coccodrillo* und *cocco*.

Mama von Angiolino vom Feld zurückkamen. Noch ganz außer Puste rief der Bauer:
— Oh, mein Schweinchen!... —

Und die Bäuerin streckte die Arme nach dieser Rotznase von Pietrino aus, der, genau wie das Schweinchen, nicht aufhören wollte zu schreien, und sagte:
— Ach Gott, mein armes Kind!... —

Was soll man da machen!! Bauern sind halt ungebildet und müssen immer alles übertreiben. Sie waren so außer sich vor Wut, daß man glauben konnte, ich hätte alle ihre Kinder und Tiere umgebracht, während ich doch in Wirklichkeit nur versucht hatte, diesen Bauerntölpeln etwas beizubringen und Ihnen Dinge zu zeigen und zu erklären, die sie noch nie in ihrem Leben gesehen hatten.

Da mir jedoch klar war, wie schwer es ist, solchen Dickschädeln Vernunft einzutrichtern, und da ich keine Lust hatte, ihre Wut abzukriegen, band ich schnell alle wilden Tiere los, schwang mich auf den Esel, den ich mit meinem Stöckchen zur Eile antrieb, und suchte, gefolgt von Bianchino, der aus vollem Halse bellte, schleunigst die Straße zu erreichen, die zur Villa Elisabetta führt.

Nachdem ich eine ganze Weile geritten war, kam ich schließlich dort an. Tante Bettina kam zur Tür gelaufen, und als sie mich auf dem Esel sah, rief sie:
— Meine Güte, was hast du denn jetzt schon wieder gemacht! —

Und als sie den rot angemalten Bianchino sah, machte sie vor Schreck einen Satz nach hinten, als wäre er wirklich ein Löwe. Doch im nächsten Augenblick hatte sie ihn auch schon erkannt und stürzte sich, zitternd wie Espenlaub, auf ihn und jammerte:
— Uh, mein Bianchino, mein Schatz! Wie haben sie dich nur zugerichtet, mein

armer Liebling... Ah! Das war sicherlich dieser Spitzbube!... —

Und voller Wut wollte sie auf mich losgehen, doch ich war schneller als sie, warf mich vom Esel und lief ins Eßzimmer und schloß die Tür hinter mir.

— Du bleibst so lange hier, bis dich dein Vater holen kommt! — sagte die Tante und schloß von außen die Tür ab.

Kurze Zeit später hörte ich die Bäuerin, die gekommen war, um der Tante zu berichten, was ich alles auf dem Bauernhof angestellt hatte, wobei sie natürlich maßlos übertrieb. Sie behauptete, daß das Ferkel Blut spucken würde, daß Pietrino in einem erbarmungswürdigen Zustand wäre und noch eine Menge anderes unglaubliches Zeug. Vor allem hängte sie mir Sachen an, die ich überhaupt nicht gemacht hatte. Und eben wiederholt diese Nervensäge das zehnte Mal:

— Stellen Sie sich vor, *Sora Padrona*,[15] wenn mein Pietrino vom Baum gefallen wäre!... —

Lassen wir sie reden: mit solchen Leuten muß man Mitleid haben, denn sie können nichts für ihre Unwissenheit. In einigen Minuten wird Papa da sein. Hoffen wir, daß er imstande ist, all die Übertreibungen zu durchschauen...

17. Oktober

Ich bin wieder zu Hause, und ich kann gar nicht sagen, wie froh ich war, wieder mein kleines Zimmer zu sehen. Es ist wirklich wahr, was das Sprichwort sagt:

Häuschen mein, Häuschen mein,
bist Du auch noch so klein,
Scheinst Du mir doch ein Palast zu sein!

Und jetzt will ich meine Erzählung da wieder aufnehmen, wo ich sie heute mittag unterbrochen habe... Was für ein ereignisreicher Tag!...

Ich hatte kaum die Feder aus der Hand gelegt, als mein Papa auch schon bei der Villa eintraf. Tante Bettina berichtete ihm sofort von "meinen Heldentaten", wie sie es nannte, wobei sie natürlich alles übertrieb und jede Sache in das denkbar schlechteste Licht rückte. Es ist ja kein Kunststück, aus dem harmlosesten Scherz ein schweres Verbrechen zu machen, wenn man einen armen, unschuldigen Jungen schlecht machen will, der nicht mal das Recht hat, sich zu verteidigen. Aber inzwischen hatte ich damit begonnen, die Türe mit Füßen und Fäusten zu traktieren, wobei ich aus vollem Halse schrie:

— Laßt mich hier raus!! Ich will meinen Papa wieder sehen! —

Tante Bettina machte mir sofort auf, und ich stürzte, mein Gesicht mit beiden Händen bedeckend, denn ich war in diesem Moment ziemlich bewegt, meinem Papa entgegen.

— Du schlimmes Kind — sagte er — Du kannst dir nicht vorstellen, was wir alle für eine Angst um dich ausgestanden haben!... —

— Er ist ein Unhold! — fügte die Tante hinzu — Schaut Euch nur mal an, wie er meinen armen Bianchino zugerichtet hat! —

— Du lieber Himmel! — rief Papa aus, als er den rot angemalten Pudel sah, und fing an zu lachen. — Der sieht aber komisch aus! —

— Das ist das Werk Eures Sohnes! Und Ölfarbe ist das! Die geht nie mehr weg!... Mein armer Bianchino!... —

---

[15] 'Frau Herrin (Frau Besitzerin)'. Ehrerbietige Anrede gegenüber einer Person aus einer höheren sozialen Schicht; analog *Sor Padrone*.

— Was ist denn schon dabei? — murmelte ich mit weinerlicher Stimme — Nennt ihn doch von jetzt an einfach *Rossino*...[16] —

— Wirst du auch noch frech! — schrie die Tante mit schriller und vor Wut bebender Stimme. — Seit dem frühen Morgen hat dieser Bengel alles getan, um mich zur Verzweiflung zu bringen!... —

— Aber was habe ich denn eigentlich so Schlimmes getan? Ich habe den Topf mit dem Diptam kaputt gemacht, aber ich konnte doch nicht wissen, daß er ein Geburtstagsgeschenk von diesem *Signor* Ferdinand war und daß jetzt sein Geist da drin ist... —

— Kein Wort mehr davon! — fuhr die Tante mir aufgeregt ins Wort. — Mach daß du verschwindest und laß dich nie wieder in meinem Hause blicken, hast du verstanden? —

— Nun regt Euch nicht auf! — sagte mein Vater ernst, aber ich merkte, daß er unter seinem Schnurrbart schmunzelte.

Dann sprach er leise mit der Tante, und ich hörte, daß er ein paar Mal den Namen meiner Schwester Luisa erwähnte. Zum Schluß nahm er mich bei der Hand, verabschiedete sich von der Tante Bettina und sagte:

— Also wir rechnen mit Euch! Und lassen wir es gut sein jetzt! Es wäre doch merkwürdig und übertrieben, wenn Ihr wegen des Geschwätzes von einem Kind nicht zu so einem wichtigen Familienfest kommen würdet! —

Als wir im Zug saßen, sagte ich: — Weißt du, Papa, du hast wirklich recht, wenn du immer so auf die Eisenbahn schimpfst! —

Und dann erzählte ich ihm die Geschichte von meiner abenteuerlichen Reise, vor allem die Sache mit dem kaputten Fenster des Bremserhäuschens, für das ich sogar noch extra Strafe zahlen mußte.

Mein Papa schimpfte mich ein bißchen aus, aber ich merkte, daß er mir im Grunde Recht gab, was sich auch gehört, da ich ihm ja auch Recht gab.

Alle sind mir wieder gut jetzt, und ich bin glücklich und zufrieden.

Heute abend auf dem Bahnhof hatte sich eine richtige Menschenmenge versammelt, um mich zu empfangen: Verwandte, Bekannte, Freunde, alle waren nur gekommen, um mich zu begrüßen, und man hörte nichts anderes als Giannino hier und Giannino da... Ich kam mir vor wie ein Soldat, der aus dem Krieg heimgekehrt war, nachdem er eine Schlacht gewonnen hatte.

Nicht zu reden davon, was mich zu Hause erwartete; wenn ich nur daran denke, kommen mir die Tränen. Meine arme Mama schluchzte herzzerreißend, meine Schwestern wurden nicht müde, mich abzuküssen, und Caterina trocknete sich mit der Schürze die Augen und sagte immer wieder:

— Ah, *Sor* Giovannino! Ah, *Sor* Giovannino!... —

Eins steht fest: Es geht nichts über die Genugtuung, die ein Junge hat, wenn er von zu Hause weggelaufen ist und dann wieder heimkehrt.

Aber da ist noch etwas anderes, über das ich mich sehr freue: meine Schwester Luisa heiratet nämlich den Doktor Collalto, und die Hochzeit findet in fünf Tagen statt, und dann wird es ein großes Festessen geben mit Bergen von Torten, Plätzchen und Desserts aller Art...

Collalto, der es leid war, darauf zu warten, von Doktor Baldi zu seinem Assistenten gemacht zu werden, hatte sich auf eine Stelle in Rom beworben, und nachdem er sie nun gekriegt hat und sofort abreisen muß, hat er sich entschlossen,

---

[16] Von *rosso* = rot.

meine Schwester Luisa zu heiraten und mit ihr nach Rom zu gehen.

Ich bin sehr traurig deswegen, denn ich habe Luisa wirklich sehr gern und auch Dr. Collalto, der ein lustiger Kerl ist, oft mit mir spielt und immer für einen Spaß zu haben ist. Aber was kann man da machen?

18. Oktober

Ich bin überglücklich! Gestern abend hat Dr. Collalto mir einen wundervollen Wasserfarbkasten mitgebracht und zu mir gesagt:

— Hier, Giannino, das ist für dich: Da du so ein großes Talent zum Zeichnen hast, könntest du es ja auch mal mit Wasserfarben versuchen... —

Und meine Schwester strich mir übers Haar und fügte hinzu:

— Und wenn du dann malst, denkst du auch ein bißchen an deine Schwester Luisa im fernen Rom, nicht wahr? —

Der Ton, in dem meine Schwester diese Worte sagte, war so liebevoll, daß mir vor Rührung fast die Tränen gekommen wären; aber ich war so glücklich, endlich einen richtigen Wasserfarbkasten zu haben, noch dazu einen so großen, mit allen Farben, wie ich ihn mir schon lange gewünscht hatte, daß ich einen Freudentanz vollführte und mich dann hier auf mein Zimmerchen zurückzog, weil ich zuerst mit Dir, mein Tagebuch, meine Freude teilen wollte, indem ich die Zeichnung, die ich von meiner Tierschau gemacht hatte, als ich bei der Tante Bettina eingeschlossen war und auf meinen Papa wartete, mit Farben ausmale.

Als ich fertig war, zeigte ich meine Arbeit Collalto, der sagte:

— Bravo!!! Das sieht ja aus wie ein Bild aus der Zeit von Giotto! [17] —

Und jetzt möchte ich wissen: Wenn ich nicht die Idee zu meiner Menagerie gehabt hätte, wäre ich auch nicht auf die Idee gekommen, ihn zu zeichnen, und so wäre dieses Werk hier nie entstanden! Also ist es doch für einen Jungen, der sich zum Künstler berufen fühlt, einfach manchmal notwendig, gewisse Dummheiten zu machen! Gibt es also einen Grund, warum Eltern immer so schnell bereit sind, zu schimpfen und zu strafen?

Doch genug davon! Auf jeden Fall hat mir Collalto ein wunderschönes Geschenk gemacht, und ich will ihm unbedingt in irgendeiner Form meine Dankbarkeit zeigen.

---

[17] Bedeutender italienischer Maler des Mittelalters (1267 - 1337).

Ich habe eine Idee... aber um sie in die Tat umzusetzen, brauche ich unbedingt drei oder vier *Lire*.

Mal sehen, wo ich die herkriege!

19. Oktober

Heute morgen hat mich Luisa in ihr Zimmer geführt, hat mir einen Kuß gegeben und mit Tränen in den Augen einen schönen silbernen *Scudo* [18] geschenkt. Dabei gab sie mir die üblichen Ermahnungen, schön brav zu sein und keine Dummheiten zu machen, denn wegen der Hochzeitsvorbereitungen könnte sich jetzt niemand im Haus um mich kümmern.

Habe ich nicht immer gesagt, daß Luisa die Beste von allen ist?!

Ich habe den *Scudo* genommen, und weg war ich, um meine Idee in die Wirklichkeit umzusetzen.

Ich habe zwölf Pfeif-Raketen, sechs Wunderkerzen, acht Tippi-tappi, vier schöne Feuerräder und verschiedene andere Feuerwerkskörper gekauft, um damit die Brautleute an ihrem Hochzeitstag abends im Garten zu feiern.

Ich kann diesen Moment kaum erwarten. Einstweilen habe ich das ganze Feuerwerkszeug auf dem Schrank von Mama versteckt, denn mein Feuerwerk soll für alle eine Überraschung sein.

24. Oktober

Der große Tag ist da!

Seit dem 19. habe ich keine einzige Zeile mehr in mein Tagebuch geschrieben, ich hatte einfach zu viel zu tun!

In den letzten Tagen habe ich gemerkt, daß wir Kinder zu Hause sehr nützlich sein können, wenn es so feierliche Anlässe wie den heutigen gibt. Voraussetzung ist allerdings, daß die Erwachsenen sich anständig und höflich benehmen, wenn sie uns um einen Gefallen bitten.

Giannino hier, Giannino da! Giannino oben, Giannino unten! Es war unmöglich, alle zufrieden zu stellen. Der eine wollte eine Zwirnspule, der andere Seidengarn, und wiederum ein anderer Stoffmuster. Für den einen sollte ich bei der Post Briefe abholen und für den anderen Telegramme aufgeben, kurz und gut, abends fiel ich todmüde ins Bett. Aber immerhin hatte ich ein ruhiges Gewissen, denn ich hatte meine Pflicht getan und einen Beitrag für die Zukunft meiner Schwester geleistet.

Endlich ist der große Tag gekommen, an dem meine Schwester heiratet, und heute abend werde ich mein Feuerwerk veranstalten, um auf diese Weise Collalto, der immer lacht, wenn er sagt, daß ich sein Schwager bin, zu zeigen, daß Kinder nicht nur fähig sind, Zuneigung für ihre Verwandten zu empfinden, sondern auch ihre Dankbarkeit auszudrücken, wenn sie einen Wasserfarbkasten geschenkt bekommen.

Auch Tante Bettina ist gekommen, um bei der Hochzeit dabei zu sein, und so

---

[18] Alte italienische Münze.

hat sie mit allen wieder ihren Frieden gemacht. Trotzdem hat Luisa nicht die erhofften diamantenen Ohrringe, die die Tante von der seligen Großmutter geerbt hat, als Hochzeitsgeschenk bekommen, sondern stattdessen eine wollene blau-gelbe Bettüberdecke, die die Tante selbst gestrickt hat.

Luisa war deswegen ganz geknickt, und ich habe gehört wie sie zu Virginia sagte:

— Damit will sich diese alte Giftnudel bestimmt für das letzte Mal, als sie bei uns war, rächen! —

Aber sonst hat meine Schwester von allen Seiten tolle Geschenke bekommen…

Von den Torten und den anderen süßen Sachen, die im Speisesalon stehen, will ich gar nicht reden!… Einfach unglaublich!… Aber das Beste sind doch die Waffeln mit Schlagsahne.

Alle sind fertig, und in wenigen Minuten brechen wir zum Standesamt auf. Die Tante Bettina kommt allerdings nicht mit, denn sie hat sich entschlossen, mit dem Zug, der in einer halben Stunde geht, wieder nach Hause zu fahren.

Kein Mensch kann sich einen Grund für diesen plötzlichen Entschluß vorstellen, denn sie ist von allen hier mit dem gebührenden Respekt empfangen worden. Und als Mama die Tante bat, ganz offen zu sagen, ob es vielleicht jemand, ohne sich dessen bewußt zu sein, ihr gegenüber am nötigen Respekt hatte fehlen lassen, antwortete sie durch die Zähne:

— Im Gegenteil, ich gehe, weil man zu viel Respekt vor mir hat; und Luisa kannst du ausrichten, daß sie, wenn sie mir noch mehr Respekt erweisen will, mir die Wolldecke zuschicken soll, die ich Dummkopf extra für sie gestrickt habe! —

Und ohne noch irgendwelche weiteren Worte zu verlieren, ist die Tante dann gegangen.

Das Schöne ist, daß ich allein den wahren Grund für ihre Abreise kenne, aber den behalte ich für mich, um nicht die schöne Überraschung zunichte zu machen, die meine Schwester noch haben wird.

Vor einer Stunde nämlich habe ich zu Tante Bettina gesagt:

— Liebe Tante, wollen Sie einen guten Rat von mir? Nehmen Sie die häßliche Wolldecke, die Sie Luisa geschenkt haben, wieder mit nach Hause und bringen Sie ihr stattdessen die diamantenen Ohrringe, die sie sich so sehnlich gewünscht hat... dann wären Sie wieder ein gern gesehener Gast bei uns, und meine Schwester würde keinen Grund mehr haben, Sie "alte Giftnudel" zu nennen.

Also das muß man der Tante lassen: Diesmal hat sie sich tadellos benommen. Sie muß kapiert haben, daß sie im Unrecht war, weil sie meinen Rat befolgt hat und sofort nach Hause gefahren ist, um für Luisa die Ohrringe zu holen. Die wird Augen machen! Und das hat sie nur mir zu verdanken!

Wenn das kein Bruder ist, auf den man stolz sein kann!

Ach, mein Tagebuch, ich kann Dir gar nicht sagen, wie verzweifelt ich bin! Ich bin hier in meinem Zimmerchen eingeschlossen, und mein einziger Trost ist, daß ich Dir von meiner Not erzählen kann!...

Papa hat mich hier eingeschlossen, nachdem er mir einen Haufen Schimpfwörter an den Kopf geschmissen hat, zwischen die er statt Kommata so starke Fußtritte gesetzt hat, daß ich jetzt immer nur auf einer Seite sitzen kann, und das auch nur fünf Minuten, dann muß ich zur anderen wechseln... Was für eine tolle Art, Kinder zu erziehen, die vom Pech und von unvorhersehbaren Ereignissen geradezu verfolgt werden!...

Ich möchte wissen, was ich dafür kann, wenn Collalto heute morgen ein Telegramm erhalten hat und zusammen mit Luisa mit dem Sechs-Uhr-Zug abreisen muß, statt, wie geplant, bis zum Abend zu bleiben?

Natürlich war ich ziemlich enttäuscht, hatte ich mich doch so darauf gefreut, heute Abend im Garten ein Feuerwerk zu veranstalten. Aber kein Mensch kommt jemals auf die Idee, den Kummer nachzuempfinden, der sich in der Seele von uns Kindern verbirgt, so als hätten wir gar keine und  wären aus Holz! Aber wehe, wenn wir versuchen, unserem Kummer Luft zu machen und etwas tun, das die Nerven der Erwachsenen reizt! Dann fallen sie alle sofort über uns her!...

Was habe ich denn eigentlich Schlimmes gemacht? Es war doch nur ein Scherz, ein ganz harmloser Scherz, und wenn Collalto nicht so ängstlich gewesen wäre, hätte jeder ihn genommen als das, was er war und hätte nicht solch einen Aufstand gemacht.

Was für eine Szene!

Da ich das Feuerwerk abends nicht machen konnte, überlegte ich mir, daß ich wenigstens ein Feuerrad anzünden könnte, und so steckte ich eins von den kleineren in meine Hosentasche und wartete auf den richtigen Augenblick.

Als die Brautleute aus dem Rathaus kamen, habe ich mich sogleich an sie herangemacht. Sie waren so ergriffen, daß sie mich nicht einmal bemerkten. Gott weiß, wie es zuging, aber plötzlich kam mir die Idee, das Feuerrad am hinteren Knopf des Fracks von Collalto anzubringen und es anzuzünden...

Ich kann unmöglich beschreiben, was dann passiert ist... und es ist sicher besser, es mit den Wasserfarben zu malen, die mir Collalto geschenkt hat und für die ich ihm so dankbar war, daß ich das ganze Geld, das ich von seiner Frau, die meine Schwester ist, bekommen hatte, für Feuerwerkskörper ausgab...

War das ein Spektakel! Der Doktor, an dessen Frackschößen sich das Feuerrad drehte, zitterte und schrie und wußte nicht, wie ihm geschah, Luisa war in Ohnmacht gefallen, und auch den Gästen war der Schreck in die Glieder gefahren... Ich dagegen hatte einen Heidenspaß an der allgemeinen Verwirrung, bis auf einmal mein Vater mich am Ohr packte und mich unter Schimpfworten und Fußtritten hierher brachte.

Wahrhaftig, ich kam mir in diesem tollen Durcheinander vor wie ein russischer Revolutionär nach einem Attentat auf den Zar!

Mit dem Unterschied, daß ich keineswegs einen Anschlag auf das Leben von Collalto geplant hatte, sondern mir nur einen unschuldigen Spaß erlauben wollte, um meine Freude auszudrücken. Tatsächlich ist ja auch gar nichts Schlimmes passiert; und wenn die ganze Gesellschaft etwas weniger ängstlich gewesen wäre, hätte sich alles nach dem ersten Schreck in Wohlgefallen aufgelöst.

Leider jedoch werden die guten Absichten von Kindern niemals gewürdigt, und so bin ich wieder mal das unschuldige Opfer der Übertreibungen der Erwachsenen und zu Gefängnis und Wasser und Brot verdammt, während sich unten alle den Magen vollschlagen und die ganzen Torten und Cremespeisen alleine aufessen!

Dieser Tag kommt mir wie eine halbe Ewigkeit vor!
Ich habe das Gepolter der Kutsche gehört, die das Brautpaar wegbrachte, und dann die Stimme von Caterina, die beim Geschirrabräumen ihre Lieblingsarie aus *La Gran Via* sang:

«Am Strand dort in der Ferne»

Alle sind glücklich und zufrieden, alle haben sich ihren Bauch zum Platzen vollgeschlagen, während ich hier alleine bin, zu Wasser und Brot verurteilt, und das alles nur, weil ich meine Schwester so gern habe und ihre Hochzeit feiern wollte.

Das Schlimmste ist, daß es Abend wird und ich weder Kerze noch Streichhölzer habe... Bei der Vorstellung, allein im Dunkeln zu bleiben, läuft es mir kalt den Rücken herunter, und jetzt erst kann ich nachempfinden, was der arme *Silvio Pellico*[19] und die vielen anderen glorreichen und unschuldig verfolgten Freiheitskämpfer* durchgemacht haben.

Still! Ich höre was an der Tür... jetzt schließt jemand auf...

Als ich hörte, daß jemand den Schlüssel ins Schloß steckte, habe ich mich sofort unter dem Bett verkrochen, weil ich Angst hatte, daß Papa kommen könnte, um mir den Hintern zu versohlen. Stattdessen kam meine liebe Schwester Ada.

Ich bin unter dem Bett hervorgekrochen und habe sie unter Freudengeschrei umarmt; aber sie hat sofort gesagt:
— Sei still, um Himmelswillen; Papa ist für einen Moment nach draußen gegangen... Wehe, wenn er erfährt, daß ich zu Dir hochgekommen bin!... Hier, nimm das!...

Und sie hat mir ein dickes Schinkenbrötchen und eine Tüte mit Konfekt gegeben.

Ich habe ja schon immer gesagt: Ada ist die beste von allen, und ich habe sie sehr lieb, denn sie hat ein Herz für Kinder und geht ihnen nicht ständig mit unnützen Predigten auf den Wecker.

* **Anmerkung von Vamba:** "In dieser traurigen Situation sollte man unserem Giannino sowohl den gewagten Vergleich als auch die fälschliche Klassifikation von Silvio Pellico als Freiheitskämpfer nachsehen".

---

[19] Dichter des Risorgimento (1789 - 1854). Gab am Anfang des 18. Jahrhunderts u.a. mit Manzoni eine patriotische Zeitschrift heraus und trat nach deren Verbot dem Geheimbund der *Carbonari* bei. 1820 wurde Pellico von den Österreichern zum Tode und dann zu 15 Jahren Festungshaft verurteilt. 1830 wird er als gebrochener Man entlassen. Sein bedeutendstes Werk "Meine Gefängnisse" (1832), ergreifende Schilderung seiner Kerkerhaft, hatte wegen der Darstellung persönlichen Leides eine starke Wirkung auf seine Landsleute. – Vambas Anmerkung ist vermutlich so zu verstehen, daß Giannino Silvio Pellico für einen praktischen Revolutionär hält, während er 'nur' ein intellektueller Revolutionär war.

Außerdem hat sie mir eine Kerze, eine Schachtel mit Streichhölzern und *Der schwarze Korsar* von Salgàri mitgebracht. Gott sei Dank... Jetzt kann ich wenigstens lesen und die Ungerechtigkeiten dieser Welt vergessen!

25. Oktober

Es dämmert gerade.
Ich habe fast die ganze Nacht gelesen. Was für ein Schriftsteller dieser Salgàri! Was für Romane!... Ganz anders als *Die Verlobten* [20] mit ihren langweiligen und endlosen Beschreibungen! Muß das toll sein, ein Korsar zu sein! Noch dazu ein schwarzer!

Ich weiß nicht, was mit mir los ist, seitdem ich all diese Abenteuergeschichten gelesen habe, von denen eine spannender ist als die andere... jedenfalls bin ich jetzt ganz kribbelig und kriege eine richtige Lust, etwas ganz Großes zu machen, das man so schnell nicht wieder vergißt und das denen, die mich ständig klein machen müssen, zeigt, daß auch ein Junge manchmal zu einem Held werden kann, vorausgesetzt er hat dasselbe Blut in den Adern wie der *Schwarze Korsar*...

Jetzt denke ich nach, und bestimmt wird mir was Tolles einfallen...

26. Oktober

Ich bin wieder in meinem Zimmer... aber leider im Bett, denn ich bin krank und habe kaum die Kraft aufzuschreiben, was mir gestern morgen passiert ist.

Ich erinnere mich noch ganz genau, daß ich mit meinem Taschenmesser das Bettlaken in viele Streifen zerschnitt, daß ich sie aneinanderband und an einem Bein meines Tischchens befestigte, und daß ich mich schließlich mutig an ihnen aus dem Fenster herabließ.

Aber ab diesem Moment läßt mich mein Gedächtnis im Stich... Irgendwo stieß ich mit dem Kopf an, so viel ist sicher... möglicherweise war es die Regenrinne... Und dann lag ich auf einmal am Boden... Kann sein, daß die Streifen des Bettlakens gerissen waren... vielleicht waren sie auch nicht gut am Tisch festgemacht... ich weiß es nicht... Jedenfalls sah ich auf einmal Sternchen, und dann wurde es stockfinster um mich herum!

Als ich wieder die Augen aufschlug, fand ich mich hier im Bett wieder und sah meinen Papa, wie er im Zimmer auf und ab lief, sich die Haare raufte und murmelte:

— Es ist nicht zu fassen! Es ist einfach nicht zu fassen! Dieser Junge raubt mir noch den Verstand! Er wird mich noch ins Grab bringen!... —

Ich wollte ihn um Verzeihung bitten, daß ich nicht auf meinen Kopf aufgepaßt hatte, aber ich konnte nicht sprechen...

Dann kam der Doktor. Er hat mir einen anständigen Verband um den Kopf gemacht und zu meiner weinenden Mama gesagt:

— Machen Sie sich keine Sorgen... Ihr Sohn ist ein ausgesprochener Dickhäuter! —

Trotzdem haben mich meine Eltern und meine Schwestern den ganzen Tag nicht eine Minute aus den Augen gelassen, und jeden Augenblick haben sie mich gefragt:

— Geht es deinem Kopf schon ein bißchen besser? —

---

[20] Von Alessandro Manzoni, einem der bedeutendsten italienischen Schriftsteller des 19. Jahrhunderts (1785 - 1873).

Niemand hat gewagt, mir einen Vorwurf zu machen.

Das wäre auch noch schöner gewesen! Sie müssen eingesehen haben, daß ich im Grunde so unrecht nicht gehandelt habe. Wenn Papa, der sich wie alle Erwachsenen damit brüstet, als kleiner Junge immer artig gewesen zu sein, einen ganzen Tag lang in einem Zimmer bei Wasser und Brot eingesperrt gewesen wäre, hätte auch er, da gehe ich jede Wette ein, so gehandelt wie ich, um die Freiheit wieder zu haben...

29. Oktober

Heute kann ich wirklich nicht klagen!

Der Doktor hatte Recht, als er sagte, daß ich ein Dickhäuter bin: ich bin wieder ganz gesund. Aber am schönsten ist doch, daß ich jetzt von allen mit Aufmerksamkeiten und Liebkosungen nur so überschüttet werde! Gestern habe ich gehört, wie Papa zu Mama sagte:

— Versuchen wir, ihn mit Milde und Nachsicht zu behandeln und nehmen wir ihn, wie er ist!... —

Er muß ziemliche Gewissensbisse haben, daß er so streng mit mir war. Tatsächlich hat er mir versprochen, daß er heute abend mit mir ins Theater geht, um den berühmten Zauberer Morgan zu sehen, der dort ein Gastspiel gibt.

Begleiten wird uns der Rechtsanwalt Maralli, der mit der Brille und dem mächtigen Bart, und der neulich Anlaß einer großen Auseinandersetzung bei uns war. Er ist nämlich Sozialist, und Mama kann nicht leiden, wenn er so auf die Priester und die ganze Gesellschaft schimpft, weswegen er, wie Ada sagt, eine vulgäre Note in unserer Konversation ist. Papa ist dagegen der Ansicht, daß er im Grunde gar kein so schlechter Kerl ist, daß man mit der Zeit gehen muß und daß der Maralli mal Karriere macht und es bestimmt einmal zum Abgeordneten bringen wird.

30. Oktober

Ich weiß jetzt, was ich werde, wenn ich groß bin: Zauberer.

Der Abend gestern im Theater hat mir riesigen Spaß gemacht. Dieser Morgan ist wirklich ein tüchtiger Zauberer, und er hat ganz tolle Sachen vorgeführt. Ich habe die ganze Vorstellung über kein Auge von ihm gelassen, um seinen Zauberkunststücken auf die Schliche zu kommen, doch die meisten waren einfach zu schwierig. Aber ich wette, daß ich das eine oder andere Kunststück auch fertigbringen würde, wie zum Beispiel das mit den Eiern oder das, wo man ein Schwert verschluckt oder das, wo man sich von einer Frau aus dem Publikum eine Uhr leiht, um sie in einem Mörser zu zerstampfen und sie dann verschwinden zu lassen...

Heute will ich in meinem Zimmer so lange probieren, bis ich ganz sicher bin, daß die Sache klappt, und dann will ich im Salon für meine Schwestern und die Freunde, die uns besuchen kommen, eine Vorstellung geben; die Eintrittskarten verkaufe ich für zwei *Soldi*.[21] Die werden Augen machen! Vielleicht wird man dann endlich ein bißchen mehr Achtung vor mir haben!

Heute habe ich, um ein bißchen zu üben, im Garten eine kleine Vorstellung gegeben, und zwar für meine Freunde Renzo und Carluccio und für Fofo und Marinella, die im Haus nebenan wohnen und die Kinder der *Signora* Olga sind, die richtige Bücher schreibt, und die immer sehr zerstreut und überaus beschäftigt ist.

---

[21] *Soldo.* Alte italienische Münze.

Die Eintrittskarte kostete einen *Soldo* pro Kopf.

— Hätte eine der Damen die Freundlichkeit, — fragte ich — mir eine goldene Uhr zu leihen?... Sie vielleicht? —

— Ich? Ich habe keine Uhr — antwortete Marinella — Aber ich kann nachsehen, ob ich die von Mama bringen kann. —

Tatsächlich ist sie ins Haus gelaufen und mit einem schönen goldenen Damenührchen in den Garten zurückgekehrt.

Ich hatte mir den kleinen Mörser mitgebracht, in dem Caterina die Mandeln und den Zucker zerstampft, wenn sie Kuchen backt. Da hinein warf ich die Uhr von der *Signora* Olga, und dann fing ich an, die Uhr ordentlich mit dem Stößel zu zerstampfen, so wie ich es bei Morgan gesehen hatte. Aber die Uhr war sehr hart, und es war nicht so leicht, sie klein zu kriegen. Nur das Glas war sofort in tausend Stücke zersprungen.

— Aufgepaßt, meine Herrschaften! — sagte ich — Wie Sie sehen, ist die Uhr der *Signora* Marinella nicht mehr wieder zu erkennen...

— Das stimmt! — sagten alle.

— Aber — fuhr ich fort — gleich werden wir sie wieder zum Vorschein bringen, und zwar genau so, wie sie vorher war. —

Und mit diesen Worten leerte ich den Mörser mit den Bruchstücken der Uhr von Marinella in ein Taschentuch aus, schnürte es zu einem Bündel zusammen und ließ es schnell in meiner Hosentasche verschwinden. Dann holte ich, als wäre es die leichteste Sache von der Welt, unter meinem Kasack ein anderes Bündel hervor, das ich schon vorbereitet hatte und das die Uhr von Mama enthielt, die in ein Taschentuch gewickelt war, das genau so aussah wie das erste. Ich zeigte meinem Publikum das Taschentuch und sagte:

— Voilà, meine Herrschaften, hier sehen Sie die Uhr wieder in ihrem ursprünglichen Zustand! —

Alle klatschten und waren von der Vorstellung sehr begeistert, und Marinella nahm die Uhr von Mama an sich, im Glauben, es wäre die Uhr *ihrer* Mama. Natürlich werde ich von allen jetzt sehr bewundert.

Heute Abend werde ich bei uns zu Hause eine große Vorstellung geben, und ich glaube, daß sie ein glänzender Erfolg werden wird. Ich mache jetzt gleich die Eintrittskarten.

31. Oktober

Ach, mein Tagebuch, was bin ich doch für ein Pechvogel! Und das, was ich bisher durchmachen mußte, ist nichts gegenüber dem, was mir noch bevorsteht, denn es ist gut möglich, daß ich eines Tages im Zuchthaus landen werde, wie mir mehr als einer, u.a. auch die Tante Bettina, prophezeit hat...

Ich bin derartig niedergeschlagen, daß sie zu Hause nicht einmal den Mut hatten, mich zu verhauen. Mama hat mich in mein Zimmer begleitet und nur gesagt:

— Paß auf, daß du niemandem mehr unter die Augen kommst! Und bete zu Gott, daß er Erbarmen hat mit dir und mit deiner armen Mutter, die du zur unglücklichsten Frau auf der Welt gemacht hast! —

Arme Mama! Wenn ich an ihr betrübtes Gesicht denke, kommen mir die Tränen... Aber andererseits, was kann ich denn machen, wenn sich mir alles, selbst die einfachste Sache der Welt, ins Gegenteil verkehrt?

Wie geplant, wollte ich gestern abend meine Zauberkunststückchen im Salon vorführen, woran ja nun wirklich nichts Schlimmes ist, zumal alle sagten: — Wollen wir doch mal sehen, was dieser Rivale von Morgan kann! —

Der Dichter Mario Marri

Unter den Zuschauern waren Mario Marri, der Gedichte schreibt und ein Monokel trägt, die *Signorina* Sturli, von der meine Schwestern sagen, daß sie sich immer die Taille zu eng schnürt, der Rechtsanwalt Maralli, und auch Carlo Nelli, das ist der, der immer wie aus dem Ei gepellt daherkommt und der, nachdem er erst tödlich beleidigt war, weil Virginia unter sein Foto *Alter Gommeux* geschrieben hatte, jetzt wieder seinen Frieden mit uns gemacht hat.

— Machen wir zuerst die Nummer mit dem Omelette! — sagte ich.

Ich nahm vom Hutständer den ersten Hut, der mir in die Hände fiel und legte ihn auf einen Stuhl, den ich in einem gewissen Abstand zum Publikum aufgestellt hatte. Dann nahm ich zwei Eier, zerbrach sie, goß Eigelb und Eiweiß in den Hut und tat die Schalen auf einen Teller.

— Aufgepaßt meine Herrschaften! Jetzt schlagen wir die Eier und dann machen wir das Omelette! —

Und dann fing ich an, mit einem Löffel die Eier in dem Hut zu schlagen, wobei ich vorhatte, danach das Futter aus dem Hut zu nehmen und ihn dann so sauber zu präsentieren, wie er am Anfang war.

Als Carlo Nelli mich die Eier in dem Hut schlagen sah, brach er in ein schallendes Gelächter aus und sagte:

— Oh, das ist einfach köstlich!… —

Ganz ermutigt davon, daß alle einen solchen Spaß an meinem Zauberkunststück hatten, wollte ich dieses nun auch, wie ich es bei dem berühmten Morgan gesehen hatte, zum krönenden Abschluß bringen, und so sagte ich:

— Nachdem die Eier geschlagen sind, bitte ich jetzt einen der Herren, mir liebenswürdigerweise den Hut zu halten; ich komme gleich wieder, und dann machen wir Feuer… —

Und dann wand ich mich an den Advokaten Maralli, der mir am nächsten stand, und sagte:

— Hätten Sie, mein Herr, vielleicht die Freundlichkeit, den Hut für eine Minute zu halten? —

Der Advokat war so freundlich und nahm den Hut in die rechte Hand. Doch kaum hatte er einen Blick hinein geworfen, da fing er an zu lachen und rief:

— Na so was! Ich dachte, der Hut hätte einen doppelten Boden… aber er hat die Eier richtig in dem Hut geschlagen!… —

Als Carlo Nelli das hörte, lachte er noch lauter als vorher und wiederholte:

— Oh, das ist wirklich köstlich!… einfach entzückend!… —

Tief befriedigt ging ich den Kerzenständer mit der Kerze holen, die ich vorher schon angezündet hatte. Den drückte ich dem Maralli in die linke Hand und sagte:

— Sehen Sie, meine Herrschaften, das Feuer ist schon angezündet und Sie, mein Herr, wären Sie so nett und würden die Kerze unter den Hut halten, aber ja nicht zu nah, sonst verbrennt er… So ist's richtig… Ausgezeichnet… und schon ist das Omelette gar und wir können die Kerze wieder löschen… Aber wie?… Ich hab's: wir nehmen meine Pistole!!

Morgan benutzt in Wirklichkeit einen Karabiner. Aber obwohl ich nur eine dieser Kinderpistolen zum Scheibenschießen besitze, die man mit Geschossen lädt, die am einen Ende eine bleierne Spitze und am anderen ein rotes Federchen haben, dachte

ich mir, daß es egal wäre, mit welcher Waffe das Feuer ausgemacht wird.

Ich ergriff also meine Pistole, die ich mir schon bereit gelegt hatte, und brachte mich vor dem Advokaten Maralli in Stellung.

In diesem für das Gelingen des Kunststücks so wichtigen Augenblick, in dem ich mit einem einzigen Pistolenschuß die Kerze löschen mußte, wurde ich auf einmal von einem Schrei abgelenkt.

Carlo Nelli, der plötzlich den Hut, den der Maralli in der Hand hielt, als seinen eigenen erkannt und augenblicklich zu lachen aufgehört hatte, schrie ganz entsetzt:

— Uh! Das ist ja *mein* Hut! —

Gleichzeitig rief der Advokat Maralli, als er mich mit meiner Pistole auf ihn zielen sah, mit weit aufgerissenen Augen:

— Die ist doch nicht etwa geladen?… —

Genau in diesem Moment drückte ich ab. Fast im selben Augenblick schrie der Maralli auf:

— Ah, er hat mich umgebracht!... —

Der Advokat ließ den Kerzenhalter und auch den Hut mit den Eiern fallen, die sich auf den Teppich ergossen und dort häßliche Flecke machten, warf sich auf einen Stuhl und bedeckte das Gesicht mit beiden Händen...

Die Mannelli-Schwestern fielen in Ohnmacht, die anderen fingen an zu schreien, meine Schwestern begannen herzzerreißend zu flennen, und Carlo Nelli stürzte sich auf seinen Hut und knurrte:

— Mörder!... —

Währenddessen hatte Mama mit Hilfe von Mario Marri den Advokaten gepackt und ihm die Hände vom Gesicht weg genommen; und da sah ich mit Entsetzen, daß sich das rote Federchen des Projektils meiner Pistole direkt neben dem rechten Auge ins Fleisch gebohrt hatte...

Wirklich, ich kann beschwören, daß ich von allen Anwesenden derjenige war, dem das am meisten leid tat, aber trotzdem konnte ich mir das Lachen nicht verkneifen, denn der Maralli sah mit dem roten Federchen neben dem Auge einfach zu komisch aus...

Carlo Nelli, der während des ganzen Durcheinanders unentwegt versuchte, seinen Hut mit dem Taschentuch wieder sauber zu kriegen, rief ganz empört:

— Dieses Kind ist ja der reinste Verbrecher!... —

Und die *Signorina* Sturli, die sich dem Maralli genähert hatte, um zu sehen, was mit ihm passiert war, fing nun, nachdem sie bemerkt hatte, daß ihre weiße Seidenbluse von dem Blut, das aus dem Auge des Verletzten tropfte, einige rote Spritzer abgekriegt hatte, auch an, sich mit dem Taschentuch sauber zu machen, wobei sie ganz grimmig brummte:

— Der Junge wird bestimmt mal im Zuchthaus enden!... —

Inzwischen war mir das Lachen vergangen, denn mir dämmerte allmählich, daß die Sache wirklich sehr ernst war.

Mario Marri und die anderen Gäste packten den Advokaten Maralli unter den Armen und brachten ihn ins Gästezimmer, während Carlo Nelli es übernommen hatte, den Arzt zu holen.

Ganz allein im Salon zurückgelassen, verdrückte ich mich schluchzend in eine Ecke und dachte über mein Schicksal nach... Dort blieb ich ganz traurig und von allen vergessen fast die ganze Nacht über hocken, bis mich Mama entdeckte und, wie ich anfangs schon sagte, in mein Zimmer brachte...

Es sieht so aus, als ginge es dem Advokaten Maralli sehr schlecht.

Und was mich betrifft, so werde ich im Zuchthaus enden, wie alle sagen!...

Ich bin ganz verzweifelt, mir dreht sich der Kopf, und ich fühle mich so am Boden zerstört, als hätte ich die schlimmsten Prügel meines Lebens bekommen... Ich kann nicht mehr, ich kann nicht mehr!...

Ich habe geschlafen, und ich fühle mich besser.

Wieviel Uhr es wohl ist? Es muß schon spät sein, denn von der Küche unten steigt ein lieblicher Bratenduft zu mir hinauf — inmitten dieser Grabesstille wenigstens ein kleiner Trost.

Aber ich werde von einem schrecklichen Gedanken verfolgt: Daß man mir einen

Prozeß macht und ich zu Gefängnis und lenbenslanger Zwangsarbeit verurteilt werde... Ich bin wirklich zu bedauern... und erst recht meine arme Familie!...

Als ich aus dem Fenster guckte, sah ich, wie unten im Garten Caterina und Gigi (das ist der Mann, der mich vor dem Ertrinken gerettet hat), die Köpfe zusammensteckten und ganz aufgeregt miteinander sprachen.

Caterina fuchtelte mit den Armen herum und ereiferte sich mächtig, während Gigi sich immer wieder den Hut über die Augen zog, den Hals in die Luft reckte und den Mund sperrangelweit aufriß, was er immer dann macht, wenn ihm jemand etwas Interessantes erzählt.

Als ich die beiden so miteinander reden sah, war mir sofort klar, daß Caterina Gigi erzählte, was gestern abend mit dem Advokaten Maralli passiert war. Gigi schien von ihrem Bericht sehr beeindruckt. Nach den Gesten der beiden zu urteilen, mußte die Angelegenheit sehr ernst sein, und dem armen Advokaten mußte es sehr schlecht gehen... Und als Caterina dann auch noch die Arme zum Himmel erhob, kam mir sogar der schreckliche Gedanke, daß der arme Maralli vielleicht schon tot sein könnte...

Trotzdem muß ich Dir, mein liebes Tagebuch, eine Sache gestehen: Als ich sah, was die beiden für Grimassen schnitten und wie sie so mit den Armen herumfuchtelten, konnte ich mir das Lachen nicht verbeißen.

Ob es stimmt, daß ich der reinste Verbrecher bin, wie gestern abend Carlo Nelli gesagt hat?

Aber das Komische, mein liebes Tagebuch, ist: Wenn ich jetzt an diese Worte von Carlo Nelli denke, kommen mir die Tränen, denn je mehr ich darüber nachdenke, desto mehr sehe ich mich als einen Jungen, der nur auf die Welt gekommen ist, um zu leiden und andere leiden zu machen, und ich frage mich, ob nicht besser gewesen wäre, wenn Gigi mich damals hätte ertrinken lassen!...

Doch still!... ich höre jemanden auf der Treppe...

Ach, vielleicht ist der Maralli wirklich tot, und jetzt kommt die Polizei, um mich ins Gefängnis zu werfen, weil ich einen Mord begangen habe.

Von wegen die Polizei!... Es war meine Mama, meine gute Mama, die mir etwas zu essen und die neuesten Nachrichten von Maralli bringen wollte!...

Ach, mein Tagebuch, was ist mir ein Stein vom Herzen gefallen!...

Vor lauter Freude springe und tanze ich wie ein Verrückter im Zimmer umher...

Der Advokat ist nicht tot, und ich brauche auch keine Angst mehr zu haben, daß er sterben könnte.

Es scheint von der ganzen Sache nicht mehr übrig zu bleiben als der Verlust eines Auges, weil ich weiß Gott was für einen Nerv getroffen habe... und der Doktor hat ihm versichert, daß er nach zehn Tagen wieder das Haus verlassen kann.

Als Mama zu mir kam, war sie sehr ernst, aber dann, als sie ging, war sie so fröhlich wie ich, bestimmt weil sie verstanden hat, warum ich so erleichtert war.

Denn als sie in mein Zimmer kam, hat sie gemerkt, wie erschrocken ich war, weil ich glaubte, es wäre die Polizei, und da hat sie zu mir gesagt:

— Na, Gott sei Dank hast du wenigstens ein schlechtes Gewissen dessentwegen, was du gestern angestellt hast!... —

Ich habe darauf nichts geantwortet, und dann hat sie mich in den Arm genommen, mir in die Augen geschaut und, statt zu schimpfen, mit Tränen in der Stimme zu mir gesagt:

— Siehst du ein, mein Giannino, wieviel Leid und Unglück durch dich entstanden ist? —

Und um sie zu trösten, sagte ich dann:

— Ja schon, aber entschuldige Mama, was kann ich denn dafür, daß ich immer so viel Pech habe?

Dann hat sie mich getadelt, daß ich überhaupt mit meinen Zauberkunststücken angefangen habe, worauf ich sagte:

— Aber am Anfang hatten alle, die im Salon waren, ihren Spaß und freuten sich... —

— Weil sie nicht ahnen konnten, was dann passierte... —

— Konnte ich das vielleicht ahnen? Bin ich etwa ein Hellseher? —

Dann kam sie mit der Geschichte von Carlo Nellis Hut und daß er ganz beleidigt weggegangen ist, weil ich seinen Hut mit den Eiern dreckig gemacht hatte.

— Das stimmt schon — sagte ich — Aber auch dafür kann ich nichts, denn ich habe einfach nur irgendeinen Hut von dem Hutständer genommen und nicht gewußt, daß ich den Hut von Carlo Nelli erwischt hatte. —

— Aber Giannino, es kommt doch auf dasselbe heraus, wenn es ein anderer Hut gewesen wäre — sagte Mama.

Genau darauf hatte ich gewartet.

— Von wegen 'kommt auf dasselbe heraus'..., zumindest nicht für Carlo Nelli! Als der nämlich merkte, daß ich nicht mehr wußte, wie ich mein Zauberkunststück hätte retten können und daß der Hut nun mal im Eimer war, lachte er sich halbtot; und nur weil er glaubte, daß der Hut jemand anderem gehörte, machte er dann sein: "Oh, wirklich köstlich! Einfach entzückend!" Aber kaum hatte er gemerkt, daß es sein eigener Hut war, war ich plötzlich der reinste Verbrecher!... Es ist immer dasselbe!... So sind sie alle!... Auch der Maralli lachte und amüsierte sich, weil er sah, daß es nicht sein Hut war, und wenn ich ihn am Ende gar noch mit meiner Pistole durchlöchert hätte, hätte er sich noch mehr amüsiert!... Aber mein Pech wollte es, daß ich ihn an einem Auge traf, und so stürzten sich dann alle auf den armen Giannino und fingen an zu schreien, daß er mal im Zuchthaus enden wird... Es ist immer dasselbe!... So sind sie alle!... Auch die Tante Bettina ist mir so gekommen und hätte mich am liebsten zum Teufel gejagt... und weißt du warum? Wegen einer ganzen Kleinigkeit! Nur weil ich ihren Diptam beschädigt hatte, obwohl er höchstens zwei *Centesimi* gekostet hat... Aber weil ich nun einmal ein Unglücksrabe bin, wollte es der Zufall, daß dieser Diptam das Geschenk eines gewissen *Signor* Ferdinand war und daß sogar, wie die Tante sagte, der Geist dieses *Signor* in dem Diptam war... —

An dieser Stelle unterbrach mich Mama ganz neugierig und sagte:

— Was, wie bitte?... Erzähl mal der Reihe nach: Was hat die Tante Bettina zu Dir gesagt?... —

Und dann sollte ich ihr die ganze Geschichte mit dem Diptam erzählen und

Wort für Wort wiederholen, was die Tante zu mir gesagt hatte. Darauf fing sie an zu lachen und sagte zu mir:

— Bleib schön hier und verhalte dich ruhig... Ich komme gleich wieder, und wenn du brav gewesen bist, werde ich Dir ein paar eingemachte Pfirsiche bringen... —

Mit diesen Worten ging sie nach unten, und ich hörte, wie sie Ada und Virginia zu sich rief und sagte:

— Ah, ich muß euch eine hübsche Geschichte erzählen!... —

Jetzt bin ich aber froh! Aber ich habe ja schon immer gesagt: Von allen hier im Haus ist Mama die Vernünftigste, weil sie unterscheiden kann, ob etwas aus böser Absicht oder wegen eines unglücklichen Zufalls passiert ist.

Heute abend hat Ada mir das Abendessen gebracht, und auch sie wollte, daß ich ihr die Geschichte von Tante Bettinas Diptam erzähle.

Außerdem hat sie mir gute Nachrichten vom Maralli gebracht. Vor einer Stunde ist der Doktor wieder da gewesen und hat gesagt, daß es dem Advokaten sehr viel besser geht, aber daß er mindestens eine Woche lang ohne Licht in seinem Zimmer bleiben muß.

Mir ist klar, daß das eine unangenehme Sache sein muß; aber bestimmt noch unangenehmer ist es, in einem Zimmer eingeschlossen zu sein, wenn man gar nicht krank ist, wie zum Beispiel ich jetzt.

Aber man muß Geduld haben. Ada hat gesagt, daß Papa sehr böse auf mich ist und mich nicht sehen will, und daß man abwarten muß, bis Mama es geschafft hat, ihn zu beruhigen und die Wogen wieder geglättet sind.

Ich gehe inzwischen ins Bett, denn ich bin todmüde.

1. November

Heute, als Papa nicht zu Hause war, ist Ada zu mir hoch gekommen, um mir das Neueste vom Advokaten Maralli zu berichten, dem es immer besser geht, und um mir zu sagen, daß ich, wenn ich Lust dazu hätte, in den Salon gehen könne, aber nur unter der Bedingung, daß ich nach einer halben Stunde wieder auf mein Zimmer ginge.

Das ließ ich mir nicht zweimal sagen, denn ein bißchen Tapetenwechsel konnte mir nicht schaden. Kurze Zeit später ist die *Signora* Olga gekommen, um Mama einen Besuch abzustatten, und sie hat mir viele Komplimente gemacht, wie zum Beispiel, daß ich ein großer Junge geworden wäre, daß ich aufgeweckte Augen hätte und viele andere Sachen, die die Frauen von uns Jungen sagen, wenn sie sich mit unseren Müttern unterhalten.

Aber genau in diesem Moment ist auch meine Schwester Virginia gekommen, und am liebsten hätte sie mich gleich nach oben geschickt, weil sie es sehr leichtsinnig fand, daß ich hier unten war, wo doch Papa jeden Augenblick kommen konnte. Und dann ist sie auf die Ereignisse des gestrigen Abends zu sprechen gekommen, die sie natürlich ganz auf ihre Weise schilderte, indem sie alles übertrieb und in den höchsten Tönen von der Tapferkeit sprach, mit der das arme Opfer (so nannte sie den Maralli), sein Schicksal erträgt, nämlich für den Rest seines Lebens nur noch mit einem Auge sehen zu können.

Aber die *Signora* Olga, die eine sehr gebildete Person ist und Bücher schreibt, sagte, daß das Opfer sicher zu bedauern ist, aber daß die ganze Sache doch ein Unfall war, worauf ich gleich hinzufügte:

— Natürlich, und dazu noch ein selbstverschuldeter, denn hätte der Advokat still gehalten, wie ich ihm gesagt hatte, hätte ich auch nicht danebengeschossen... —

Nachdem die Frauen eine ganze Weile miteinander geschwatzt hatten, holte die *Signora* Olga ihre Uhr hervor und sagte:

— Du meine Güte! Es ist ja schon vier Uhr! —

Darauf bemerkte Mama:

— Wie seltsam! Sie haben ja genau die gleiche Uhr wie ich... —

— Ach, tatsächlich? — antwortete die *Signora* Olga und steckte die Uhr wieder in ihren Busen. Gleichzeitig versuchte Virginia, die hinter der *Signora* Olga stand, Mama mit den Händen ein Zeichen zu geben, aber sie verstand nicht, was meine Schwester wollte.

Als dann die *Signora* Olga gegangen war, sagte Virginia, diese alte Klatschtante, die immer ihre Nase in Dinge reinstecken muß, die sie gar nichts angehen, zu Mama:

— Mein Gott, Mama, ist dir denn nicht aufgefallen, daß sogar der Anhänger der Uhr von der *Signora* Olga genau so aussah wie deiner?... Das ist wirklich sehr seltsam!... —

Und dann stiegen alle zusammen hinauf in Mamas Zimmer, um ihre Uhr zu holen... Natürlich war die Uhr nicht da, denn ich hatte sie ja vorgestern für meine Zauberkunststücke im Garten gebraucht.

Ich kann unmöglich beschreiben, was die drei für verdutzte Gesichter gemacht haben. Ada lief darauf sofort in ihr Zimmer, und als sie zurückkam, sagte sie:

— Aber da ist noch eine andere Geschichte, die noch viel merkwürdiger ist. Ich wollte mich nur zuerst versichern, bevor ich euch davon erzähle. Als sich die *Signora* Olga die Nase putzte, habe ich gemerkt, daß sie ein Batist-Taschentuch mit derselben Stickerei hatte wie die Taschentücher, die Mama mir zum Geburtstag geschenkt hat. Nun, ich habe eben in meiner Schublade nachgesehen, und tatsächlich fehlt mir eins davon!... —

Kein Wunder! Das ist doch das Taschentuch, das ich gestern für meine Zauberkunststücke im Garten gebraucht und dann mitsamt der Uhr von Mama Marinella gegeben hatte.

Und als ob es nicht das Einfachste von der Welt wäre, haben dann Mama und meine beiden neunmalklugen Schwestern eine geschlagene Stunde und unterbrochen von vielen *Ahs* und *Ohs* und *Uhs* sich den Kopf über das Verschwinden des Ührchens und des Taschentuchs zerbrochen und versucht herauszufinden, wann die *Signora* Olga das letzte Mal bei uns gewesen ist, was offenbar am letzten Montag gewesen sein muß, und dann ist ihnen eingefallen, daß Mama an diesem Tag die *Signora* Olga mit auf ihr Zimmer genommen hatte. Schließlich hat Ada das ganze Palaver mit den folgenden Worten beendet:

— Kein Zweifel, hier handelt es sich um einen Fall von *Kleptomanie!* —

Dieses Wort war mir nicht unbekannt, denn ich hatte es mehr als einmal in der Zeitung von Papa gelesen, und ich weiß, daß es eine ganz seltsame Krankheit bezeichnet, die Menschen dazu treibt, anderen Menschen Dinge zu klauen, ohne daß sie sich dessen überhaupt bewußt sind.

Ich sagte dann:

— Immer diese Übertreibungen... — und hätte gern alles erklärt, um die *Signora* Olga vor falschen Anschuldigungen in Schutz zu nehmen. Doch da hat mich

Virginia angefahren und gesagt, daß Kinder bei solchen Gesprächen den Mund halten müßten und daß ich mich ja nicht unterstehen sollte, irgend etwas von dem weiter zu erzählen, was ich eben mitangehört hatte. Also bin ich gegangen und habe sie die Sache unter sich ausmachen lassen.

Was haben die Erwachsenen doch für einen Hochmut! Aber dieses Mal werden selbst diese ewigen Besserwisser merken, daß manchmal Kinder einen besseren Durchblick haben als sie selbst.

2. November

Heute ist Totensonntag, und wir gehen auf den Friedhof, um das Grab der seligen Großeltern und auch das des seligen Onkels Bartolomeo zu besuchen, der leider etwa vor zwei Jahren gestorben ist, denn wenn er noch am Leben wäre, hätte er mir, wie er mir mehr als einmal versprochen hatte, ein tolles Fahrrad geschenkt.

Mama hat gesagt, daß ich mich schnell anziehen soll und daß Papa vielleicht durch den Feiertag gnädig gestimmt wird und, vorausgesetzt, ich führe mich anständig auf, wieder Frieden mit mir schließen wird.

Wird auch höchste Zeit! Letztendlich siegt doch die Gerechtigkeit, und der Unschuldige wird nicht mehr von denjenigen verfolgt, die eigentlich mehr Verstand haben sollten, und das nur, weil er kleiner ist und sich nicht wehren kann.

Bevor ich ins Bett gehe, will ich hier in meinem lieben Tagebuch noch das wichtigste Ereignis von heute festhalten: Papa hat mir endlich verziehen. Es hätte allerdings nicht viel gefehlt und ich hätte mir alles wieder verscherzt, und das auch diesmal nur wegen einer ganzen Kleinigkeit.

Heute also, bevor wir zum Friedhof gegangen sind, hat mir Papa einen Blumenkranz in die Hand gedrückt und zu mir - er benutzte dabei die Ihr-Form - in dem ernsten Ton, den er immer anschlägt, wenn er auf mich schlecht zu sprechen ist, gesagt:

— Wollen wir hoffen, daß wenigstens der Gedanke an Eure seligen Großeltern für euch ein Ansporn ist, euch zu bessern... —

Ich habe natürlich bei diesen Worten nicht den leisesten Mucks von mir gegeben, wohl wissend, daß es uns Kindern in solchen Momenten nicht erlaubt ist, frei heraus unsere Meinung zu sagen. Stattdessen habe ich ganz betreten zu Boden geschaut, so wie man es auch macht, wenn man sich für etwas schämt, allerdings nicht ohne ein paarmal verstohlen zu Papa hoch zu gucken, der mich mit finsterer Miene ansah.

Inzwischen hatte Mama nach uns gerufen, weil die Kutsche, die Caterina bestellt hatte, da war, und so stiegen wir alle ein, außer Virginia, die zu Hause blieb, weil der Advokat Maralli, dem es von Tag zu Tag besser geht, den Doktor erwartete.

Ich habe zu Mama gesagt:

— Wenn du nichts dagegen hast, steige ich auf den Kutschbock, dann habt ihr es ein bißchen bequemer! —

Das habe ich dann auch gemacht, wobei es mir natürlich auch viel mehr Spaß macht, auf dem Kutschbock zu sitzen, vor allem dann, wenn man die Kutsche nur stundenweise nimmt, denn da fährt man im Trott und der Kutscher läßt mich dann sogar die Zügel halten.

— Was ist das für ein schöner Tag heute! — hat Ada gesagt. — Und wieviel Leute unterwegs sind!... —

Tatsächlich konnte man beim Eintritt in den Friedhof den Eindruck bekommen, er wäre zum Spazierengehen da, und es war ein schöner Anblick, all diese Familien zu sehen, die sich auf den Wegen drängten und beladen waren mit Blumen in allen möglichen Farben, die sie ihren toten Angehörigen mitgebracht hatten.

Wir haben die Gräber der seligen Großeltern und des seligen Onkels Bartolomeo besucht und, wie jedes Jahr, für sie gebetet, und anschließend haben wir einen Gang über den Friedhof gemacht, um uns die neuen Gräber anzuschauen.

Irgendwann blieben wir vor einem Grabmal stehen, das noch nicht ganz fertig war, und Ada sagte:

— Dies hier ist die Kapelle der Familie Rossi, von der die Bice so oft spricht... —

— Was für ein Luxus! — bemerkte Mama. — Wieviel das wohl kosten wird? —

— Bestimmt drei-oder viertausend *Lire* ! — antwortete Papa.

— Sie täten besser daran, ihre Schulden zurückzuzahlen! — sagte Ada.

Dieser Moment schien mir ein geeigneter Augenblick, um mit Papa wieder zu sprechen, und ich fragte ihn:

— Und wozu soll dieses Haus gut sein? —

— Nun, das wird gebaut, damit nach und nach die ganze Familie Rossi darin begraben werden kann...

— Im Ernst? Dann wird auch die *Signorina* Bice hier drin begraben werden? —

— Natürlich! —

Da konnte ich nicht mehr an mich halten und fing an, mich halbtot zu lachen.

— Was gibt es denn da zu lachen? —

— Ich finde es ziemlich komisch, daß ein Mensch, wenn er lebt, sich ein Haus bauen läßt für die Zeit, wo er tot ist!... —

— Nun ja — sagte Papa, unter einem bestimmten Blickwinkel ist das tatsächlich eine unnütze Sache wie so viele andere auch... —

— Genau — ist ihm Ada ins Wort gefallen. — Wie zum Beispiel auch, eine eigene Theaterloge zu haben! Mich wundert, daß die Bice sich nicht schämt, sich darin sehen zu lassen, wo sie doch genau weiß, daß sich ihr Vater wieder Geld bei der Bank leihen mußte. —

Da Papa und Mama und Ada dann begonnen haben, sich über alle möglichen Sachen zu unterhalten, bei denen es mir langweilig wurde, und da ich Renzo und Carluccio von weitem gesehen hatte, bin ich zu ihnen gelaufen, und wir haben angefangen, zusammen Pferd und Kutscher zu spielen, wofür sich die Wege des Friedhofs sehr gut eignen, weil sie ganz mit Kieselsteinen bedeckt sind und an ihren Rändern kleine Zäune haben, über die man auf den Rasen springen kann, was aber die Friedhofswächter nicht sehen dürfen, weil es verboten ist.

Plötzlich habe ich gemerkt, wie mich jemand am Kragen packte. Es war Papa, der ganz verärgert war, weil er mich anscheinend zusammen mit Mama und Ada schon eine ganze Zeit gesucht hatte.

— Dir ist aber auch wirklich gar nichts heilig! — sagte er streng — Selbst da, wo man zum Trauern hingeht, bringst du es fertig, Unfug zu treiben!... —

Und Ada fügte, ganz die große Schwester spielend, hinzu: — Du solltest dich schämen, dich auf dem Friedhof so aufzuführen!... —

Ich protestierte und sagte:

— Ich habe mit Carluccio und Renzo gespielt, weil ich klein bin und weil ich auch auf dem Friedhof meine Freunde gern habe, während es gewisse junge Damen gibt, die hierher kommen, um schlecht über ihre Freundinnen zu reden!... —

Papa hat eine Bewegung gemacht, als ob er mir eine runterhauen wollte, aber Ada ist ihm in den Arm gefallen, und ich habe gehört, wie sie ihm zugeflüstert hat:

— Laß ihn um Himmelswillen gehen!... Der ist imstande und erzählt alles der Bice! —

So sind die großen Schwestern! Zwar verteidigen sie manchmal ihre kleinen Brüder, aber immer nur dann, wenn es um ihre eigenen Interessen geht und nie, um der Wahrheit und der Gerechtigkeit zum Sieg zu verhelfen!

Ich machte mich schon auf ein Donnerwetter zuhause gefaßt, aber eine große Neuigkeit erwartete uns dort und vertrieb jede Mißstimmung.

Virginia ist uns gleichzeitig lachend und weinend entgegen gekommen und hat uns erzählt, daß der Doktor den Advokaten Maralli sehr gebessert fand und nun sicher ist, daß er nicht nur bald wieder ganz gesund sein wird, sondern daß sogar das Auge, von dem er glaubte, es sei verloren, wieder sehen könne.

Ich kann unmöglich beschreiben, wie froh und erleichtert wir alle bei dieser erfreulichen und unerwarteten Nachricht waren.

Auch ich war sehr froh, nicht zuletzt deshalb, weil all dies wieder einmal zeigt, daß das, was sie meine bösen Streiche nennen, im Grunde harmlose Kleinigkeiten sind, und daß es allerhöchste Zeit ist, endlich Schluß zu machen mit den ewigen Übertreibungen und Bestrafungen!

5. November

In den letzten Tagen hatte ich nicht eine Minute Zeit, um in meinem lieben Tagebuch zu schreiben, und auch heute ist es nicht viel besser, da ich meine Hausaufgaben machen muß.

Ganz im Ernst! Die Schule hat nämlich wieder angefangen, und ich habe mir diesmal vorgenommen, ganz brav zu sein und tüchtig zu lernen, *um mir Ehre zu machen*, wie Mama sich ausdrückt.

Trotzdem kann ich es mir nicht verkneifen, hier in meinem Tagebuch von unserem Lateinlehrer ein Bild zu zeichnen, denn er ist einfach zu komisch, besonders wenn er uns Angst einjagen will und brüllt:

— Keinen Mucks und keine Bewegung! Und wehe, ich sehe auch nur einen Gesichtsmuskel sich rühren! —

Wegen dieser Worte haben wir Schüler ihm schon in den ersten Tagen den Spitznamen *Mucks* verpaßt, und den kann ihm keiner mehr nehmen, selbst wenn er tausend Jahre leben sollte.

Zu Hause gibt es im Moment nichts Neues. Dem Advokaten Maralli geht es täglich besser, und in ein paar Tagen wird der Doktor ihm den Verband abnehmen und ihm erlauben, wieder das Tageslicht zu sehen.

Gestern war eine Abordnung der sozialistischen Partei hier, um ihm zu seiner Genesung zu gratulieren. Mama und Papa haben sich deswe-

Der hier ist unser Lehrer Mucks
(Sprechblase: keinen Mucks und keine Bewegung!!!)

gen ein bißchen gezankt, denn Mama wollte diese *gottlosen Gesellen*, wie sie sie nennt, nicht hereinlassen; aber Papa führte sie schließlich in das Zimmer des Advokaten. Ich hätte mich fast gekugelt vor Lachen, als der dann sagte: — Ich bin sehr froh, euch zu sehen! — wo es doch stockfinster im Zimmer war.

Nachdem die Besucher gegangen waren, sagte der Maralli zu Papa, daß er wirklich glücklich wäre, in dieser Situation so viele Beweise der Anteilnahme und Sympathie von allen Seiten erhalten zu haben...

Wenn man bedenkt, daß am Anfang alle hier so getan haben, als hätte ich ihn umgebracht!...

6. November

Gestern, als ich lateinische Grammatik paukte und mit einem Ohr einem Gespräch zwischen Mama und Ada lauschte, habe ich etwas Lustiges gehört.

Es ging um die *Signora* Olga und ihre angebliche *Kleptomanie*. Es scheint, daß Mama dem Mann der *Signora* Olga die Sache auf die denkbar schonendste Art und Weise beigebracht hat. Ihr Mann ist der *Signor* Luigi; er stammt aus Bologna, spricht aber neapolitanischen Dialekt, wenn er spricht, aber er spricht wenig, weil er ein Griesgram ist und scheinbar auf die ganze Welt böse ist. Dabei ist er in Wirklichkeit der beste Mensch von der Welt, und besonders für uns Kinder hat er ein großes Herz und viel Verständnis.

Soviel ich verstanden habe, war der *Signor* Luigi so überrascht von dem, was ihm Mama erzählt hatte, daß er es kaum glauben konnte. Aber als er sich mit eigenen Augen überzeugt hatte, daß die Uhr von der *Signora* Olga die von Mama war, mußte er es wohl oder übel glauben... Unter einem Vorwand schickte er dann seine Frau zu einem berühmten Doktor, der zu dem Schluß kam, daß die Sache höchstwahrscheinlich mit einer nervösen Veranlagung zusammenhinge, weswegen er ihr eine Aufbaukur verschrieb.

Die Sache mit der Kur hat die *Signora* Olga gestern abend Mama selbst erzählt. Allerdings glaubt sie, daß der Arzt ihr diese Kur verschrieben habe, weil ihr Körper angeblich durch Blutarmut geschwächt sei, und sie hat auch noch gesagt, daß das eine pure Erfindung des Arztes sei, da sie sich quicklebendig fühle und daß sie die Kur nur ihrem Mann zuliebe machen würde.

Natürlich habe ich mächtig Spaß an dieser Unterhaltung gehabt, und ich hoffe, daß es noch lustiger werden wird.

Das ist der Signor Luigi

Unterdessen habe ich heute morgen einen günstigen Augenblick abgewartet, als niemand auf mich achtete und bin in Adas Zimmer gegangen, wo ich alle Taschentücher an mich genommen habe, die ich finden konnte. Dann habe ich aus dem Salon die silberne Menage [22] geholt und sie unter meinem Kasack versteckt. Schließlich bin ich in den Garten gelaufen, habe Marinella gerufen und bin unter dem Vorwand, mich verstecken zu müssen, in ihr Haus gegangen und habe die Menage dort im Salon abgestellt. Die Taschentücher habe ich dann Mari-

---

[22] Öl- und Essigständer.

Marinella

nella gegeben und habe ihr gesagt, sie solle sie in das Zimmer ihrer Mama bringen, was sie auch sofort getan hat. Auf Marinella kann ich mich hundertprozentig verlassen, denn sie ist ein verschwiegenes Mädchen, das ein Geheimnis für sich behalten kann.

Und nun warten wir auf den nächsten Akt der Komödie.

7. November

Heute morgen in der Lateinstunde ist eine Geschichte passiert, die es wirklich verdient, hier in meinem Tagebuch erzählt zu werden.

Renzo, der neben mir sitzt, hatte ein bißchen Pech aus der Werkstatt seines Onkels, einem Schuster, mitgebracht. Als nun einer unserer Kameraden, der in der Reihe vor uns sitzt, nach vorne gegangen war, um seine Lektion aufzusagen, habe ich diesen Moment genutzt und das Klümpchen Pech schön gleichmäßig auf seinem Sitz verteilt. Der Junge heißt Mario Betti; aber wir nennen ihn alle *Mi' Lordo*, weil er immer ganz vornehm und wie ein Engländer angezogen ist, aber andererseits sein Hals und seine Ohren immer so dreckig sind, daß er eher wie ein Müllmann aussieht, der sich als feiner Herr verkleidet hat.[23]

Natürlich merkte Betti nichts, als er an seinen Platz zurückgekehrt war. Doch nach einer gewissen Zeit wurde das Pech unter ihm heiß und klebte an seiner Hose fest. Und als er merkte, daß, wenn er sich bewegen wollte, ihn irgend etwas zurückhielt, fing er an, zappelig zu werden und leise vor sich hin zu schimpfen.

Als *Mucks* das merkte, kam es zwischen ihm und *Mi' Lordo* zu einem Auftritt, daß man vor Lachen hätte platzen können.

— Was ist denn da los? Was hat denn der Betti? —

— Also ich… —

— Keinen Mucks! —

— Aber… —

— Keine Bewegung! —

— Aber ich kann nicht… —

— Keinen Mucks und keine Bewegung! Und wehe, ich sehe auch nur einen Gesichtsmuskel sich rühren! —

— Aber Entschuldigung, ich kann nicht… —

— Du kannst nicht? Du kannst meine Befehle nicht befolgen? Dann komm mal nach vorne… —

— Aber ich kann nicht… —

— Verlaß auf der Stelle das Klassenzimmer! —

— Ich kann aber doch nicht… —

— Wa-a-a-s!… —

Und mit Gebrüll stürzte sich *Mucks* auf den armen *Mi' Lordo*, packte ihn am Arm und wollte ihn von der Bank wegziehen, um ihn aus der Klasse zu werfen. Aber er ließ ihn sofort wieder los, denn er hatte gehört, wie es ratsch gemacht hatte, und als er dann sah, daß

Das ist Mario Betti

---

[23] Wortspiel mit 'my Lord'; *lordo* heißt im Italienischen 'schmutzig'.

ein Stück von der Hose des armen Kerls am Sitz hängen geblieben war, war er ganz verdutzt... Aber noch verdutzter war *Mi' Lordo*, und man kann sich einfach nicht vorstellen, mit was für verwirrten Gesichtern sich die beiden angesehen haben, da sie sich nicht erklären konnten, was passiert war.

In der Klasse brach ein lautes Gelächter los, und *Mucks* machte seinem Zorn Luft, indem er schrie:

— Keinen Mucks und keine Bewegung! Und wehe... —

Aber er hatte nicht den Mut, seinen üblichen Refrain zu Ende zu sprechen. Von wegen nur ein Gesichtsmuskel... Sämtliche Gesichtsmuskeln der Klasse waren losgelassen und wären beim besten Willen nicht zu bändigen gewesen...

Kurz und gut, irgendwann kam dann der Rektor, und sieben oder acht von uns, die in der Bank hinter *Mi' Lordo* sitzen, wurden wegen des Pechs befragt, aber zum Glück haben sie alle dicht gehalten, und dabei blieb es dann.

Allerdings sagte der Rektor noch - und dabei schaute er mir fest in die Augen:

— Derjenige, der für diesen Streich verantwortlich ist, soll sich nur in Acht nehmen, daß er die Quittung nicht dann dafür kriegt, wenn er es am wenigsten erwartet.

Heute hat der Doktor dem Advokaten Maralli den Verband abgenommen und gesagt, daß er ab morgen ein bißchen die Fensterläden öffnen könne, um sich wieder langsam ans Licht zu gewöhnen.

9. November

Gestern haben Mama und Ada bei der *Signora* Olga einen Besuch gemacht, und als sie zurückgekehrt waren, habe ich folgende Unterhaltung zwischen ihnen mitangehört:

— Hast du das gesehen? Sie hatte noch ein Taschentuch von mir! —

— Und dann auch noch die silberne Menage! Ich möchte wirklich wissen, wie sie es fertig gebracht hat, sie aus unserem Haus zu tragen, ohne daß wir es gemerkt haben! Wo hat sie sie nur versteckt? —

— Meine Güte, das ist wirklich ein schwerer Fall von *Kleptomanie!*... Ich muß noch heute abend ihrem Mann Bescheid sagen. —

Ich habe innerlich gegrinst, aber nach außen hin so getan, als hätte ich damit nichts zu tun, ja, ich habe sogar dann gefragt: — Wer ist krank, Mama? —

— Niemand! — antwortete Ada prompt und in dem üblichen hochnäsigen Tonfall, mit dem sie mir zu verstehen gibt, daß ich ein kleiner Junge bin und mich die Angelegenheiten der Erwachsenen nichts angehen.

Dabei weiß ich tausendmal mehr als sie alle!...

15. November

Seit einigen Tagen habe ich in meinem Tagebuch keine einzige Zeile mehr geschrieben, was daher kommt, daß ich zur Zeit furchtbar viel für die Schule tun muß, so viel, daß ich sogar zweimal nach Hause geschickt worden bin, weil es mir beim besten Willen nicht gelungen war, alle Hausaufgaben zu schaffen, die sie uns aufgegeben hatten.

Aber heute muß ich wenigstens von einer großen Neuigkeit erzählen, einer wirklich umwerfenden Neuigkeit, die zeigt, daß Kinder, wenn sie auch noch so viel Unfug anstellen, dies letztendlich immer in bester Absicht machen, und daß daher die Erwachsenen mit ihrer ewigen Übertreibungssucht uns zu Unrecht an den Pranger stellen, was sie ja auch manchmal wider Willen zugeben müssen, wie jetzt in unserem Fall.

Aber hier die große Neuigkeit: Der Advokat Maralli hat gestern abend eine lange Unterredung mit Papa gehabt und dabei um die Hand von Virginia angehalten.

Diese Tatsache hat bei uns eine kleine Revolution hervorgerufen. Kaum hatte Mama von der Neuigkeit erfahren, fing sie auch schon an zu schreien, daß es ein Verbrechen wäre, das arme Mädchen einem Mann zu opfern, der weder Moral noch Religion im Leib hätte und daß sie niemals und unter keinen Umständen ihre Einwilligung geben würde.

Papa dagegen ist der Meinung, daß der Maralli in jeder Hinsicht eine ausgezeichnete Partie für Virginia ist, weil er ein intelligenter junger Mann ist und mal Karriere machen wird und daß man mit den Zeiten gehen muß, um so mehr, als heute ein Sozialist zu sein lange keine so schlimme Sache mehr ist wie noch vor zwanzig Jahren.

Virginia gab Papa recht und sagte, daß sie sich keinen besseren Mann wünschen

Das ist die Signora Olga, aber sie ist noch viel länger und dünner

könne als den Maralli, und daß sie eine so gute Gelegenheit zum Heiraten auf keinen Fall verpassen wolle.

Auch ich bin sehr glücklich, daß es wieder eine Heirat bei uns gibt, denn dann gibt es auch wieder ein Hochzeitsessen mit jeder Menge Torten und Likören!...

16. November

Heute morgen hat Ada geweint und mit Mama gestritten, weil sie es nicht gerecht findet, daß nun auch Virginia heiratet, während sie zu Hause verfaulen muß und dazu verurteilt ist, eine alte Jungfer wie die Tante Bettina zu werden; und daß, wenn Virginia von Papa die Erlaubnis erhalten hat, einen Sozialisten zu heiraten, es auch keinen Grund mehr gibt, ihr zu verbieten, Alberto de Renzis zu heiraten, der zwar arm, aber ein tüchtiger junger Mann ist und es bestimmt auch noch mal zu was bringen wird.

18. November

Kleine Mädchen sind im allgemeinen ziemliche Quälgeister und sind gar nicht mit uns Jungen zu vergleichen. In den nächsten Tagen wird so ein Mädchen zu uns auf Besuch kommen und eine ganze Woche hier bleiben. Ich glaube, da werde ich ziemlich viel Geduld haben müssen...

Aber Mama hat versprochen, mir ein Fahrrad zu schenken, wenn ich brav bin, und so werde ich mir die größte Mühe geben, ganz lieb zu dem Mädchen zu sein. So viel ich gehört habe, soll es schon morgen kommen.

Dies ist mindestens das sechste Mal, das sie mir ein Fahrrad versprechen, aber, so unglaublich es ist, jedesmal ist irgendetwas geschehen, wodurch es mir durch die Lappen gegangen ist. Hoffen wir, daß es diesmal klappt!

Das Mädchen, das uns besuchen kommt, ist eine Nichte des Advokaten Maralli. Er hat an eine gewisse *Signora* Merope Castelli, eine seiner Schwestern, die in Bologna verheiratet ist, geschrieben und sie mit ihrem Töchterchen zu uns eingeladen, damit sie ihre zukünftige Schwägerin kennenlernt, also niemand anders als meine Schwester Virginia.

Es scheint, daß einer Heirat nun nichts mehr im Wege steht, denn gestern abend, nach einer großen Predigt von Papa, haben nun auch Mama und Ada endlich ihre Zustimmung gegeben.

19. November

Heute sind wir zum Bahnhof gegangen, um die *Signora* Merope Castelli und Maria abzuholen. Aussehen tut Maria wie ein ganz gewöhnliches Mädchen, aber sie spricht Bolognoser Dialekt, und dabei könnte ich mich immer kaputt lachen, weil man wirklich kein einziges Wort versteht.

Alle zu Hause sind glücklich und froh, daß unsere zukünftigen Verwandten bei uns zu Besuch sind, und auch ich freue mich sehr, um so mehr, als Caterina zwei wunderbare Torten gemacht hat, eine Buttercremetorte und eine Obsttorte, damit jeder sich etwas nach seinem Geschmack aussuchen kann, genau so wie ich es auch machen werde, und da ich nicht wählerisch bin, werde ich von allen beiden Torten nehmen.

20. November

Von der Woche ist ein Tag vergangen, und ich habe mir alle erdenkliche Mühe gegeben, um nett zu Maria zu sein, so wie ich es Mama vorgestern versprochen habe.

Gestern nach der Schule habe ich mit Maria gespielt. Dabei bin ich sehr zuvorkommend gewesen und habe mich ganz nach ihr gerichtet, d. h. wir haben die ganze Zeit mit ihrer Puppe gespielt, die wunderschön ist, aber auch ziemlich langweilig.

Die Puppe von Maria heißt Flora, und sie ist fast so groß wie ihre kleine Herrin. Aber das einzig Interessante an dieser Puppe ist, daß sie bewegliche Augen hat: wenn sie aufrecht sitzt oder steht, sind ihre Augen geöffnet, und wenn man sie hinlegt, schließen sie sich.

Da ich wissen wollte, warum das so ist, habe ich in den Kopf der Puppe ein Loch gemacht, mit dem ich herausfinden konnte, daß die Beweglichkeit der Augen durch einen inneren Mechanismus gesteuert wurde, der nicht schwer zu verstehen war. Ich habe ihn auseinandergenommen und Maria erklärt, wie er funktioniert. Sie hat auch sehr interessiert zugehört, aber als sie sah, daß die Augen der Puppe verdreht blieben und sich nicht mehr schlossen, fing sie an zu weinen, als wäre ein wirkliches Unglück geschehen.

Wie kindisch doch kleine Mädchen sind!

Maria hat ihrem Onkel die Sache mit der Puppe verraten, und heute abend hat der Advokat Maralli zu mir gesagt:

— Du scheinst es ja wirklich auf anderer Leute Augen abgesehen zu haben, was, mein Giannino?... —

Aber dann hat er geschmunzelt und gesagt:

— Na, wollen wir doch mal schauen, ob wir die Augen der Puppe wieder heil machen können... schließlich sind meine Augen ja auch wieder heil geworden. Und wenn nicht, liebe Maria, mußt du dich mit dem Gedanken trösten, daß jedes Unglück immer auch sein Gutes hat. Schau mal, wie es mir ergangen ist! Wenn Giannino mir nicht mit seiner Pistole ins Auge geschossen hätte, wäre ich in diesem Haus nicht so barmherzig aufgenommen und gepflegt worden und hätte vielleicht nicht die Gelegenheit gehabt, das gute Herz meiner Virginia schätzen zu lernen... und wäre jetzt nicht der glücklichste Mann auf Erden! —

Bei diesen Worten waren alle sehr gerührt, und Virginia, der die Tränen kamen, hat mich in den Arm genommen.

Gern wäre ich mal alles los geworden, was mir auf der Seele lag: Wie ungerecht ich mich oft behandelt fühle und daß es nicht richtig ist, wenn die Großen uns Kinder für jedes bißchen immer gleich die Hölle heiß machen. Aber ich habe den Mund gehalten, weil auch ich sehr gerührt war.

22. November

Wenn ich die letzten Sätze lese, die ich vorgestern in mein Tagebuch geschrieben habe, überkommt mich eine große Traurigkeit, und ich denke bei mir: "Die Großen sind einfach unverbesserlich; was man macht, ist verkehrt".

Leider kann ich auch diesmal das Fahrrad wieder in den Mond schreiben!

Ich habe mich hier in meinem Zimmer verbarrikadiert und bin fest entschlossen, nicht eher wieder herauszukommen, bis ich die Garantie habe, daß ich von Papa keine Tracht Prügel kriege.

Wie üblich ist an allem wieder nur eine winzige Kleinigkeit schuld, und eigentlich müßte ich statt einer Strafe eine Belohnung bekommen, denn ich habe mir wirklich die größte Mühe gegeben, genau das zu tun, um was mich Mama gestern, bevor sie mit meinen Schwestern und der *Signora* Merope das Haus verließ, um einige Besuche zu machen, gebeten hatte:

— Versuche ein bißchen, solange wir weg sind, Maria zu unterhalten, aber mach keine Dummheiten! —

Nachdem ich, um Maria eine Freude zu machen, Kochen und noch einige andere Spiele mit ihr gespielt hatte und schon ganz genervt von diesem Kinderkram war, habe ich zu ihr gesagt:

— Hör zu, es ist schon fast dunkel, und es ist noch eine Stunde Zeit bis zum Abendessen: wollen wir nicht zusammen das tolle Spiel spielen, das ich dir gestern in dem schönen Bilderbuch gezeigt habe? Ich bin der Herr und du bist der Sklave, den ich im Wald allein zurücklasse. —

— Au ja! — hat sie sofort gesagt.

Mama und meine Schwestern waren noch nicht wieder zuhause, und Caterina war mit in der Küche beschäftigt, um das Abendessen vorzubereiten. Ich habe also Maria in mein Zimmer geführt und habe ihr ihr weißes Kleidchen ausgezogen und stattdessen meinen blauen Anzug angezogen, damit sie wie ein richtiger Junge aussäh. Dann habe ich meine Schachtel mit den Buntstiften geholt und sie im Gesicht braun angemalt wie eine Mulattin. Schließlich habe ich mir eine Schere eingesteckt, und dann sind wir nach unten in den Garten gegangen, wo ich dem Sklaven befohlen habe, hinter mir her zu gehen.

Als wir in einen Weg eingebogen waren, auf dem keine Menschenseele zu sehen war, habe ich mich zu Maria umgedreht und gesagt:

— Paß auf, jetzt schneide ich dir, genau wie in dem Bilderbuch, deine Locken ab, damit man dich nicht erkennt! —

— Aber meine Mama ist bestimmt dagegen, daß du mir die Haare abschneidest! — antwortete Maria und fing an zu weinen. Ich hörte aber nicht auf sie, sondern schnitt alle ihre Locken ab, weil wir sonst das Spiel nicht hätten spielen können.

Dann mußte sie sich auf einen Stein neben einer Hecke setzen und so tun, als hätte man sie ganz allein hier zurückgelassen, während ich mich seelenruhig auf den Heimweg machte.

Mittlerweile hatte Maria zu schreien angefangen, und zwar so jämmerlich, als wäre sie wirklich ein verlassener Sklave gewesen. Da ich aber das Spiel richtig bis zu

Ende spielen wollte, hielt ich mir einfach die Ohren zu. Es war heute den ganzen Tag über ziemlich bewölkt gewesen, und gerade, als ich Maria verlassen hatte, begannen dicke Regentropfen vom Himmel zu fallen... Als ich in den Speisesalon trat, saßen schon alle am Tisch und warteten auf uns. Auf dem Tisch stand eine Schüssel mit einer wunderbaren Cremespeise und Löffelbiscuits, und mir lief augenblicklich das Wasser im Mund zusammen.

— Na, da seid ihr ja endlich! — rief Mama ganz erleichtert. — Wo ist denn Maria? Sag ihr, daß sie zum Abendessen kommen soll! —

— Wir haben das Herr-und-Sklave-Spiel gespielt, — antwortete ich. — Maria muß so tun, als wäre sie im Wald ganz allein gelassen worden. —

— Und wo hast du sie allein gelassen? — fragte Mama lachend.

— Och, hier ganz in der Nähe, in der Platanenallee — sagte ich, und mit diesen Worten setzte ich mich an den Tisch zum Essen.

Kaum hatte ich dies gesagt, sprangen Papa, Mama, die *Signora* Merope und der Advokat Maralli auf, als wäre das Haus vom Blitz getroffen worden, obwohl die Donnerschläge draußen noch aus weiter Ferne kamen.

— Ist das dein Ernst? — fragte mich Papa und packte mich fest am Arm, während er die anderen aufforderte, sich wieder zu setzen.

— Aber ja! Wir haben Herr und Sklave gespielt. Und zu diesem Zweck habe ich Maria in eine Mulattin verwandeln müssen, während ich den Herrn gespielt habe, der sie verläßt. Und jetzt kommt die Fee, die sie in ein verzaubertes Schloß führt und sie auf wundersame Weise in die mächtigste Königin der Welt verwandelt. —

Nach diesen Worten hatte es offenbar allen - außer mir - den Appetit verschlagen. Die *Signora* Merope rang verzweifelt die Hände und sagte, daß ihr Kind bestimmt vor Schreck gestorben ist, daß es Angst hat, wenn es donnert, und daß es sicher krank werden wird und ähnliche Übertreibungen.

Man hätte denken können, daß Maria sämtliche Krankheiten der Welt kriegen würde, und das nur wegen ein bißchen Kälte und ein paar Regentropfen.

— Gemeiner Kerl! Scheusal! Schurke! — rief Virginia aus und riß mir die Plätzchen aus der Hand, die ich mir gerade in den Mund stecken wollte. — Wann hörst du endlich auf mit deinen Dummheiten? Was ist dir überhaupt eingefallen, nach Hause zu kommen und diesen lieben Engel da unten allein in der Kälte und im Dunkeln stehen zu lassen? - Aber was guckt denn da aus deiner Hosentasche? —

— Och, nur die Haare von Maria. Ich mußte sie ihr doch abschneiden, damit sie nicht mehr zu erkennen war. Ich habe euch doch schon gesagt, daß ich sie in eine Mulattin verwandelt habe, und dafür mußte ich ihr das Gesicht braun anmalen und die Haare abschneiden! —

Bei diesen Worten wurde die *Signora* Merope leichenblaß und fiel auf der Stelle in Ohnmacht.

Mama weinte und schluchzte und fing an, das Gesicht der *Signora* Merope mit Essig zu besprengen. Papa war aufgestanden, um eine Laterne zu holen. Haben die einen Aufstand wegen dieses Kindes gemacht! Als wäre ein kostbares Schmuckstück verloren gegangen! Ich habe beinahe zuviel gekriegt, als ich das ganze Haus wegen nichts und wieder nichts so in Aufruhr sah! Und dann mußte ich auch noch aufhören zu essen, um den anderen die Stelle zu zeigen, wo ich Maria zurückgelassen hatte.

Und was ich mir dann alles anhören mußte über mich! Eine wahre Schande war das! Als wäre ich überhaupt nicht da gewesen! Sie sagten, daß ich ein ungehorsames Kind wäre, ein Bösewicht und Spitzbube, ein herzloser Junge, so als hätte ich Maria nicht die Haare, sondern den Kopf abgeschnitten!

Um es kurz zu machen: Die *Signora* Merope fährt heute wieder nach Bologna, weil sie mich nicht mehr sehen kann, und weil es geregnet hat, als ich ihr Kind mutterseelenallein in der Platanenallee zurückgelassen habe. Und obwohl ich bei der Suche nach Maria pitschnaß wurde, bekam nicht etwa ich zum Trost lauter Küsse und Umarmungen und eine Tasse kochender Fleischbrühe mit Ei, sondern sie; von dem Gläschen Marsala mit Plätzchen, Sahne und Früchten ganz zu schweigen. Und aufs Sofa, um gestreichelt zu werden, wurde ich auch nicht gelegt. Nicht einmal im Traum war an so was zu denken! Stattdessen wurde ich wie ein Hund aus dem Salon gejagt, und Papa sagte, daß er noch zu mir kommen würde, um mir das Fell zu gerben. Leider weiß ich, was diese Drohungen zu bedeuten haben. Deshalb habe ich mich hier in meinem Zimmer verbarrikadiert wie in den Städten, wenn es Krieg gibt, und mich kriegen können sie nur über die Trümmer meines Waschgestells und meines Schreibtisches, mit denen ich die Tür verrammelt habe.

Doch still, ich höre etwas. Vielleicht ist jetzt die Stunde der Schlacht gekommen! Ich habe mich mit Vorräten eingedeckt, die Türe ist abgeschlossen und vor die Türe habe ich mein Bett gestellt, auf das Bett mein Schreibtischchen und auf das Tischchen den großen Spiegel.

Es ist Papa... er klopft an die Tür und ich soll ihm öffnen, aber ich gebe keinen Laut von mir. Ich will mich ganz still verhalten wie die Katze, wenn sie im Keller ist. Oh, wenn mir das Schicksal eine Spinne schicken könnte, die mir schnell ein Netz über die Tür webt! Dann würde der Feind denken, das Zimmer sei leer und würde wieder abziehen!

·Und wenn er es mit Gewalt versucht? Jetzt hat es laut gerumst! Sie scheinen die Türe aufbrechen zu wollen... Dann wird der Spiegel herunterfallen und in tausend Stücke zerbrechen. Und wer wird dann wieder Schuld sein? Natürlich ich... Es ist ewig dieselbe Leier: Schuld an allem Unglück ist immer dieses böse Kind, der berühmt-berüchtigte *Gian Burrasca*... Ich kann's nicht mehr hören!

23. November

Nichts Neues.

Gestern ist, wie geplant, die *Signora* Merope mit ihrer Tochter Maria abgereist. Es war kaum mit anzuhören, was man dieser Zimperliese alles für Komplimente gemacht hat! Offenbar ist auch der Advokat Maralli mitgefahren, um die beiden bis Bologna zu begleiten.

Meine Zimmertür lassen sie im Moment in Ruhe.

Trotzdem bin ich entschlossen, mich weiterhin hier zu verschanzen. Ich habe sogar die Barrikaden noch verstärkt und mich außerdem ordentlich mit Vorräten eingedeckt, die mir Caterina mit Hilfe eines Körbchens verschafft hat, das ich aus dem Fenster in den Garten heruntergelassen habe, während meine Eltern und meine Schwestern die *Signora* Merope zum Bahnhof brachten.

24. November

Die Ruhe folgt auf den Sturm! Drei Tage standen dunkle Wolken am Himmel, aber jetzt ist er wieder heiter. Der Friede ist geschlossen, die Belagerung zu Ende.

Heute morgen ist mir durchs Schlüsselloch versichert worden, daß ich keine Prügel mehr kriege, und ich habe feierlich versprochen, wieder in die Schule zu gehen, fleißig zu sein und mich anständig zu betragen.

Damit war meine Ehre gerettet... und außerdem meine Möbel und der große Spiegel. Und so habe ich meine Barrikaden wieder abgebaut und bin aus meinem Zimmer gekommen.

Es lebe die Freiheit!

28. November

In den letzten Tagen habe ich keine Zeile in meinem Tagebuch geschrieben, weil ich eine ganze Menge nachholen mußte, was ich in der Schule versäumt hatte. Zu Hause sind alle mit mir zufrieden, und Papa hat gestern zu mir gesagt:

— Vielleicht schaffst du es ja diesmal, dir das Fahrrad zu verdienen, das du dir durch dein häßliches Benehmen Maria gegenüber verscherzt hast. Wir werden sehen! —

29. November

Heute beginnt die neue Bewährungsprobe... und ich bin wirklich gespannt, ob es mir diesmal gelingt, jenes sagenhafte Fahrrad zu erhaschen, das mir bisher immer wieder im letzten Augenblick durch die Lappen gegangen ist.

Zur Zeit bin ich hier mit Virginia und Caterina allein zuhause. Papa und Mama sind mit Ada für eine Woche zu Luisa gefahren. Bei ihrer Abreise hat Mama gesagt, daß sie bei dieser Reise kein gutes Gefühl hätte, daß sie die ganze Zeit Angst haben würde, daß ich wieder irgendetwas anstellen würde. Ich habe sie aber versucht zu beruhigen, indem ich ihr versprochen habe, daß ich brav sein werde, daß ich jeden Tag zur Schule gehen und gleich nach der Schule nach Hause kommen werde, daß ich meiner Schwester gehorchen werde, kurzum daß ich mich wie ein Musterknabe aufführen werde.

Ich will sämtliche Heilige im Paradies anrufen, daß sie mir helfen, allen bösen Versuchungen zu widerstehen. Caterina sagt, daß es nur darauf ankommt, einen Anfang zu machen und daß es dann, mit einem bißchen guten Willen, keine schwierige Sache mehr ist, für eine Woche brav zu sein. Ich weiß nicht, wie sie so etwas wissen kann, wo sie doch niemals ein Junge gewesen ist. Sicher ist jedenfalls, daß, wenn ich das Fahrrad wirklich kriegen will, ich mindestens darauf verzichten muß, auf der Straße den Hunden Steine nachzuwerfen und die Schule zu schwänzen. Ich sehe schon, wie ich nächste Woche auf meinem neuen *Raleigh* [24] wie ein Held durch die Straßen fahren werde! Und mein gutes Benehmen wird allen anderen Kindern als Vorbild hingestellt... Ich glaube, ich träume!

30. November

Es ist erst eine Nacht vergangen, seitdem Papa, Mama und Ada weggefahren sind, aber ich muß sagen, daß ich ganz zufrieden bin mit mir. Es stimmt, daß ich gestern den Spiegel in Mamas Zimmer kaputt gemacht habe, aber dafür konnte ich nun wirklich nichts. Ich spielte mit Carluccio in dem Zimmer Ball (die Tür hatten wir geschlossen, damit Virginia uns nicht hört), als der Ball, den ich an die Galoschen

---

[24] Berühmte englische Luxus-Fahrradmarke zu Anfang des 20. Jahrhunderts.

meiner Schwester gebunden hatte, um zu sehen, ob er dadurch höher springt, gegen den Spiegel der Kommode schlug. Der zersprang natürlich in tausend Stücke, wobei auch noch eine Flasche Kölnisch-Wasser herunterfiel und sich auf den neuen Teppich ergoß.

Darauf beschlossen wir, in den Garten zum Spielen zu gehen, aber wir waren noch keine fünf Minuten draußen, da fing es auch schon zu regnen an. So blieb uns nichts anderes übrig, als uns auf den Speicher zu flüchten und in den alten Sachen zu stöbern, die dort stehen.

Als ich später zum Mittagessen ging, hatte ich mir einen alten Hausrock von meinem Opa umgehängt, den ich auf dem Speicher gefunden hatte, und ich kann nicht beschreiben, wie Virginia und Caterina gelacht haben, als sie mich in diesem Aufzug sahen.

Ob es wohl diesmal mit dem Fahrrad klappt? Mir scheint jedenfalls, daß ich ziemlich brav gewesen bin.

1. Dezember

Zwei Tage und zwei Nächte sind vergangen, seit meine Eltern weg sind, und ich habe an nichts anderes gedacht als an das Fahrrad.

Diesmal bin ich wirklich sicher, daß es mir nicht durch die Lappen geht.

Heute war wirklich ein paradiesischer Tag: Es wehte ein schönes frisches Lüftchen, sodaß ich große Lust bekam, fischen zu gehen, wobei ich diesmal aber gut aufpassen wollte, nicht wie das letzte Mal ins Wasser zu fallen, denn sonst wäre es wieder nichts mit dem Fahrrad! Nach der Schule habe ich mir erst eine neue Angel gekauft, und dann bin ich zum Fluß gegangen. Zuerst hatte ich nur lauter Grünzeug an der Angel, dann haben zwei Schwarzgrundel angebissen, die mir aber wieder ins Wasser gesprungen sind. Aber kurz vor dem Dunkelwerden biß doch tatsächlich ein leibhaftiger Aal an, so dick wie ein Krokodil. Was sollte ich mit ihm machen? Natürlich habe ich ihn nach Hause mitgenommen, um ihn morgen früh zum Frühstück zu essen. Und um heute abend ein bißchen Spaß zu haben, habe ich ihn gut sichtbar auf das Klavier im Empfangssalon gelegt. Nach dem Essen hat Caterina dort die Lämpchen angezündet, und meine Schwester ist herunter gekommen, und hat angefangen, ihr übliches Lied: *Niemand sieht uns, niemand hört uns...* zu spielen und zu singen.

Plötzlich stieß sie einen lauten Schrei aus:

— Ah! Eine Viper!... Uh!... Ah!... Oh!... Ih!... —

Was für Schreie! Der Pfiff einer Lokomotive war nichts dagegen! Ich bin sofort in den Salon gestürzt, um nachzuschauen, was passiert war, und auch Caterina kam

sofort herbeigelaufen, und da sahen wir Virginia, wie sie sich auf dem Kanapee wand und krümmte wie ein tollwütiger Hund.

— Ich wette, da liegt irgendwas auf dem Klavier, — habe ich zu Caterina gesagt. Caterina ist zum Klavier gegangen, um nachzusehen, machte aber sofort einen Satz nach hinten und lief schnell zur Haustür und schrie: — Zu Hilfe!... —

Darauf kam nach und nach die ganze Nachbarschaft herbeigelaufen, und jeder, kaum daß er einen Blick aufs Klavier geworfen hatte, fing an, wie ein Verrückter zu schreien.

— Aber das ist doch nur ein Aal! — sagte ich schließlich, nachdem ich die Übertreibungen leid war.

— Was ist das? Wie bitte? — antworteten alle im Chor.

— Das ist doch nur ein harmloser Aal! — wiederholte ich und fing an zu lachen.

Wie kindisch sind doch die Frauen, daß sie um einen Aal so ein Theater machen, obwohl sie ihn sich nachher, wenn er gekocht und angemacht auf den Tisch kommt, sehr wohl schmecken lassen.

Natürlich habe ich wieder zu hören gekriegt, was ich für ein schlimmes Kind bin, weil ich Virginia so erschreckt habe... Ja, ich weiß, es ist immer die alte Geschichte! Obwohl ich nun wirklich nichts dafür kann, daß ich unglücklicherweise eine Schwester habe, die einen Aal nicht von einer Viper unterscheiden kann, war ich natürlich trotzdem wieder an allem schuld...

2. Dezember

Virginia hat heute wieder mit mir geschimpft, weil ich den ganzen Tag über fischen gewesen bin. Dumm war nur, daß ich meinen Sonntagsanzug anhatte und mir die Hosen aufgerissen und einen Fettfleck auf meine Jacke gemacht habe. Als ich nach Hause kam (das war so gegen fünf), bin ich durch die Hintertüre nach oben gegangen und habe erst einmal die Klamotten gewechselt.

Beim Abendessen hat meine Schwester zu mir gesagt:

— Heute war das zweite Mal dein Lehrer da und und hat gemeldet, daß du nicht im Unterricht gewesen bist; wenn das nochmal vorkommt, werde ich es, darauf kannst du dich verlassen, Papa sagen, wenn er zurückkommt. —

— Na gut, morgen werde ich zur Schule gehen. —

— Das würde ich dir auch geraten haben! — Hast du heute wieder eine Schlange mit nach Hause gebracht? —

Ich habe nein gesagt und daß eine gereicht hätte.

Da mir das Fahrrad so am Herzen liegt, will ich es lieber nicht durch solche Dummheiten aufs Spiel setzen.

3. Dezember

Was ist meine Schwester doch für ein Angsthase! Sie hat solche Angst vor Räubern, daß sie jetzt, wo Papa und Mama nicht zu zuhause sind, nachts nicht schlafen kann. Jeden Abend guckt sie unter ihr Bett, hinter die Türen und hinter den Vorhang am Fenster, um nachzusehen, ob jemand im Zimmer ist, und am liebsten würde sie die ganze Nacht das Licht brennen lassen. Mir ist wirklich ein Rätsel, warum Mädchen so albern sein müssen!

Gestern abend, ich lag schon in tiefstem Schlummer, wurde ich plötzlich durch laute Schreie aufgeweckt. Man hätte denken können, das Haus brennt lichterloh. Ich springe aus dem Bett und gucke in den Flur; im gleichen Augenblick stürzt Virginia im Nachthemd in mein Zimmer, packt mich am Arm und schließt die Türe ab.

— Giannino! Giannino!... unter meinem Bett ist ein Einbrecher! — ruft sie ganz aufgeregt.

Dann reißt sie mein Fenster auf und fängt an zu schreien:

— Zu Hilfe, zu Hilfe!... ein Einbrecher!... ein Einbrecher!... —

Die ganze Nachbarschaft wird wach von diesen Schreien, und schneller als man denken kann, kommen alle zu uns herübergelaufen. Caterina und Virginia, die kaum Zeit hatten, sich einen Morgenrock überzuziehen, stürzen hinunter und in die Arme der Nachbarn, die sie ängstlich fragen:

— Um Himmelswillen, was ist denn passiert? —

— Unter meinem Bett ist ein Mann!... Ich habe ihn mit eigenen Augen gesehen! Kommt schnell und seht selbst... Aber geht um Himmels Willen nicht ohne einen Revolver nach oben!... —

Dann faßten sich zwei Männer ein Herz und gingen nach oben, während die anderen bei Virginia blieben, um sie zu beruhigen. Auch ich ging hoch in das Zimmer meiner Schwester. Die beiden wackeren Männer guckten ganz vorsichtig unter das Bett: Tatsächlich, da lag ein Mann. Sie packten eins seiner Beine und zogen ihn unterm Bett hervor. Er ließ alles mit sich machen und hatte offenbar nicht die geringste Absicht, die Pistole zu gebrauchen, die er in der einen Hand hatte. Einer der beiden Helden hatte sich inzwischen mit einem Stuhl bewaffnet, um ihn nach

den Mann zu werfen, der andere hielt ihm mit ausgestrecktem Arm seinen Revolver entgegen, falls er Widerstand leisten sollte. Plötzlich drehten sich beide zu mir um und guckten mich mit großen Augen an:

— Das war also mal wieder dein Werk, Giannino! —

— Ja, natürlich! — antwortete ich — Virginia denkt nämlich immer, daß ein Einbrecher unter ihrem Bett ist, und da habe ich mir gedacht, daß es sie nicht besonders wundert, wenn sie wenigstens einmal dort einen findet. —

Und weißt Du, mein Tagebuch, was das war, was meine Schwester so in Angst und Schrecken versetzt und die Nachbarschaft so in Verwirrung gestürzt hat?

Ganz einfach: ein alter Anzug von Papa, den ich gefüllt hatte mit der harmlosesten Sache der Welt: einem Bündel Stroh!…

4. Dezember

Fünf Tage sind jetzt vergangen, seit meine Eltern weg sind; aber Virginia hat heute morgen ein Telegramm aufgegeben, in dem sie Papa und Mama bittet, sofort zurückzukommen.

Jedem erzählt sie, daß, wenn sie weiter mit mir allein bleiben müßte, sie todsicher verrückt werden würde.

So werde ich auch diesmal das Fahrrad wieder nicht bekommen… und warum? Weil ich unglücklicherweise eine Zimperliese von Schwester habe, die sich vor der allerkleinsten Kleinigkeit fürchtet.

Ist das vielleicht gerecht?

5. Dezember

Heute sind Mama, Papa und Ada zurückgekehrt, und in was für einer Laune.

Ich brauche nicht zu sagen, daß alle über mich hergefallen sind und ich wieder zu hören kriegte, daß es keinen schlimmeren Jungen gibt als mich, daß ich einfach unverbesserlich bin und all die üblichen Sachen, die ich mittlerweile Wort für Wort auswendig weiß.

Papa hat mir wegen des Strohmanns eine Predigt von einer Stunde gehalten und gesagt, daß zu so etwas nur ein herz-und-hirnloser Geselle wie ich imstande wäre.

Auch dieses Kompliment ist jetzt schon ein alter Hut, und ich würde gern endlich mal was Neues hören. Könnten sie mich nicht manchmal, nur so zur Abwechslung, einen gallen-und-leberlosen Gesellen oder einen darm-und-magenlosen Gesellen nennen?

Heute war ein Tag, an dem das Schicksal mich, also diesen unglücklichen *Gian Burrasca*, wie mich meine Verfolger alle nennen, weil sie genau wissen, daß ich das nicht leiden kann, mal wieder mit Wohltaten überschüttet, und sie kamen gleich paarweise wie die Kirschen, nur mit dem Unterschied, daß man sich bei den Kirschen freut, wenn man gleich zwei auf einmal erwischt, während besagte Wohltaten besser nacheinander kommen, denn auf einmal sind sie kaum zu verkraften.

Papa war also gerade dabei, mir seine Predigt wegen des Strohmanns, mit dem ich Virginia so erschreckt hatte, zu halten, als mittenhinein ein Brief von unserem lieben Herrn Rektor kam, der es für seine Pflicht hielt, meine Eltern wegen eines kleinen Scherzes zu benachrichtigen, den ich mir gestern in der Schule erlaubt hatte, und der, weiß der Himmel warum, wieder zu sonst was aufgebauscht wird.

Was war passiert?

Gestern habe ich zufällig auf dem Schreibtisch von Papa ein Fläschchen mit roter Tinte gefunden und mit in die Schule genommen, und da ist ja nun wirklich nichts dabei.

Ich habe schon immer gesagt, daß ich ein vom Unglück Verfolgter bin, und ich sage es hier noch einmal. Doch man überzeuge sich selbst: Ich bringe genau an dem Tag ein Fläschchen roter Tinte mit in die Schule, als es der Mama von Betti in den Sinn kommt, ihrem Sohn eine gestärkte Halskrause von zwei Meter Breite anzuziehen; und sie zieht ihrem Söhnchen genau an dem Tag jene Halskrause an, als ich den verrückten Einfall habe, in die Schule ein Fläschchen roter Tinte mitzunehmen.

Kurz und gut, ich weiß nicht, wie es kam, aber die Halskrause von Betti war so herrlich groß und weiß und leuchtend... Jedenfalls hatte ich plötzlich das Kielende meiner Schreibfeder in die rote Tinte getunkt und ganz leise, daß es der Betti nicht merkte, ihm auf seine Krause die folgenden Verse geschrieben:

Keinen Mucks und keine Bewegung,
denn wenn Mucks Euch erwischt,
Euer letztes Stündlein anbricht!

Kurze Zeit später hat *Mucks* den Betti an die Tafel gerufen, so daß alle lesen konnten, was ich mit schöner roter Tinte auf seine blütenweiße Halskrause geschrieben hatte. Natürlich brach die ganze Klasse in lautes Gelächter aus.

Am Anfang verstand *Mucks* nicht, was los war, und natürlich auch Betti nicht, genau wie damals, als ich das Pech auf seine Bank geschmiert hatte und er daran festgeklebt war. Aber als Mucks dann meinen Vers entdeckt hatte, wurde er wild wie ein Tiger und lief auf der Stelle zum Rektor, der wie üblich kam, um eine Untersuchung durchzuführen.

Ich hatte inzwischen das Fläschchen mit der roten Tinte unter der Bank verschwinden lassen; aber der Rektor wollte die Schultaschen von allen, die hinter Betti saßen, kontrollieren (ein wirklich starkes Stück, denn in den Sachen anderer Leute herumzuschnüffeln, ist eine Methode, die einer Diktatur wie der in Rußland würdig ist), und natürlich fand er dann in meiner Tasche die Schreibfeder mit dem rotgefärbten Kiel.

— Ich wußte, daß Ihr das wart! — sagte der Rektor, — genau wie Ihr auch dem Betti das Pech auf seinen Sitz geschmiert habt... Sehr schön! Früher oder später kommt man selbst dem gerrissensten Schurken auf die Schliche... —

Und daraufhin hat er dann meinen Eltern Bericht erstattet.

— Siehst du, was hier steht? — schrie Papa und hielt mir den Brief des Rektors unter die Nase.

— Es ist immer dasselbe! Da ist man gerade dabei, dir wegen eines deiner Streiche die Leviten zu lesen, da kommt auch schon die Nachricht vom nächsten, und der ist noch schlimmer als der erste!... —

Das stimmt, ich kann es nicht bestreiten. Aber ist es vielleicht meine Schuld, wenn gerade in dem Moment der Brief des Rektors kommt, in dem Papa mir eine Predigt hält wegen des Strohmanns unter Virginias Bett?

6. Dezember

Eben habe ich die ganzen Tränen ausgelöffelt, die ich geweint habe. Ich mache keine Witze, denn ich habe gerade einen Teller Nudelsuppe gegessen, in den ich vor lauter Wut, daß ich sie essen mußte, meine Tränen vergossen habe.

Papa hat gestern angeordnet, daß meine Strafe für die Sache mit dem Strohmann und für den Streich mit dem Vers gegen den *Mucks* darin bestehen soll, daß ich sechs Tage hintereinander Nudelsuppe und nichts als Nudelsuppe zu essen kriege.

Und das natürlich nur deshalb, weil sie wissen, daß ich Nudelsuppe nicht ausstehen kann... Wenn ich zufällig Nudelsuppe gerne essen würde, hätte ich garantiert sechs Tage keine Nudelsuppe bekommen... Und dann sagen sie immer, wir Kinder seien gemein!...

Den ganzen Tag habe ich mich standhaft geweigert zu essen und war entschlossen, lieber vor Hunger zu sterben, als mich einem so grausamen Willkürakt zu unterwerfen. Aber heute abend konnte ich leider nicht mehr und mußte mich meinem Hunger beugen, wobei ich bitterlich über mein trauriges Schicksal und über die Nudelsuppe geweint habe, von der ich gerade eben den letzten Löffel gegessen habe.

7. Dezember

Dies ist die achte Nudelsuppe in zwei Tagen... und jedesmal war sie mit Fadennudeln. Ich frage mich, ob man selbst in den Zeiten der Inquisition jemals auf solch eine Idee gekommen ist, einen armen Unschuldigen mit so einer schrecklichen Folter zu quälen.

Aber alles hat seine Grenze, und ich fange an, mich gegen diese unwürdige Behandlung zu wehren. Vor einer Stunde bin ich in einem Moment in die Küche gegangen, in dem Caterina gerade nicht da war, und habe eine Handvoll Salz in den Topf geworfen, in dem ein Braten schmorte.

Das Schöne ist, das heute auch der Advokat Maralli zum Abendessen kommt!

Und was noch schöner ist: Ich werde heute abend in meinem Zimmer meine neunte Fadennudelsuppe essen, während denen da unten die Lust auf ihren Schmorbraten vergehen wird!

Nachdem ich heute meine Nudelsuppe heruntergewürgt hatte, konnte ich meiner Neugier nicht widerstehen: Ich wollte doch gar zu gern sehen, welche Wirkung der versalzene Schmorbraten haben würde, und so bin ich nach unten gegangen, um an der Tür zum Speisesalon zu lauschen.

Ich kam im rechten Augenblick, denn sie waren gerade dabei, über eine Sache zu sprechen, die auch für mich von großem Interesse war.

— Dann müssen wir — sagte Mama — übermorgen also um fünf Uhr aufstehen! —

— Auf keinen Fall später — sagte Papa, — denn die Kutsche kommt pünktlich um sechs, und um dort zu sein, braucht man mindestens zwei Stunden. Die Zeremonie wird etwa ein halbes Stündchen dauern, und so sind wir vor elf wieder zurück... —

— Ich werde Punkt sechs hier sein — sagte der Maralli.

Und er wollte noch etwas sagen, aber gerade hatte er ein Stück Braten in den Mund gesteckt, und nun fing er an zu husten und zu prusten, als hätte er eine Windmühle verschluckt.

— Was hast du denn? — fragten sie alle wie aus einem Munde.

— Probiert doch mal den Braten!... — antwortete er.

Das taten sie dann auch, und darauf ging ein allgemeines Gehuste und Gepruste los, bis sie schließlich alle riefen:

— Caterina! Caterina! —

Ich konnte mich vor Lachen nicht mehr halten und verzog mich schnell wieder auf mein Zimmer.

Ich möchte zu gerne wissen, wo sie alle übermorgen um sechs Uhr früh mit der Kutsche hinfahren.

Sie glauben, mich reinlegen zu können, aber ich werde aufpassen wie ein Luchs.

9. Dezember

Ich bin bei meiner neunzehnten Fadennudelsuppe... aber auch meine Racheakte gehen weiter.

Offenbar können sie sich nicht vorstellen, wie böse ein armer Junge werden kann, wenn er gezwungen wird, fünf bis sechs Nudelsuppen am Tag zu essen, und das auch noch mit den dünnsten Nudeln, die es gibt; aber sie werden es schon noch merken...

Heute morgen bin ich in die Küche gegangen und habe eine ordentliche Prise Pfeffer in den Kaffee getan... War das lustig zu sehen, wie sie dann alle ihren Kaffee wieder ausgespuckt haben!

Heute war hier im Haus ein ständiges Kommen und Gehen von Leuten, und zum Schluß kam der Laufbursche des Konditors mit einer riesigen Schachtel und einer großen Tüte, die Caterina sofort in der Anrichte einschloß.

Da ich jedoch weiß, daß der Schlüssel zu Adas Zimmer auch für das Schloß der Anrichte paßt, habe ich auf einen geeigneten Augenblick gewartet, um zu sehen, was in der Tüte und in der Schachtel wohl drin war.

Um es gleich zu verraten: Die Schachtel war voll mit anderen kleinen runden Schachteln, auf denen in goldenen Buchstaben stand: *Hochzeit Stoppani-Maralli*.

Damit hatte ich nicht gerechnet!...

— So ist das also — dachte ich bei mir — es gibt eine Hochzeit bei uns, und man erzählt mir kein Wort davon? Es gibt ein Familienfest, und der arme Giannino wird völlig im Dunkeln gelassen, als wäre er nicht damit genug gestraft, von morgens bis abends Fadennudelsuppe zu essen? —

Da habe ich die Tüte geöffnet, deren Inhalt jetzt kein Geheimnis mehr für mich war und habe mich mit Konfekt vollgeschlagen, wobei ich im Stillen bei mir dachte:

— So nicht, meine Lieben! Auch Giannino will die Brautleute feiern, denn schließlich hat man es mir zu verdanken, daß diese Hochzeit zustande gekommen ist, und es wäre doch die reinste Undankbarkeit, wenn man mich von diesem Familienfest ausschlösse! —

Hochzeit Stoppani-Maralli

10. Dezember

Ein Hoch auf die Brautleute! Ein Hoch auf Giannino!... Und nieder mit den Fadennudelsuppen!

Endlich ist wieder Frieden bei uns zu Hause eingekehrt, und das nur durch mein Verdienst.

Heute morgen also habe ich mich, so wie ich es mir vorgenommen hatte, auf die Lauer gelegt; und als ich hörte, daß sich im Hause etwas zu regen begann, bin ich ganz leise aufgestanden, habe mich angezogen und auf die Dinge gewartet, die da kommen sollten.

Kein Mensch dachte an mich.

Ich hörte, wie Papa, Mama und Virginia nach unten gingen, wie der Advokat Maralli kam, wie dann der Kutscher klingelte, und schließlich alle das Haus verließen.

Auf diesen Moment hatte ich gewartet. Blitzschnell wie eine Schlange schlüpfte ich aus meinem Zimmer und dann aus dem Haus und rannte, so schnell ich konnte, der Kutsche hinterher, die sich gerade in Bewegung gesetzt hatte.

Im Nu hatte ich sie eingeholt, und dann schwang ich mich auf das Holzbrett, das sich hinter dem Verdeck befindet und setzte mich so hin, wie es die Gassenjungen tun, nicht ohne zu denken:

— So, jetzt könnt Ihr mir nicht mehr verheimlichen, wohin Ihr fahrt! —

Das Schönste war, daß ich von meinem Posten alles hören konnte, was vorne auf der Kutsche gesprochen wurde...

Unter anderem sagte der Maralli:

— Paßt um Gottes Willen nur auf, daß dieses Erdbeben von *Gian Burrasca* nichts von unserer Fahrt erfährt... sonst erzählt er allen Leuten davon. —

Es dauerte eine halbe Ewigkeit, bis die Kutsche endlich anhielt und alle ausstiegen. Ich wartete einen Augenblick, und dann stieg auch ich herunter.

Welch eine Überraschung!

Ich stand vor einem Landkirchlein, in das gerade meine Eltern, meine Schwestern und der Maralli eingetreten waren!

— Was ist das für eine Kirche? — fragte ich einen Bauern, der in der Nähe war.

— Das ist die Kirche *San Francesco al Monte*. —

Dann ging auch ich hinein, und ich sah vorn beim Hauptaltar den Advokaten Maralli und Virginia vor dem Priester knien, während Ada, Papa und Mama etwas weiter hinten standen.

Ich schlich an der Wand entlang nach vorne in die Nähe des Altars, ohne daß jemand mich bemerkte, und so konnte ich die ganze Trauung miterleben. Als der Priester Virginia und den Advokaten Maralli dann fragte, ob sie glücklich seien, nun Mann und Frau zu sein und beide mit Ja geantwortet hatten, trat ich plötzlich aus dem Schatten und sagte:

— Auch ich bin glücklich! Aber warum wart ihr nur so gemein, und habt mir kein Wort von der Heirat gesagt?! —

Bei diesen Worten kamen mir plötzlich die Tränen, denn ich war wirklich sehr traurig über dieses Verhalten. Alle waren so überrascht von meinem plötzlichen Auftauchen, das es ihnen buchstäblich die Sprache verschlagen hatte.

Mama fing sofort an zu schluchzen, nahm mich in den Arm, küßte mich und fragte mich mit zitternder Stimme:

— Mein Giannino, mein Giannino, wie bist du denn bloß hierher gekommen? —

Und Papa brummte:

— Das sieht ihm mal wieder ähnlich! —

Auch Virginia nahm mich, als die Trauung vorüber war, schluchzend in den Arm und küßte mich, während der Maralli ziemlich grimmig dreinblickte, mich am Arm packte und zu mir sagte:

— Ich warne dich, Giannino, laß dir ja nicht einfallen, in der Stadt herumzuerzählen, was du gesehen hast... Hast du verstanden?! —

— Und warum das? —

— Das geht dich nichts an, denn das sind Dinge, die Kinder nicht verstehen! Behalte für dich, was du gesehen hast, und damit basta! —

Schon wieder eine der tausend Sachen, die Kinder angeblich nicht verstehen können! Bilden die Großen sich allen Ernstes ein, frage ich mich, daß eine solche Antwort einen Jungen zufriedenstellen kann?

Aber genug davon. Das Interessante ist, daß alle jetzt sehr lieb zu mir sind. So durfte ich, als wir wieder nach Hause fuhren, auf dem Kutschbock neben dem Kutscher sitzen und fast die ganze Zeit allein die Pferde lenken. Aber was die Hauptsache ist: Jetzt brauche ich erst einmal für eine ganze Weile keine Fadennudelsuppe mehr zu essen.

12. Dezember

Was für eine tolle Sache ist es doch für einen Jungen, wenn er große Schwestern hat, die heiraten!

Im Speisesalon unten sieht es aus wie in einer Konditorei... Es gibt dort sämtliche Arten von Kuchen und Gebäck, die man sich nur denken kann; die besten sind allerdings die Obsttörtchen, obwohl die Cremeröllchen auch nicht schlecht sind, auch wenn sie den Nachteil haben, daß, wenn man sie auf der einen Seite in den Mund steckt, auf der anderen Seite die Creme herausflutscht... Auch die *Madalenen* [25] in ihrer Einfachheit sind ganz vorzüglich. Aber einfach unschlagbar sind die *Meringen!* [26] Sie sind so zart, daß sie haushoch über allen anderen stehen.

Da habe ich sie aber nicht stehen lassen, sondern ich habe von ihnen gleich neun Stück gegessen. Sie sind so fein, daß sie sich sofort im Mund auflösen, und ehe man sich's versieht, ist nichts mehr von ihnen da...

In einer Stunde sind die Brautleute mit den Trauzeugen und den anderen Hochzeitsgästen zurück, und dann gibt es erst einmal eine Erfrischung...

Hier im Haus ist nur noch Ada, und die Arme weint, weil sie sieht, wie alle ihre Schwestern einen Mann abgekriegt haben, während sie vielleicht leer ausgehen muß wie die Tante Bettina.

---

[25] Gerilltes Mürbgebäck.
[26] Schaumgebäck aus Eischnee und Zucker. Ähnlich wie Baiser.

Übrigens ist die Tante Bettina nicht gekommen, obwohl Papa sie eingeladen hat. Sie hat geschrieben, daß ihr die Reise zu beschwerlich wäre und daß sie den Brautleuten aus tiefstem Herzen viel Glück wünsche, aber Virginia hat gesagt, daß sie sich dafür nichts kaufen könne, und daß dieser Geizkragen besser daran getan hätte, ein Geschenk zu schicken.

Ach, mein liebes Tagebuch, schon wieder bin ich in meinem Zimmer eingeschlossen, und ich bete zu Gott, daß ich nicht wieder Fadennudelsuppe essen muß!

Was bin ich doch für ein Pechvogel!... Ich bin so unglücklich, daß ich bittere Tränen vergießen könnte,... wenn ich nicht lachen müßte, weil mir das Gesicht in den Sinn kommt, das der Maralli gemacht hat, als der Kamin in die Luft geflogen ist. Er hatte solche Angst, daß sämtliche Haare seines mächtigen Bartes wie Espenlaub zitterten. Das war wirklich zu komisch!

Es war eine ziemliche Katastrophe, und es ist überflüssig zu sagen, daß natürlich mal wieder ich die Ursache davon war, ich, der meine Eltern in die Verzweiflung treibt und das Haus Stoppani in den Untergang... obwohl sich der Schaden im Grunde nur auf ein einziges Zimmer beschränkt, um genau zu sein, auf den Empfangssalon.

Aber ich will der Reihe nach erzählen.

Als der Maralli, meine Schwester, Papa und Mama und die ganzen Gäste vom

Rathaus nach Hause zurückfuhren, war es plötzlich ziemlich kalt geworden. Und so kam es, daß einer der Gäste, als er in den Speisesalon trat, sagte:

— Wir sind ganz steif vor Kälte; wenn ihr uns jetzt auch noch Erfrischungen serviert, werden wir hier alle noch den Erfrierungstod sterben! —

Also haben Virginia und der Advokat Maralli sofort Caterina gerufen und ihr gesagt, daß sie den Kamin im Empfangssalon anzünden solle.

Die arme Caterina tat, wie ihr geheißen und…

Mein Gott, war das ein Knall!

Es war wie die Explosion einer Bombe, und bei dem Staub und unter dem Regen der Gesteinsbrocken, die überall herumflogen, sah es im ersten Augenblick so aus, als würde das ganze Haus einstürzen.

Caterina fiel der ganzen Länge nach hin und gab kein Lebenszeichen mehr von sich; Virginia, die nahe am Kamin gestanden hatte, weil sie Caterina beim Feueranzünden zuschauen wollte, stieß einen Schrei aus wie damals, als sie den Strohmann unter ihrem Bett gefunden hatte, und der Maralli, der kreidebleich geworden war, raufte sich den Bart, lief aufgeregt im Zimmer umher und wiederholte in einem fort:

— *Mamma mia*, ein Erdbeben! *Mamma mia*, ein Erdbeben! —

Viele der Gäste hatten die Flucht ergriffen. Papa dagegen kam sofort zum Ort des Unglücks gelaufen, um zu sehen, was passiert war. Doch hatte weder er noch irgendein anderer eine Erklärung dafür, warum der Kamin in die Luft geflogen war und dabei die halbe Wand des Zimmers zum Einstürzen gebracht hatte.

Plötzlich, als alles vorbei schien, hörte man im Kamin ein Pfeifen, so daß alle vor Überraschung die Luft anhielten.

Der Maralli sagte:

— Ah, dadrin ist offenbar ein Brandstifter! Man muß die Polizei rufen! Man muß ihn hinter Schloß und Riegel setzen! —

Mir war längst klar, was passiert war, und ich konnte nichts anderes machen, als wenigstens mein Bedauern ausdrücken:

— Oh je, das waren meine Pfeifraketen! —

Mir war nämlich eingefallen, daß ich die Feuerwerkskörper, die ich für die Hochzeit von Luisa gekauft hatte und dann nicht hatte verwenden können, genau dort im Rauchfang des Kamins versteckt hatte, wo sie vor jedermann sicher waren, vor allem vor Papa, der sie mir bestimmt weggenommen hätte.

Natürlich fiel es allen bei meinem Ausruf wie Schuppen von den Augen.

— Ah — rief der Advokat Maralli außer sich vor Wut. — Du scheinst es wirklich auf mich abgesehen zu haben! Als ich noch Junggeselle war, hast du versucht, mir das Augenlicht zu rauben und jetzt, wo ich heirate, versuchst du mich in Asche zu verwandeln!… —

Mama hatte mich inzwischen am Arm gepackt und führte mich, um mich vor Papa in Sicherheit zu bringen, nach oben… in mein Zimmer. Welch eine Abwechslung!

Ein Glück, daß, wenn es Erfrischungen im Hause gibt, ich mir schon immer vorsorglich, bevor die anderen anfangen, meinen Teil nehme!

13. Dezember

Heute sind die sechs Tage Verbannung um, die mir der Rektor wegen des Verses aufgebrummt hatte, in dem ich mich über unseren Lehrer *Mucks* lustig gemacht habe. Mama hat mich zur Schule begleitet und zu mir gesagt:

— Heute gehe *ich* mit Dir zur Schule, weil Dein Vater gesagt hat, er würde dich auf eine Weise dorthin befördern, daß du mehr fliegend als zu Fuß dort ankämest...
— Wie das? — habe ich gesagt. — etwa im Ballon? —
Aber in Wirklichkeit hatte ich sehr gut verstanden, daß es Papas Absicht war, mich mit Fußtritten - man kann sich denken wohin - zur Schule zu begleiten.
Natürlich mußte ich mir in der Schule erst einmal eine lange Predigt des Rektors anhören. Mama, die dabei war, seufzte mehrmals und wiederholte die üblichen Sachen, die Eltern in solchen Situationen sagen:
— Sie haben völlig recht... Ja, er ist sehr ungezogen... Dabei sollte er seinen Lehrern dankbar sein, wo sie doch nur das Beste für ihn wollen... Aber er hat jetzt ernsthaft versprochen, sich zu bessern... Gebe Gott, daß die Strafe gefruchtet hat!... Wir werden sehen... Hoffen wir das Beste... —
Ich stand die ganze Zeit mit gesenktem Kopf da und sagte immer schön ja. Aber zum Schluß hatte ich keine Lust mehr, den Mamelucken [27] zu spielen, und als der Rektor mit funkelnden Augen und schnaubend wie ein Blasebalg zu mir sagte:
— Du solltest dich schämen, deinen Lehrern solche Spitznamen zu geben, wo sie solche Opfer für euch bringen! —
— Was soll *ich* denn da sagen?... antwortete ich. — Mich nennen Sie doch auch immer *Gian Burrasca*! —
— Und das nicht ohne Grund, muß man bei dir doch immer auf das Schlimmste gefaßt sein! — sagte Mama.
— Außerdem ist das bei einem Kind was anderes! — fügte der Rektor hinzu.
Es ist immer wieder dieselbe Musik: Wir Kinder sollen jederzeit den Erwachsenen Achtung erweisen, aber kein Mensch ist umgekehrt verpflichtet, diese Achtung auch uns Kindern entgegenzubringen...
Was für ein Argument! Aber sie scheinen wirklich zu glauben, daß sie uns mit solchen Argumenten überzeugen und erziehen können!...
Aber Schluß damit! In der Schule ist alles gut gelaufen; und zu Hause auch, denn Mama hat es eingerichtet, daß ich beim Heimkommen Papa nicht über den Weg laufe, der mir bekanntlich Beine machen will, ohne daß ich dabei meine Füße benutzen muß.
Als ich durch den Empfangssalon ging, habe ich ein emsiges Treiben von Maurern gesehen, die den Kamin wieder aufbauen.

14. Dezember

Nichts Neues, weder in der Schule noch zu Hause. Papa habe ich bis jetzt noch nicht wieder zu Gesicht bekommen, und ich kann nur hoffen, daß, wenn ich ihn wiedersehe, er sich beruhigt hat.

Oh weh, heute abend, mein liebes Tagebuch, habe ich ihn leider gesehen und auch gespürt!

---

[27] 'Mameluck' bedeutet im Arabischen 'Sklave, Untertan', im Italienischen auch 'Dummkopf, Tölpel'.

Ich schreibe mit Bleistift und im Liegen… denn sitzen kann ich unmöglich, nachdem ich sie so gekriegt habe!

Ich bin ganz geknickt und niedergeschlagen!

Gerne würde ich ausführlich erzählen, wie es zu diesem neuen Donnerwetter gekommen ist, das über mich, bzw. um genauer zu sein, über einen gewissen Körperteil niedergegangen ist: Aber ich kann nicht; nicht nur, weil mir mein Allerwertester, auf den man so erbarmungslos eingeschlagen hat, so weh tut, sondern auch und vor allem, weil ich in meinem Stolz zutiefst verletzt bin.

15. Dezember

Ich war in der Schule; und ich kann gar nicht sagen, was ich beim Gehen, aber vor allem beim Sitzen, gelitten habe.

Ich schreibe im Stehen… das macht mir weniger Mühe!

Die Prügel also, die ich gestern bekommen habe, verdanke ich der Manie von Caterina, statt sich um ihre eigenen Angelegenheiten zu kümmern, immer ihre Nase in Dinge zu stecken, die sie gar nichts angehen. Und mittlerweile weiß man ja, daß letztlich immer ich es bin, der das dann ausbaden muß, selbst wenn es sich dabei um uralte Dummheiten handelt, die längst vergessen sein sollten.

Gestern abend, als Caterina weiß der Himmel was in meinem Schrank suchte, fischte sie ein Paar Übergangshosen von mir heraus, die ich seit diesem Herbst nicht mehr getragen hatte; und da fand sie doch beim Wühlen in ihren Taschen, eingewickelt in ein Taschentuch, die Überbleibsel einer goldenen Damenuhr.

Die einfachsten Regeln des Anstands hätten ihr sagen müssen, daß sie die Uhr wieder hätte da hinstecken sollen, wo sie sie gefunden hatte. Aber nein, was machte Caterina? Auf der Stelle rannte sie zu Ada, die wiederum zu Mama lief, und beide mußten dann so lange diese Sache bereden, bis auch Papa dazu kam und wissen wollte, was es damit auf sich hatte.

Schließlich kamen sie dann alle zu mir und wollten eine Erklärung haben.

— Ach das! — sagte ich, — Das ist nichts von Bedeutung! Wirklich nicht der Rede wert… —

— Na hör mal! Es geht immerhin um eine goldene Uhr… —

— Ja schon, aber sie ist zu nichts mehr zu gebrauchen. —

— Das ist es ja gerade! Sie besteht nur noch aus lauter Bruchstücken! —

— Ich weiß! Wir haben sie ja auch für unsere Spiele gebraucht…, aber das ist schon lange her! —

— Schluß jetzt mit dem Drumherumgerede! — fuhr Papa dazwischen. — Ich will jetzt sofort wissen, was hinter dieser Sache steckt! —

Natürlich blieb mir nichts anderes übrig, als die ganze Geschichte von dem Zauberkunststück, das ich vor langer Zeit Fofo und Marinella gezeigt hatte, zu erzählen: Wie ich mir die Uhr von der *Signora* Olga holen ließ, wie ich sie im Mörser zerstampfte und wie ich sie dann mit der Uhr von Mama vertauschte. Kaum war ich mit meiner Erzählung zu Ende, ging auf mich ein wahrer Hagel von Ausrufen, Schimpfwörtern und Drohungen nieder!

— Das darf nicht wahr sein! — rief Mama. — Oh, jetzt wird mir alles klar! Und die *Signora* Olga in ihrer Zerstreutheit hat diese Vertauschung nie bemerkt…

— Genau, so war es! — rief Ada aus. — Und wir haben geglaubt, es handele sich um einen Fall von Kleptomanie! Aber was noch schlimmer ist, wir haben es auch noch ihrem Mann eingeredet! Mein Gott, wie wir jetzt dastehen!...

— Aber warum, — schrie Mama — hast du Spitzbube uns denn nichts gesagt? — Genau auf diese Frage hatte ich gewartet.

— Das wollte ich ja! — antwortete ich. — Ich weiß noch genau, daß ich versuchte, euch zu sagen, daß es sich keineswegs um einen Fall von Kleptomanie handelt, aber da fingt ihr alle an zu schreien, daß ich meine Nase nicht in Dinge stecken soll, die ich doch nicht verstehe, und daß Kinder den Mund halten sollen, wenn sich die Erwachsenen unterhalten usw. usf. Und so habe ich gehorcht und den Mund gehalten.

— Und was ist mit der silbernen Menage, die wir dann im Haus der *Signora* Olga gefunden haben? —

— Nicht zu vergessen meine Spitzentaschentücher! —

— Auch diese Sachen habe ich, um mir einen Spaß zu machen, in das Haus der *Signora* Olga getragen. —

Kaum hatte ich dies gesagt, trat Papa mit vor Zorn funkelnden Augen auf mich zu und sagte in drohendem Ton:

— Ah, ist das deine Art, dir einen Spaß zu machen? Paß auf, jetzt wirst du gleich sehen, womit ich mir einen Spaß mache!... —

Aber ich fing an, um den Tisch herumzulaufen, während ich meine Entschuldigungen vorbrachte:

— Ist es vielleicht meine Schuld, daß sie sich die Sache mit der Kleptomanie in den Kopf gesetzt haben? —

— Elender Spitzbube, jetzt wirst du für alles büßen! —

— Aber sieh mal, Papa — sagte ich mit weinerlicher Stimme, — das sind doch längst vergangene Geschichten... Die Pfeifraketen habe ich in den Kamin getan, als Luisa geheiratet hat... Die Sache mit der Uhr ist im Oktober gewesen... Ich hätte verstanden, wenn du mich damals bestraft hättest. Aber doch nicht jetzt, Papa, wo diese Geschichten längst vergangen sind und ich schon gar nicht mehr an sie gedacht habe!... —

In diesem Moment erwischte mich Papa, und mit zornbebender Stimme sagte er zu mir:

— Und jetzt werde ich dafür sorgen, daß du für lange Zeit noch an sie denken wirst! —

Und dann hat er mich so verdroschen, daß ich jetzt tatsächlich keinen Schritt mehr machen kann, ohne an sie zu denken!

Ist das vielleicht gerecht? Wenn das gerecht sein soll, werde ich wahrscheinlich eines Tages auch noch für die Dummheiten bestraft, die ich im Alter von zwei Jahren begangen habe!...

16. Dezember

Der heutige Tag hat mir eine große Genugtuung beschert!

Es war abgemacht, daß ich, gleich wenn ich von der Schule zurück bin, mit Mama und Ada zu der *Signora* Olga gehen sollte, um ihr, wie sie es nennen, mein Vergehen zu beichten und sie um Verzeihung zu bitten.

Wir sind dann also zu ihr gegangen, und ich habe, obwohl ich ganz schön verlegen war, sofort angefangen, ihr von meinem Zauberkunststück zu erzählen. Sie hat mit großem Interesse zugehört, und als ich fertig war, hat sie gesagt:

— Da können Sie mal sehen, wie zerstreut ich bin! Da habe ich die ganze Zeit eine Uhr getragen, die mir gar nicht gehört, und ich habe es überhaupt nicht gemerkt! —
— Aber Sie brauchen sich doch nicht zu entschuldigen — sagte Mama, und dann ging die *Signora* Olga die Uhr holen und gab sie Mama zurück.

Na bitte! So eine vernünftige Einstellung lobe ich mir! Hätte die *Signora* Olga die Vertauschung der Uhr gleich bemerkt, hätte alles rechtzeitig aufgeklärt werden können. Ist es also meine Schuld, wenn die *Signora* Olga so zerstreut ist?

Aber das Schönste war, als Mama und Ada die Sache mit der *Kleptomanie* erklären mußten.

Je weiter die Erzählung voranschritt, desto aufmerksamer hörte die *Signora* Olga zu, und sie hatte einen solchen Spaß dabei, als wäre von einer anderen Person und nicht von ihr selbst die Rede. Schließlich mußte sie sich schütteln vor Lachen, daß das Sofa zu wackeln anfing, und dann sagte sie:

— Ah, das ist herrlich! Das ist wirklich köstlich! Und die Medikamente habe ich tatsächlich nehmen müssen, um meine *Kleptomanie* auszukurieren? Ah, das ist eine reizende Geschichte! Die müßte man eigentlich aufschreiben!... Und du, mein kleiner Schlingel, hast ordentlich was zu lachen gehabt und hast dich sicher köstlich amüsiert, nicht wahr?... Na, kein Wunder, ich hätte mich genau so amüsiert!... —

Und dann hat sie meinen Kopf genommen und mich mit Küssen bedeckt!

Was für eine tolle Frau ist doch die *Signora* Olga! Man merkt sofort, daß sie nicht wie die anderen Frauen ist mit ihren ewigen Übertreibungen, sondern daß sie vielmehr eine Frau ist mit Herz und Verstand.

Mama und Ada waren ganz verwirrt, weil sie wer weiß was für einen Auftritt erwartet hatten. Auf dem Nachhauseweg konnte ich mir dann nicht die Bemerkung verkneifen:

— Nehmt euch an der *Signora* Olga ein Beispiel, wie man mit Kindern umgeht!... —

Und dabei strich ich mir wehmütig über meine wunde Kehrseite.

17. Dezember

Heute in der Schule habe ich mich mit Cecchino Bellucci wegen Virginia angelegt.

— Ist es wahr — sagte der Bellucci zu mir — daß deine Schwester diesen Revoluzzer Maralli geheiratet hat? —

— Ja, das stimmt — antwortete ich — aber es ist nicht wahr, daß der Maralli ein Revoluzzer ist. Im Gegenteil, er ist ein Mann mit Köpfchen, und es wird nicht mehr lange dauern, da ist er Abgeordneter. —

— Abgeordneter? Uiiihh! —

Und Bellucci hielt sich die Hand vor den Mund, um nicht laut los zu lachen.

Ich fing natürlich an, ärgerlich zu werden.

— Ich weiß nicht, was es da zu lachen gibt! — sagte ich und schüttelte ihn am Arm.

— Aber weißt du denn nicht, — sagte er — daß man ganz schön viel Knete braucht, wenn man Abge-

Das ist Cecchino Bellucci

ordneter werden will? Soll ich dir sagen, wer Abgeordneter werden wird? Mein Onkel Gaspero: Aber der ist Komtur,[28] und der Maralli nicht; er ist Bürgermeister gewesen, und der Maralli nicht; er ist mit allen hohen Tieren der Stadt befreundet, aber der Maralli nicht; er hat ein Automobil, aber der Maralli nicht...

— Was hat denn das Automobil damit zu tun? — fragte ich ihn.

— Und ob das was damit zu tun hat! Mit dem Automobil kann nämlich mein Onkel Gaspero zu allen Dörfern auf dem Land und sogar hoch auf die Berge fahren, um Reden zu halten, während der Maralli, wenn er dahin will, zu Fuß gehen muß... —

— Daß ich nicht lache: zu den Dörfern auf dem Land! Mein Schwager, wenn es dich interessieren sollte, ist der Führer von allen Arbeitern und Bauern, und selbst wenn er mit dem Automobil aufs Land kommt, kann sich dein Onkel auf eine tüchtige Abreibung gefaßt machen! —

— Uiihh! Das möchte ich sehen! —

— Hör endlich auf mit deinem Uihhh! —

— Uihhh! —

— Du sollst das lassen! —

— Uiihh! Uiihh! —

— Na warte, nach der Schule wird dir dein 'Uiihh' schon vergehen! —

Er sagte keinen Ton mehr, denn er weiß nur zu gut, daß Giannino Stoppani sich von niemandem etwas gefallen läßt.

Tatsächlich habe ich ihn nach der Schule im Hof erwischt und zu ihm gesagt:

— So, jetzt werden wir miteinander abrechnen! —

Aber er ist auf einmal ganz schnell gegangen, und kaum war er aus dem Schultor draußen, da ist er auch schon in das Auto seines Onkels eingestiegen, das ihn erwartete, und dann hat er unter den staunenden Blicken der Klassenkameraden angefangen, die Hupe zu drücken, während der Chauffeur das Steuerrad drehte und mit Karacho davon brauste...

Macht nichts! Kriegt er sie eben morgen von mir!

23. Dezember

Seit fast einer Woche schreibe ich nicht mehr in meinem lieben Tagebuch.

Kein Wunder! Wie hätte das auch mit einem gebrochenen Schlüsselbein und dem rechten Arm in Gips gehen sollen?

Aber heute hat mir der Doktor endlich den Gips abgenommen, und so kann ich mit Mühe und Not wieder schreiben und hier in meinem Tagebuch, in dem ich alles aufschreibe, was ich denke und erlebe, von dem schrecklichen Abenteuer erzählen, das ich am 18. Dezember hatte, ein Tag, den ich nicht so schnell wieder vergessen werde, weil es mir wie ein Wunder vorkommt, daß er nicht der letzte Tag meines Lebens war.

Am Morgen des 18. Dezember also habe ich Cecchino Bellucci, nachdem er sich in der Schule neben mich gesetzt hatte, gesagt, wie feige ich es fand, daß er aus Angst vor der Abreibung, die ich ihm versprochen hatte, mit dem Auto abgehauen war.

Er erklärte mir dann, daß seine Eltern zur Zeit in Neapel bei seinem kranken Opa (dem Papa seiner Mama) sind, daß er jetzt bei seinem Onkel Gaspero wohnt, der ihn jeden Tag mit Auto und Chauffeur von der Schule abholen läßt, und daß wir uns daher im Moment nicht unter vier Augen sehen könnten.

---

[28] Italienischer Ehrentitel für besondere Verdienste im kulturellen, politischen und sozialen Bereich.

Diese Erklärung stimmte mich versöhnlich, und wir fingen dann an, uns über Autos zu unterhalten, ein Thema, das mich unheimlich interessiert. Bellucci erklärte mir genau, wie so ein Auto funktioniert, wobei er behauptete, daß er sogar schon allein damit fahren könne und das auch schon mehr als einmal gemacht habe. Es sei nämlich wirklich kinderleicht, man brauche nur die Kurbel zu drehen und auf die Kurven aufzupassen.

Ich nahm ihm das aber nicht ab, denn ich konnte kaum glauben, daß man so einem Bürschen wie Cecchino Bellucci ein Auto überläßt. Aber als ich ihm das sagte, fühlte er sich in seinem Ehrgefühl verletzt, und deshalb schlug er mir eine Wette vor.

— Hör zu — sagte er zu mir, — der Chauffeur muß heute vor der Italienischen Bank halten, um etwas für meinen Onkel Gaspero zu erledigen, und dann bleibe ich allein im Auto zurück. Du versuchst irgendwie vor Unterrichtsschluß aus der Schule herauszukommen, und dann gehst du zum Eingang der Bank, und während der Chauffeur in der Bank ist, steigst du ins Auto, und wir machen eine kleine Fahrt rund um die *Piazza*, und dann kannst du ja sehen, ob ich Auto fahren kann oder nicht! Einverstanden?

— Einverstanden! —

Gewettet haben wir um zehn funkelnagelneue Schreibfedern und einen roten und einen dunkelblauen Buntstift.

Gesagt, getan: Eine halbe Stunde vor Schulschluß fing ich an, auf meiner Bank herumzuzappeln, bis der *Mucks* zu mir sagte:

— Keine Bewegung! Was hat denn der Stoppani, daß er sich wie eine Schlange auf seiner Bank windet? Keinen Mucks! —

— Ich habe Bauchschmerzen! — antwortete ich. — Ich kann es kaum noch aushalten… —

— Dann gehen Sie nach Hause… Der Unterricht ist sowieso bald zu Ende! —

Wie verabredet, bin ich dann zur Italienischen Bank gelaufen, wo ich vor dem Eingang wartete.

Ich mußte nicht lange warten, da kam auch schon das Auto von Bellucci. Der Chauffeur stieg aus, und als er in der Bank verschwunden war, gab mir Bellucci ein Zeichen, und ich stieg ein und setzte mich neben ihn.

— Jetzt wirst du gleich sehen, ob ich schon allein Auto fahren kann — sagte er. — Nimm mal inzwischen die Hupe und tute mal. —

Dann beugte er sich nach unten und sagte:

— Guck, um loszufahren, braucht man bloß hier zu kurbeln. —

Er drehte die Kurbel, das Auto machte zwei-, dreimal *putputput,* und ab ging die Post.

Am Anfang fand ich alles noch sehr lustig: Ich hupte, soviel ich konnte, und es war zum Totlachen, wie die ganzen Leute, als sie uns kommen sahen, vor lauter Schreck zur Seite sprangen.

Aber der Spaß verging mir bald, denn ich merkte schnell, daß Cecchino nicht den blassesten Schimmer vom Autofahren hatte, und auch nicht davon, wie man ein Auto bremst und es wieder zum Stehen bringt.

— Los! drück die Hupe! — sagte er, als ob es die Hupe ist, mit der man ein Auto steuert.

Wie eine Pistolenkugel schossen wir aus der Stadt hinaus, und dann ging's in einem so schwindelerregenden Tempo durch die Landschaft, daß einem der Atem stockte.

Auf einmal ließ Cecchino das Steuer los und sank kreidebleich in seinen Sitz.

Mein Gott, war das ein Augenblick!

Ich brauche nur daran zu denken, und die Haare stehen mir zu Berge.

Glücklicherweise war die Straße breit und ging schnurgeradeaus, und ich sah die Landschaft wie in einem Traum an mir vorbeifliegen. Dieses Bild habe ich noch so lebendig vor Augen, als hätte ich einen Schnappschuß davon gemacht; deshalb will ich es hier in einer Zeichnung wiedergeben.

Ich erinnere mich noch gut daran, daß ein Bauer, der auf dem Feld die Kühe hütete und uns wie einen Blitz vorbeischießen sah, uns mit einer so gewaltigen Stimme, daß sie sogar den Lärm des Motors übertönte, zurief:
— Um Gottes Willen, ihr brecht euch ja das Genick! —
Diese düstere Prophezeiung sollte sich nur allzu bald bewahrheiten, nur daß wir uns nicht das Genick brachen, sondern andere, nicht weniger nützliche Knochen. Ich erinnere mich noch dunkel, wie ich plötzlich vor meinen Augen ein großes weißes Etwas auftauchen sah, das auf das Auto zukam... aber dann weiß ich nichts mehr...
Später habe ich erfahren, daß wir in einer Kurve gegen ein Haus gefahren waren, und daß die Gewalt dieses Zusammenstoßes so groß war, daß Cecchino und ich

dreißig Meter weit durch die Luft flogen, aber daß wir Glück im Unglück hatten, weil wir auf einen Busch fielen, der uns wie ein weiches Federbett auffing und uns so das Leben rettete.

Eine halbe Stunde nach dem Unglück soll dann der Chauffeur mit einem anderen Auto gekommen sein, das er sich schnell gemietet hatte, nachdem er unsere Flucht bemerkt hatte, und er brachte uns dann alle beide ins Krankenhaus, wo Cecchino das linke Bein und mir der rechte Arm eingegipst wurden.

Da ich mich nicht mehr bewegen konnte, mußte ich dann mit dem Krankenwagen nach Hause gebracht werden.

Ich muß zugeben, daß das Ganze ein waghalsiges Unternehmen war, das meinen armen Eltern and Ada viel Kummer bereitet hat. Aber andererseits habe ich es sehr genossen, all den Leuten, die mich besuchen kamen, von unserer halsbrecherischen Fahrt zu erzählen, um dann jedesmal zu hören:

— Ihr wart ja genauso todesmutig wie die Rennfahrer beim Autorennen von Paris! —

Und außerdem bereitet es mir eine große Genugtuung, daß ich zehn Schreibfedern und einen roten und einen blauen Buntstift gewonnen habe, und wehe, dieser Angeber von Cecchino gibt sie mir nicht, wenn er wieder gesund ist, sonst kriegt er von mir den Denkzettel, den er sich mit seinen Uiihhs gegen meinen Schwager verdient hat.

24. Dezember

Der Doktor hat gesagt, daß der Arm sicher wieder ganz heil werden wird, aber eine zeitlang werde ich ihn erst mal nicht benutzen können.

Luisa, an die Papa wegen meines kaputten Arms geschrieben hatte, hat vorgeschlagen, mich zu ihr nach Rom zu schicken, denn der Doktor Collalto ist mit einem Spezialisten befreundet, bei dem ich eine elektrische Therapie machen und Massagen kriegen könnte; ich könnte also bei ihr die Weihnachtsferien verbringen, und wenn ich wieder nach Hause käme, wäre mein Arm wieder in Ordnung.

Ich brach in ein Freudengeheul aus und hätte, wenn das mit meinem Arm gegangen wäre, auch noch vor lauter Begeisterung in die Hände geklatscht.

— Aber wo soll man den Mut hernehmen — sagte Papa — dich zu anderen Menschen zu schicken! — Und Mama fügte hinzu — Ich hätte keine ruhige Minute, weil ich ständig in Angst wäre, daß irgendein Unglück passiert! —

Schließlich mußte Ada auch noch ihren Senf dazu geben:

— Doktor Collalto muß wirklich ein großes Herz haben, wenn er dich zu sich einlädt, nachdem du ihm mit deinen Raketen so ein feines Hochzeitsgeschenk gemacht hast! —

Ich war derartig niedergeschlagen darüber, daß der Vorschlag Luisas so einstimmig abgelehnt wurde, daß Mama Mitleid mit mir bekam und dann den glorreichen Satz sagte:

— Wenn er nach allem, was er Schlimmes angerichtet hat, wirklich ernsthaft verspricht, daß er sich anständig aufführt und nett zu Doktor Collalto ist…

— Ja, das verspreche ich! — rief ich mit dem Überschwang und der Begeisterung, die ich immer in meine Versprechen lege.

Und so wurde schließlich nach einigem Hin-und-Her beschlossen, daß Papa mich übermorgen, am Sankt-Stephans-Tag, nach Rom begleitet.

Ich bin glücklich und preise den Moment, in dem ich mir den Arm gebrochen habe.

Nach Rom zu fahren ist ein uralter Traum von mir, und ich kann es kaum glauben, daß ich den König, den Papst, die Schweizer Garde und all die antiken Bauwerke, die es dort gibt, sehen werde.

Was mich jedoch am allermeisten reizt, ist die Vorstellung, eine Elektrotherapie zu machen, und beim bloßen Gedanken daran fühle ich schon, wie mir die elektrischen Ströme durch den Körper laufen, und ich werde ganz kribbelig.

Hoch lebe unsere Hauptstadt Rom!

Gerade habe ich erfahren, daß es um Cecchino Bellucci nicht gut steht.

Es scheint wirklich eine ernste Sache zu sein, und es sieht wohl so aus, als ob sein Bein nie wieder so wird wie vorher.

Armer Cecchino! So kann es einem gehen, der sich damit brüstet, etwas zu können, von dem er in Wirklichkeit keine Ahnung hat.

Dennoch tut mir diese Sache sehr leid für Bellucci, denn er ist trotz all seiner Fehler ein prima Kerl.

25. Dezember

Von allen Monaten im Jahr habe ich den Dezember am liebsten, weil Weihnachten ist und Caterina dann immer zwei tolle Puddinge macht, einen mit Reis und den anderen mit Gries, weil Mama lieber den mit Gries ißt und den mit Reis nicht ausstehen kann, während Papa nach dem Reispudding ganz verrückt ist und den Griespudding haßt wie die Pest. Ich dagegen esse alle beide gern, und da auch der Doktor sagt, daß unter den süßen Sachen die Puddinge am gesündesten sind, esse ich davon, soviel ich Lust habe, ohne daß einer etwas dagegen sagen kann.

26. Dezember

In zwei Stunden fahre ich nach Rom.

Es gibt eine große Neuigkeit: Nicht Papa wird mich nach Rom begleiten, sondern er hat mich seinem besten Freund, dem *Signor* Clodoveo Tyrynnanzy, anvertraut, der eine Geschäftsreise nach Rom macht und der mich - wie sich Papa ausgedrückt hat - dort direkt in die Hände von Doktor Collalto übergeben wird.

Was ist dieser *Signor* Clodoveo für ein komischer Kauz!

Vor allem tut er immer so, als wäre er kein Italiener, weswegen er auch die ganzen I's seines Namens, der eigentlich Tirinnanzi ist, in ebensoviele Ypsilons verwandelt hat, denn er ist der Meinung, daß es für ihn, als Vertreter der führenden englischen Tintenfabriken, von Nutzen ist, wenn er sich den Kunden mit drei Ypsilons präsentiert...

Außerdem ist er dick und rund wie ein Schweinchen, und er hat ein pausbäckiges Gesicht, das von den zwei Büscheln eines feuerroten Backenbarts eingerahmt ist und in dessen Mitte ein Knollennäschen sitzt, das so rot ist, daß man es für eine dieser kleinen, aber sehr saftigen Cocktailtomaten halten könnte.

— Paß gut auf! — hat Papa zu ihm gesagt — du übernimmst eine schwere Verantwortung, denn Giannino ist ein Bengel, der zu allem fähig ist...

— Wird halb so schlimm sein! — hat der *Signor* Clodoveo geantwortet — Mein englisches Temperament - und dafür garantiere ich genauso wie für meine Tinte — kann so leicht nichts erschüttern... Und wenn er nicht brav ist, male ich ihm sein Gesicht an und schicke ihn in eine indische Kolonie!...

— *Marameo*! [29] — habe ich bei mir gedacht und bin hoch auf mein Zimmer gegangen, um mit Caterina meinen Koffer zu packen, denn mit meinem gebrochenen Arm kann ich das nicht allein.

Und dann habe ich alles, was ich in Rom gebrauchen könnte, in den Koffer getan: meine Farben, das Trommelballspiel, die Schießscheibenpistole, und jetzt kommst auch Du noch hinein, mein liebes Tagebuch, bist Du doch mein treuer Begleiter auf all meinen Wegen...

Auf Wiedersehen dann in Rom!

27. Dezember

Mein liebes Tagebuch, gerade eben bin ich in Rom angekommen, aber ich mußte Dich sofort aus meinem Koffer holen, um Dir von meinen vielen aufregenden Reiseabenteuern zu erzählen.

Gestern, als wir abgefahren waren, und der *Signor* Clodoveo dabei war, sein Gepäck zu verstauen, sagte er zu mir:

— Na, Gott sei Dank! Wir sind allein im Abteil... hoffentlich bleibt das so bis Rom. Siehst du hier, mein Junge, das ist mein Musterkoffer... Schau mal, wieviel Flaschen und Fläschchen und wieviel verschiedene Farben!... Damit könntest du bis zu deinem Lebensende schreiben!... Dies hier ist Tinte für die Füllfederhalter... Und diese Tinte hier ist für die Ministerien in Rom bestimmt, deren Hauptlieferant ich bin... Da verdiene ich immer viel Geld, weißt du?... Aber ich sage dir, da muß man schwer auf Zack sein, wenn man gut verkaufen will... Ich muß genau wissen, was in jedem Fläschchen drin ist und wieviel es kostet! —

Am Anfang hat es mir richtig Spaß gemacht, all diese Fläschchen zu betrachten; aber dann hatte der *Signor* Clodoveo einen höllischen Einfall, und er sagte zu mir:

— Und jetzt guck schön aus dem Fenster und paß auf die Stationen auf, an denen der Zug hält; ich werde dir dann immer die Bedeutung der jeweiligen Städte erklären, und du wirst sie durch mich tausendmal besser kennenlernen als in jedem Erdkundeunterricht, denn ich habe die Erfahrung eines Geschäftsmannes, und die ist mehr wert als alle Bücherweisheit! —

Und tatsächlich, jedesmal, wenn der Zug an einem Bahnhof hielt, bemühte sich der *Signor* Clodoveo redlich, mir seine Lektion zu erteilen. Aber da er mit all seinen Erklärungen noch langweiliger war als unser Lateinlehrer *Mucks*, wurde ich dabei ganz müde und schlief am Ende fest ein.

Als ich wieder die Augen aufmachte, sah ich den *Signor* Clodoveo mir gegenüber sitzen; er war eingeschlafen und schnarchte wie ein Kontrabaß.

---

[29] Er hat ihm innerlich eine lange Nase gedreht.

Dann guckte ich zum Fenster hinaus und betrachtete die Landschaft; aber nach einiger Zeit fing ich an, mich zu langweilen, und ich wußte nicht, was ich tun sollte... Ich öffnete meinen Koffer und sah die ganzen Spielsachen durch, die ich mitgenommen hatte. Aber die kannte ich ja schon alle, und so konnten sie mir meine Langeweile auch nicht vertreiben...

Also holte ich den Musterkoffer von dem *Signor* Clodoveo herunter und sah mir noch einmal all die Fläschchen mit ihren verschiedenfarbigen Schildchen an, was mir großen Spaß machte.

Plötzlich hielt der Zug an, und als ich aus dem Fenster schaute, sah ich auf dem gegenüberliegenden Gleis einen anderen Zug stehen, der gerade umrangiert wurde. Der Abstand zwischen beiden Zügen war so gering, daß ich beim Hinauslehnen aus dem Fenster sicherlich die Gesichter der Reisenden hätte berühren können, die drüben am Fenster standen...

In diesem Moment kam mir eine schreckliche Idee. "Wenn ich doch nur etwas zum Spritzen hätte!" dachte ich bei mir.

Während ich hin und her überlegte, blieb mein Blick an dem Gummiball hängen, der in meinem noch offen stehenden Koffer lag, und ich dachte bei mir: "Der kommt mir wie gerufen!"

Ich holte aus meiner Hose das Taschenmesser und machte ein Loch in den Ball; dann nahm ich drei Fläschchen mit Tinte aus dem Musterkoffer von dem *Signor* Clodoveo und ging damit zum Klo. Ich machte die Fläschchen auf und schüttete den Inhalt ins Waschbecken, um ihn mit Wasser zu verdünnen. Dann drückte ich den Ball zusammen, um die Luft herauszulassen und tauchte ihn anschließend in das Waschbecken, um ihn mit meiner Mixtur zu füllen...

Als ich ins Abteil zurückkehrte, setzte sich der andere Zug gerade in Bewegung, und alle Reisenden standen am Fenster...

Dann habe ich nichts anderes gemacht als meinen Arm ein Stückchen aus dem Fenster gestreckt und langsam auf den Ball gedrückt, den ich mit der Öffnung nach vorne zwischen meinen Händen hielt...

Ah, war das eine Aufregung und ein Theater!... Und für mich ein Spaß!...

Selbst wenn ich tausend Jahre leben sollte, werde ich niemals mehr so lachen, wie ich in diesem Augenblick gelacht habe, als all die Leute an mir vorbeizogen, die im ersten Moment ganz verdutzte Gesichter machten, aber gleich darauf sehr zornig wurden und mir ihre geballten Fäuste entgegenstreckten, während sich der Zug langsam entfernte.

Ich erinnere mich noch gut, wie einer, den ich mitten ins Auge getroffen hatte, fast verrückt wurde und wie ein Tiger brüllte...

Ich würde ihn sofort wiedererkennen, wenn ich ihm noch einmal begegnen würde, aber ich glaube, es ist besser, wenn es nicht dazu kommt.

Der *Signor* Clodoveo schlief immer noch wie ein Murmeltier, und so hatte ich Zeit, seinen Musterkoffer wieder an seinem Platz zu verstauen, so daß er nichts merken konnte.

Alles wäre gut ausgegangen und der *Signor* Clodoveo hätte keinen Grund gehabt, sich über mich zu beklagen, wenn ich nicht etwas später einen neuen Einfall gehabt hätte, der schlimmer war als der erste, weil er wirklich ernste Folgen hatte.

Mir wurde es allmählich wieder langweilig, die ganze Zeit den schlafenden *Signor* Tyrynnanzy vor mir zu sehen und sein Geschnarche zu hören, als mir unglücklicherweise der Griff der Notbremse ins Auge fiel, der aus einem kleinen Kasten an der Decke des Abteils heraushing.

Man muß wissen, daß schon mehr als einmal mein Auge an diesem Ding da oben hängen geblieben war, und daß es mich immer schon gereizt hatte zu sehen, was passiert, wenn man die Notbremse zieht.

Diesmal konnte ich der Versuchung nicht widerstehen: Ich stieg auf den Sitz, packte den Griff der Notbremse und zog ihn mit aller Kraft nach unten. Der Zug hielt fast auf der Stelle an.

Dann kletterte ich, so gut das mit meinem gebrochenen Arm ging, in das Gepäcknetz, rollte mich zusammen und wartete, was nun passieren würde.

Gleich darauf öffneten sich die Türen unseres Abteils, und fünf oder sechs Bahnbeamte kamen herein. Sie blieben vor dem *Signor* Clodoveo stehen, der immer noch schlief, und einer von ihnen, der ihn wach zu rütteln versuchte, sagte:

— Mein Gott, vielleicht hat ihn der Schlag getroffen! —

Da schreckte der *Signor* Tyrynnanzy aus dem Schlaf hoch und fuhr die Beamten an:

— Schert Euch zum Teufel...! —

Daraufhin erklärte einer der Beamten:

— Wir sind gekommen, weil Sie die Notbremse gezogen haben! —

— Ich? Bestimmt nicht! —

— Sie wurde aber in diesem Abteil gezogen! —

— Ah! Das war Giannino!... Um Himmels willen, wo ist denn der Junge?... fragte der *Signor* Clodoveo plötzlich wie von Sinnen. — Mein Gott, vielleicht ist ihm etwas passiert! Er ist mir von einem Freund anvertraut worden, und ich soll ihn nach Rom bringen!... —

Dann suchten sie mich auf dem Klo, guckten unter die Sitze, und schließlich entdeckte einer der Beamten mich zusammengerollt zwischen zwei Koffern im Gepäcknetz.

— Da oben ist er ja! — rief er.

— Unglückseliger! — schrie der *Signor* Clodoveo. — bestimmt warst du es, der die Notbremse gezogen hat!... Schau mal, was du damit angerichtet hast!... —

— Aua, aua... — antwortete ich mit weinerlicher Stimme, weil mir klar wurde, daß ich eine Dummheit begangen hatte — mir tat der Arm so weh... —

— Was du nicht sagst!! Und deswegen bist du da hoch gestiegen? —

Inzwischen hatten mich zwei Beamte ergriffen und nach unten geholt, während die anderen weggingen, um zu veranlassen, daß der Zug weiterfährt.

— Sie wissen, daß bei falschem Alarm eine Strafe zu zahlen ist! — sagten die beiden Beamten, die dageblieben waren.

— Ja, das weiß ich: aber das ist Sache des Vaters von diesem jungen Mann hier! — antwortete der *Signor* Clodoveo und guckte mich an, als wollte er mich auffressen.

— Aber einstweilen müssen Sie die Strafe vorlegen...

— Aber ich habe doch geschlafen! —

— Eben! Der Junge ist Ihnen aber doch anvertraut worden, damit sie auf ihn achtgeben!... —

— Genau! — sagte ich hoch erfreut, und zu dem Beamten gewandt, der so viel gesunden Menschenverstand zeigte. — Schuld an allem ist nur der *Signor* Clodoveo... Er hat während der ganzen Reise geschlafen!... —

Der *Signor* Tyrynnanzy wäre mir am liebsten an die Gurgel gesprungen, aber er sagte kein Wort.

Dann wurde ein Strafprotokoll angefertigt, und der *Signor* Clodoveo mußte die Strafe zahlen.

Kaum waren wir wieder allein, warf er mir einen ganz Sack von Unverschämtheiten an den Kopf. Aber das Schlimmste kam noch: Nachdem er auf dem Klo gewesen war, warf er einen Blick in seinen Musterkoffer, und da bemerkte er, daß ihm einige seiner Fläschchen fehlten.

— Was hast du mit meiner Tinte gemacht, du Gauner! — schrie er mich an.

— Ich habe einen Brief an meine Eltern geschrieben! — antwortete ich kleinlaut.

— Was du nicht sagst: einen Brief an deine Eltern!... Hier fehlen ganze drei Fläschchen!... —

— Ich habe drei Briefe geschrieben... aber ich kann mich jetzt nicht mehr so genau erinnern!... —

— Du bist wirklich schlimmer als Tiburzius!...[30] Wie hält deine arme Familie nur so eine Kanaille wie dich aus?!... —

Und solche reizenden Komplimente mußte ich mir dann anhören, bis wir in Rom waren.

Wirklich eine feine Art, einem Jungen Gesellschaft zu leisten, den man von einem Freund anvertraut bekommen hat!

---

[30] Berüchtigter römischer Henker am Anfang des Jahrhunderts, auch *Mastro Titta* genannt.

Ich war aber klug und habe ihm nicht einmal widersprochen. Aber als er mich dem Doktor Collalto übergab und dann zu ihm sagte:

— Da haben Sie den Jungen! Wie Sie sehen, ist ihm kein Haar gekrümmt worden... Aber ich muß Ihnen ehrlich sagen: Lieber würde ich zehn Jahre meines Lebens hergeben, als in Ihren Schuhen zu stecken und gezwungen zu sein, mit diesem Kind für einige Tage unter einem Dach zu leben!... Möge Gott Sie beschützen, bedauernswerter Mann!... Er macht seinem Spitznamen *Gian Burrasca* wirklich alle Ehre! —

Da konnte ich nicht mehr an mich halten, und antwortete ihm:

— Bei den Quadratlatschen, die Sie haben, wäre es ja ein Wunder, wenn Sie die in die Schuhe von anderen Leuten stecken könnten! Und was den Namen *Gian Burrasca* betrifft, ist es immer noch besser, so zu heißen, als einen Namen mit drei Ypsilons zu haben wie Sie, was einfach lächerlich ist! —

Doktor Collalto gab mir ein Zeichen, den Mund zu halten, und während meine Schwester mich in ein anderes Zimmer brachte, hörte ich, wie er seufzte und sagte:

— Das fängt ja gut an! —

28. Dezember

Mit meinem Arm ist es wieder schlimmer geworden, weil ich ihn gestern beim Hinaufklettern in das Gepäcknetz überanstrengt habe. Collalto ist heute morgen mit mir zu seinem Freund, dem Professor Perussi, gegangen, damit er mit mir diese Elektrotherapie macht. Nachdem er mich untersucht hatte, sagte er zu mir:

— Wir werden etwa zehn Tage brauchen, vielleicht auch länger...

— Je länger, desto besser! — sagte ich.

— Nanu! — rief der Professor überrascht aus — Macht es dir etwa Vergnügen, krank zu sein? —

— Das nicht, aber ich finde es toll, hier in Rom zu sein, und außerdem muß diese Elektrotherapie mit all den Apparaten hier großen Spaß machen… —

Professor Perussi fing dann gleich mit seiner elektrischen Massage an, indem er mich an einen sehr komplizierten Apparat anschloß, der in meinem Arm ein so starkes Kribbeln hervorrief, daß ich mich vor Lachen fast nicht mehr halten konnte.

— Das ist ja die reinste Kitzelmaschine — sagte ich. — Das wäre jetzt genau das Richtige für den *Signor* Tyrynnanzy, der nach der Geschichte mit der Notbremse so ernst geworden ist! —

— Schäm dich! — sagte Doktor Collalto; aber er schmunzelte dabei.

Meine Schwester hat mir sehr ins Gewissen geredet, daß ich während der Tage, die ich bei ihr bin, schön brav und vor allen Dingen nicht laut bin, erstens weil die *Sora* Mathilde, ihre Schwägerin, also die Schwester von Doktor Collalto, eine alte Jungfer ist, die ihre festen Prinzipien hat und sehr penibel ist; und zweitens, weil der Doktor Collalto ein Hals-Nasen-Ohrenarzt ist, wie auf dem Schild an der Haustür geschrieben steht, und jeden Tag hier Sprechstunde hat, so daß man wegen der Patienten, die zu ihm kommen, keinen Lärm machen darf.

— Und übrigens — hat sie gesagt — wirst du sehr viel unterwegs sein, um Rom kennenzulernen, und dabei wird dich der *Cavaliere* [31] Metello begleiten, der hier jeden Stein kennt! —

29. Dezember

Gestern bin ich mit dem *Cavaliere* Metello spazieren gewesen. Er ist mit Doktor Collalto befreundet, ist sehr gebildet und kennt die Geschichte jedes Bauwerks von A bis Z. Er hat mir das Colosseum gezeigt, das in der Antike ein Amphiteater war, in dem die Sklaven mit den wilden Tieren kämpfen mußten und wo die vornehmen Damen ihren Spaß hatten, wenn sie zusahen, wie die Christen von den wilden Tieren bei lebendigem Leib gefressen wurden.

Wie schön ist Rom für jemanden, der sich für Geschichte interessiert! Und wieviele Arten von Plätzchen und Törtchen gibt es im Café Aragno,[32] in dem ich gestern nachmittag mit meiner Schwester war!

Heute morgen mache ich mit ihr einen Ausflug zur Ponte Molle.[33]

---

[31] Hier gilt dasselbe für 'Komtur' (s. Anmerkung 28), nur mit dem Unterschied, daß *Cavaliere* im Rang unter dem Komtur steht.
[32] Berühmtes altes Künstlercafé in Rom.
[33] Der französische Maler Corot hat in einem Bild, das im Kunstmuseum Bern hängt, diese Brücke gemalt.

Ich komme gerade zurück von der Ponte Molle, zu der Luisa und ich mit der Trambahn gefahren sind. Ich habe sie gefragt, warum die Brücke *Ponte Molle* heißt, aber sie konnte es mir nicht sagen, und da haben wir einen Mann gefragt, den wir dort getroffen haben, und der hat uns gesagt:

— Die Brücke heißt *Ponte Molle*, weil sie über den Tiber führt, der nie ohne Wasser ist, so daß auch die Brücke immer naß ist, während viele andere Flüsse, sobald der Sommer kommt, völlig austrocknen. —

Als ich dem *Cavaliere* Metello, der vor ein paar Minuten gekommen ist, um den Spaziergang für morgen zu verabreden, von dieser Erklärung erzählte, hätte er sich beinahe kaputt gelacht. Nachdem er wieder ernst geworden war, sagte er:

— In der Antike hieß diese Brücke *Molvius* oder auch *Mulvius* und manchmal sogar *Milvius*, aber ihr heutiger Name ist möglicherweise eine Entstellung des antiken Namens *Molvius*, der sich wahrscheinlich von dem Hügel herleitet, der sich auf der anderen Seite der Brücke erhebt, obwohl viele steif und fest behaupten, der Name käme von *Milvius*, angeblich eine Ableitung von Emilius, das heißt von Emilio Scauro, den man für den Erbauer der Brücke hält, obwohl doch erwiesen ist, daß die Brücke schon ein Jahrhundert vor der Geburt von Emilio Scauro existiert hat, dafür spricht jedenfalls der Bericht von Titus Livius, wonach die Boten, die den Römern die Nachricht vom Sieg gegen Asdrubal brachten, genau über diese Brücke kamen… —

Der *Cavaliere* Metello ist wirklich sehr gebildet, und sicherlich gibt es wenige Menschen, die sich rühmen können, die römische Geschichte so gut zu kennen wie er; aber was mich angeht, überzeugt mich, ehrlich gesagt, die Erklärung des Mannes, den wir heute morgen gefragt haben, tausendmal mehr als alle *Milvius*, *Molvius* und *Mulvius* des *Cavaliere* Metello zusammen.

30. Dezember

Heute, als wir gerade beim Frühstücken waren, kam Pietro, der Hausdiener, und sagte zu Collalto:

— Doktor, draußen ist die Marchese Sterzi. Sie wünscht mit Ihnen wegen der Kur zu sprechen, von der Sie ihr vorgestern erzählt haben… —

Collalto, der einen Bärenhunger hatte, wurde ärgerlich und fing an zu schimpfen:

— Ausgerechnet jetzt, wo ich frühstücke!… Sag ihr, daß sie warten soll… Und inzwischen gehst du zur Apotheke und läßt dir schnell dieses Medikament zusammenmixen!… —

Und während der Diener wegging, sagte er noch:

— Diese aufgetakelte alte Eule, die wie eine Oboe näselt, hat sich in den Kopf gesetzt, daß ich sie heilen kann… Aber schließlich ist sie eine gute Patientin und muß besonders zuvorkommend behandelt werden… —

Nach diesen Worten bin ich natürlich ganz scharf darauf gewesen, diese *Signora* zu sehen, und so bin ich kurze Zeit später mit einer Entschuldigung vom Tisch aufgestanden und ins Wartezimmer gegangen, wo ich tatsächlich eine komische Dame vorfand, die einen vornehmen Pelzumhang trug und die, kaum daß sie mich gesehen hatte, zu mir sagte:

— Na, junger Mann, wie geht's? —

Da konnte ich nicht der Versuchung widerstehen, sie nachzuäffen, und ich sagte, ebenfalls durch die Nase sprechend:
— Mir geht es gut, und Ihnen? —
Als sie hörte, daß ich durch die Nase sprach, war sie einen Moment ganz irritiert, aber nachdem sie mich angeschaut und gesehen hatte, daß ich ganz ernst war, sagte sie zu mir:
— Ah, hast du etwa dieselbe Krankheit wie ich? —
Und ich antwortete, indem ich noch stärker durch die Nase sprach:
— *Sissignora!*...[34] —
Da sagte die Marchese:
— Machst du etwa auch diese Kur bei Doktor Collalto? —
Darauf ich wieder:
— *Sissignora!*... —
Dann hat sie mich umarmt und geküßt und gesagt:
— Der Doktor Collalto ist ein tüchtiger Mann, der etwas von seinem Fach versteht, und du wirst sehen, er wird uns alle beide wieder gesund machen... —
Darauf ich, immer noch durch die Nase sprechend:
— *Sissignora, Sissignora!*... —
In diesem Moment kam Collalto herein, und als er hörte, daß ich so näselte wie die Marchese, wurde er kreidebleich, und sicherlich hätte er mich ausgeschimpft, wenn ihm die *Signora* Zeit dazu gelassen hätte, denn sie sagte gleich:
— Wie schön, daß ich einen Leidensgenossen gefunden habe, nicht wahr Doktor? Er hat mir erzählt, daß er dieselbe Krankheit hat wie ich und zu Ihnen kommt, damit Sie ihn wieder gesund machen... —
Collalto warf mir einen Blick zu, als wollte er mir an die Gurgel springen, aber um die Situation nicht noch schlimmer zu machen, sagte er dann schnell:
— Ja ja, so ist es... wollen wir das Beste hoffen... nehmen Sie einstweilen, *Signora* Marchese, dieses Fläschchen hier und machen Sie morgens und abends Inhalationen, indem Sie einige Tropfen des Inhalts in eine Schüssel mit kochendem Wasser geben... —
Ich bin dann aus dem Wartezimmer gegangen und zu meiner Schwester gelaufen. Kurze Zeit später kam auch Collalto und sagte mit vor Zorn bebender Stimme zu mir:
— Paß gut auf, Giannino: Wenn du dich noch einmal unterstehst, ins Wartezimmer zu gehen und dich mit den Patienten zu unterhalten, dann erwürge ich dich, hast du verstanden? Ich erwürge dich, mein Ehrenwort! Also vergiß das nicht! —
Was sind doch die Menschen aufs Geld versessen, und besonders die Hals-Nasen-Ohrenärzte!
Aus Angst, einen Patienten zu verlieren, scheuen sie nicht einmal davor zurück, Angehörige der eigenen Familie, ja selbst arme unschuldige Kinder zu erwürgen.

31. Dezember

Was kann einem dieser *Signor* Metello doch auf den Wecker gehen!
Auch heute hat er mich wieder mitgenommen, um Rom zu besichtigen, was ich ja auch gerne mache, aber mit seinen ständigen Erklärungen kann er einem die Sache ganz schön vermiesen.

---

[34] Jawohl, meine Dame.

Als wir zum Beispiel vor dem Triumphbogen von Settimius Severus [35] standen, fing er an zu deklamieren:

— Dieser herrliche Triumphbogen, der vom römischen Senat 205 nach Christus zu Ehren von Settimius Severus und seinen Söhnen Caracalla und Geta errichtet wurde, hat auf seinen beiden Seiten eine Inschrift, die besagt, daß infolge der Siege über die Parzen,[36] über die Araber, über die Adiabeni... —

Du meine Güte, am Schluß seiner Rede lag mir der ganze Triumphbogen von Settimius Severus wie ein Wackerstein auf dem Magen, und mein Mund war zu einem Triumphbogen geworden, der größer war als alle Triumphbögen von Rom zusammen...

Die *Sora* Mathilde, also die Schwester von Collalto, ist häßlich wie die Nacht und außerdem eine ziemliche Nervensäge. Von früh bis spät jammert sie und spricht mit ihrer Katze und ihrem Kanarienvogel. Mit mir kommt sie aber prima aus, und auch heute hat sie mir wieder gesagt, daß ich im Grunde ein guter Junge bin.

Immer wieder fragt mich die *Sora* Mathilde, wie Luisa als junges Mädchen war und was sie machte und sagte, und so habe ich ihr die Geschichte von den Fotos erzählt, die ich in Luisas Zimmer gefunden hatte und von dem kleinen Scherz, den ich mir erlaubt hatte, indem ich sie an die entsprechenden Originale verteilte. Außerdem habe ich ihr auch davon erzählt, wie ich in der Schublade ihres Toilettentischchens die rote Creme fand, mit der ich mir dann meine Wangen anmalte, und daß Luisa darüber so wütend war, daß sie mir sogar eine Ohrfeige verpaßte, weil nämlich ihre Freundin, die Bice Rossi, gerade da war, die eine ziemliche Plaudertasche ist und die es bestimmt kaum erwarten konnte, allen Leuten zu erzählen, daß meine Schwester sich schminkt...

Ich kann unmöglich beschreiben, wie sich die *Sora* Mathilde amüsiert hat, als ich ihr all diese Dinge erzählte; jedenfalls hat sie mir zum Schluß fünf Turiner *Gianduiotti*[37] und zwei Zitronenbonbons geschenkt, was wirklich zeigt, daß sie mich gern hat, denn Luisa sagt, daß sie eine größere Naschkatze ist als zehn Kinder zusammen und daß sie ungern etwas von ihren Süßigkeiten hergibt.

Sie hält sie alle in ihrem Schrank verschlossen, und sie hat alle Arten, die man

---

[35] Römischer Kaiser afrikanischer Herkunft (145-211 n.Chr.).
[36] Antikes persisches Volk.
[37] Ungefüllte Pralinen.

sich nur denken kann; aber wenn es mir irgendwann in diesen Tagen gelingen sollte, an ihre Vorräte heranzukommen, kann die *Sora* sich ihre Vorräte in den Mond schreiben!...

Jetzt sage ich Dir Lebewohl, liebes Tagebuch, denn morgen ist Neujahr, und ich muß einen Brief an meine Eltern schreiben, um sie um Verzeihung zu bitten für alles, was ich in diesem Jahr angestellt habe und um ihnen zu versprechen, daß ich im neuen Jahr schön brav, fleißig und folgsam sein werde.

2. Januar

Wir sind im neuen Jahr!

War das gestern ein Festessen! Und Kuchen, Torten, Plätzchen und Liköre gab es da in allen nur denkbaren Farben und Geschmacksrichtungen!

Was für eine tolle Sache ist doch Neujahr und wie schade, daß es so selten ist! Wenn es nach mir ginge, würde ich ein Gesetz machen, daß Neujahr mindestens ein paarmal im Monat ist, und das wäre auch sicher im Sinn der *Sora* Mathilde, die gestern soviel Plätzchen gegessen hat, daß sie heute morgen Janoswasser[38] nehmen mußte.

3. Januar

Gestern habe ich mir ein dickes Ding geleistet, aber ich bin dazu gezwungen worden; und wenn ich vor Gericht käme, bin ich mir sicher, daß mir die Richter mildernde Umstände geben würden, weil mich der *Signor* Marquis schon seit einiger Zeit immer wieder ohne jeden Grund provoziert.

Der *Signor* Marquis ist ein alter Ganymed,[39] der immer furchtbar gepudert und geschminkt ist, und er kommt auch zu Professor Perussi, um eine Elektrotherapie zu machen, aber eine ganz andere als ich, denn er macht Bäder mit elektrischem Licht, während ich Massagen bekomme... oder besser gesagt bekam, denn nach dem Streich, den ich mir mit dem Marquis erlaubt habe, bekomme ich nun keine mehr.

Es scheint, daß der Professor Perussi dem Marquis von dem Autounfall erzählt hat, bei dem ich mir den Arm gebrochen habe, denn jedesmal, wenn wir uns im Wartezimmer begegnen, sagt er zu mir:

— Na, junger Mann, wann machen wir denn eine Fahrt mit dem Automobil? —

Und das sagt er mit einem so schadenfrohen Grinsen, daß ich nicht weiß, wie ich es bisher fertig gebracht habe, ihm nicht eine freche Antwort zu geben.

Ich möchte wirklich wissen, wer diesem gerupften Raben, von dem ich nicht einmal den Namen weiß, das Recht gibt, sich über mein Unglück lustig zu machen. Da wird es mir wohl kein Mensch verdenken, wenn man irgendwann eine ordentliche Wut auf ihn kriegt und mit dem Gedanken

---

[38] Abführmittel vom Anfang des Jahrhunderts.
[39] Heutige Bedeutung: Schönling. Nach der Mythologie ist Ganymed, ein griechischer Knabe, der wegen seiner Schönheit von Jupiter entführt und im Olymp Schankdiener der Götter wurde.

liebäugelt, ihm mit einem schönen Streich eine Lektion zu erteilen...

Allerdings ist der Streich, den ich ihm gestern gespielt habe, schlimmer ausgegangen, als ich beabsichtigt hatte.

Zunächst muß man wissen, daß das Lichtbad, das der *Signor* Marquis macht, in einem ziemlich großen Kasten genommen wird, in den sich der Kranke reinsetzen muß, und in den er ganz und gar eingeschlossen wird, bis auf den Kopf, der aus einer runden Öffnung auf der oberen Seite des Kastens herausguckt. In dem Kasten befinden sich unzählige rote elektrische Lämpchen, in deren Licht der Kranke angeblich badet, obwohl von einem Bad überhaupt nicht die Rede sein kann, weil man dabei so trocken herauskommt wie man hereingegangen ist, wenn nicht noch trockener.

Ich habe also ein paarmal gesehen, wie der *Signor* Marquis in diesen Kasten stieg, der in einem Zimmer steht, das von dem, in dem ich meine Massagen gekriegt habe, weit entfernt ist. Er blieb eine Stunde darin, und wenn die vorbei war, kam ein Gehilfe, öffnete den Kasten und half ihm heraus.

Genau in diesem Zimmer habe ich gestern meine grausame, aber gerechte Rache genommen.

Ich hatte eine Zwiebel mitgebracht, die ich in der Küche meiner Schwester gefunden hatte, und als ich mit meiner Massage fertig war, schlich ich mich, statt nach Hause zu gehen, in das Zimmer mit der elektrischen Badewanne, in das der *Signor* Marquis kurz vorher reingegangen sein mußte.

Tatsächlich war er schon da, und es sah so komisch aus, wie sein geschminktes Gesicht aus dem Kasten herausguckte, daß ich laut lachen mußte.

Er sah mich erstaunt an und sagte dann mit dem üblichen spöttischen Grinsen:

— Was macht Ihr denn hier? Warum macht Ihr nicht einen Ausflug mit dem Automobil, wo doch heute ein so schöner Tag ist? —

Da packte mich einfach die Wut. Ich zog meine Zwiebel aus der Tasche und rieb sie ihm kräftig unter die Nase und um den Mund. War das vielleicht ein Schauspiel, wie er dann mit Armen und Beinen in seinem Kasten zu strampeln anfing, weil er nicht die geringste Möglichkeit hatte, sich zu wehren, und wie er die komischsten Grimassen schnitt, weil er schreien wollte, aber nicht konnte, da ihm der starke Geruch der Zwiebel fast den Atem raubte!...

— Und jetzt — sagte ich dann zu ihm — gehe ich, wenn Sie erlauben, und mache einen kleinen Ausflug mit dem Automobil! —

Und dann schloß ich die Tür hinter mir und ging weg.

Heute morgen habe ich gehört, daß der Marquis nach einer Stunde von den Gehilfen aus dem Kasten geholt wurde und daß sie, als sie ihn mit hochrotem Gesicht und tränenüberströmt vorfanden, schnell den Professor Perussi herbeiholten, der sofort ausrief:

— Das ist ein nervöser Anfall... Schnell, gebt ihm eine kalte Dusche!... —

Daraufhin wurde der *Signor* Marquis anständig begossen, trotz seines Protests und seiner Schreie, die den Professor nur noch mehr in seiner Meinung bestärkten, daß es sich um einen schrecklichen nervösen Anfall handeln mußte.

Man kann sich denken, daß der Professor Perussi, sobald er von dem Marquis gehört hatte, was wirklich passiert war, nichts Eiligeres zu tun hatte, als seinem Freund und meinem Schwager Collalto von dem Vorfall zu berichten und ihn zu bitten, mich nicht weiter zur Elektrotherapie zu schicken, und man kann sich weiterhin denken, daß mir Collalto eine Standpauke hielt, die sich gewaschen hatte und die in den Worten gipfelte:

— Wirklich ausgezeichnet!... Gian Burrasca hätte das neue Jahr nicht besser

beginnen können... aber wenn du in dieser Weise fortfahren willst, mein Lieber, dann tust du das besser bei dir zu Hause, denn ich für meinen Teil habe genug davon! —

4. Januar

Heute morgen hat Collalto an meinen Papa einen, wie er sich ausgedrückt hat, gesalzenen und gepfefferten Brief geschrieben, in dem er ihm von all meinen Schurkenstreichen (auch das sind seine Worte) berichtet und ihn gebeten hat, mich sofort zu holen. Aber er hat dann den Brief doch nicht eingeworfen; ja, er hat sogar aufgehört, mit mir zu schmollen und mit einem Schmunzeln zu mir gesagt:

— Lassen wir es gut sein für diesmal! Das würde deinen Eltern doch nur wieder Kummer bereiten... Aber eins sage ich dir: Der Brief bleibt in meiner Schreibtischschublade liegen, und wenn du mir noch einmal dumm kommst, werde ich ihn auf den neuesten Stand bringen und an deinen Vater abschicken... Also nimm dich in acht! —

Das Merkwürdige ist, daß dieser Stimmungsumschwung die Folge eines weiteren - um mit Collalto zu sprechen - Schurkenstreichs von mir gewesen ist, der aber anscheinend meinem Schwager ziemlichen Spaß gemacht hat.

Und das ist so gekommen:

Heute ist zur gewohnten Stunde, nämlich als wir beim Frühstück waren, die Marchese Sterzi erschienen, um sich wegen ihres Näselns behandeln zu lassen. Und da habe ich mir gedacht, ich könnte mir, weil Collalto den Brief an Papa geschrieben und, wie ich glaubte, auch schon abgeschickt hatte, noch einen weiteren Spaß erlauben, ohne meine Situation zu verschlimmern. Ich habe also auf den geeigneten Moment gewartet und bin dann schnell ins Wartezimmer gelaufen.

Die Marchese saß auf einem Sessel mit dem Rücken zur Tür.

Wie auf Samtpfoten näherte ich mich dem Sessel, und als ich direkt hinter ihr

war, bückte ich mich, damit sie mich nicht sehen konnte, und machte laut:
— *Miau, miau!*... —
Mit einem Satz sprang die Marchese von ihrem Sessel auf, und als sie mich so zusammengekauert auf dem Teppich sah, rief sie:
— Nanu, wer ist denn das? —
— Der Kater Mammone! — antwortete ich und machte, indem ich mich auf Arme und Beine stützte, einen Buckel und fauchte wie eine Katze.
Ich hatte damit gerechnet, daß die Marchese Sterzi sich über meinen Scherz ärgern würde, aber stattdessen guckte sie mich ein bißchen verwundert an, und dann bückte sie sich zu mir, zog mich zu sich hoch, umarmte und streichelte mich und sagte mit vor Aufregung bebender Stimme:
— Oh, mein Lieber! Du kannst dir gar nicht vorstellen, welch große und unerwartete Freude du mir bereitet hast! Mein Gott, was für eine Überraschung! Sprich, sprich noch einmal, mein Junge... Wiederhole noch einmal das magische Wort, das meiner Seele den Frieden wiedergibt und in meinen Ohren wie das süßeste Versprechen und die köstlichste Verheißung klingt, die ich mir nur wünschen kann... —
Ohne mich lange bitten zu lassen, sagte ich noch einmal:
— *Marameo!* —
Daraufhin verdoppelte die Marchese ihre Liebkosungen und Umarmungen, während ich, um ihr eine Freude zu machen, ständig wiederholte: *Marameo, marameo...*

Sprechzimmer

Schließlich ging mir ein Licht auf, warum sie so aus dem Häuschen war: Die Marchese hielt mich, nachdem sie gehört hatte, daß ich nicht mehr durch die Nase sprach wie das erste Mal, als sie mich sah, für geheilt. Und so bestürmte sie mich jetzt mit tausend Fragen:
— Aber sag mir, wie lange hat die Therapie gedauert? Und wann hast du bemerkt, daß es Dir besser geht? Und wieviel Inhalationen hast du am Tag gemacht? Und wievielmal hast du gurgeln müssen? —

Anfangs antwortete ich so, wie es mir gerade in den Sinn kam, aber dann fing diese Fragerei an, mir auf die Nerven zu gehen, und ich wollte mich verdrücken. Und nur um ihr noch ein letztes Mal die Freude zu machen, habe ich dann beim Hinausgehen noch einmal *Marameo!* gesagt.

Aber ausgerechnet in diesem Moment kam Doktor Collalto herein. Er hatte gehört, was ich gerade gesagt hatte, und wollte mir einen Fußtritt verpassen, dem ich jedoch wie durch ein Wunder ausweichen konnte; vor Wut bebend knurrte er mich an:

— Habe ich dir nicht verboten, du Kanaille, ins Wartezimmer zu gehen? —

Dann trat er in sein Sprechzimmer, und ich konnte auf dem Weg in mein Zimmer, in das ich mich aus Furcht vor weiteren Fußtritten einschließen wollte, noch hören, wie er zu der Marchese Sterzi sagte:

— Verzeihen Sie bitte, *Signora* Marchese, wenn dieser ungezogene Bengel... —

Aber die Marchese fiel ihm sofort ins Wort und sagte:

— Sprechen Sie nicht so, lieber Doktor! Sie können sich ja gar nicht vorstellen, wie tröstlich es für mich ist, die wunderbaren Wirkungen Ihrer Therapie zu sehen... In nur wenigen Tagen haben Sie diesen Jungen gesund gemacht!... —

An dieser Stelle trat eine Pause ein, und dann habe ich gehört, wie Collalto sagte:

— Ja ja, schon... er ist wirklich ziemlich schnell gesund geworden... Aber wissen Sie, er ist ein Kind! Aber ich hoffe, daß ich mit der Zeit auch Ihnen helfen kann... —

Weiter wollte ich nichts mehr hören, und statt mich in meinem Zimmer einzuschließen, bin ich dann zu meiner Schwester gegangen, die in ihrem Arbeitszimmerchen war, und habe ihr die ganze Geschichte erzählt.

Was haben wir zusammen gelacht!

Und während wir uns halb kaputt gelacht haben, ist auf einmal Collalto gekommen und hat auch gelacht... und den Brief an Papa dann nicht abgeschickt.

— Giannino — sagte meine Schwester — hat versprochen, jetzt ein guter Junge zu sein, nicht wahr? —

— Ja, das stimmt — antwortete ich. — Und ich werde auch weiter keine Lügen mehr erzählen... nicht einmal der Marchese Sterzi! —

— Na, das will ich hoffen! — sagte mein Schwager. — Wir wollen gut aufpassen, daß du ihr nicht noch einmal begegnest, sonst könnte es passieren, daß die Sache am Ende noch böse ausgeht! —

5. Januar

Heute habe ich noch eine große Genugtuung gehabt... Es sieht beinahe so aus, als würde man im Hause meiner Schwester anfangen, Kinder ein bißchen gerechter zu behandeln.

Heute morgen gegen 10 Uhr ist der Professor Perussi, der Spezialist für Elektrotherapie, zu meinem Schwager gekommen, und als beide sich in sein Arbeitszimmer zurückzogen, kriegte ich Bammel, ob vielleicht mit dem geschminkten Marquis, dem ich sein Gesicht mit der Zwiebel eingerieben hatte, während er in dem Kasten mit dem elektrischen Licht eingeschlossen war, irgendetwas nicht in Ordnung wäre, und so habe ich mein Ohr an das Schlüsselloch gehalten, um zu lauschen...

Ehrlich wahr: Wenn mir jemand das, was ich da mit meinen eigenen Ohren gehört habe, erzählt hätte, ich hätte es um alles Gold der Welt nicht geglaubt!

Kaum war der Professor Perussi ins Arbeitszimmer von Dr. Collalto eingetreten, fing er laut an zu lachen und sagte zu ihm folgende Worte:

— Weißt du, was mir Schönes passiert ist? Du kennst doch diesen Marquis, der immer zu mir kommt, um elektrische Bäder zu nehmen. Stell dir vor, der hat mir gestern, einen Tag nach dem Streich, den ihm dieser Galgenstrick von deinem Schwager gespielt hat, gesagt, daß er sich noch nie in seinem Leben so gut und vital gefühlt hätte wie an jenem Tag, was seiner Ansicht nach mit der Zwiebelmassage zusammenhängt, die er während des elektrischen Bads bekommen hat... Und soll ich dir sagen, was ich nun mache? Ich wende jetzt bei dem Marquis eine ganz neue Kur an, die bisher von keiner einzigen wissenschaftlichen Zeitschrift auf der ganzen Welt erwähnt worden ist und die ich folgendermaßen getauft habe: "Elektrisches Bad nebst Gesichtsmassage mit *allium cepa*".[40] —

An diesem Punkt brachen beide in ein lautes Gelächter aus, und das war mein Glück, denn so konnten sie meins nicht hören.

Dann erzählte Collalto die Geschichte mit der Marchese Sterzi, und daraufhin lachten sie von neuem wie zwei Verrückte.

Wenn man bedenkt, daß die Großen uns Kinder oft wegen gewisser Sachen ausschimpfen, für die wir eigentlich Lob und Dank verdient hätten! Aber wie soll das gehen, wenn sie nie abwarten können, wie sich die Dinge am Ende entwickeln?!

6. Januar

Hoch lebe die *Befana!* [41]

Heute morgen kam Luisa in mein Zimmer und hat mir einen dicken Strumpf voll mit Sachen zum Naschen und mit einer Kasperlepuppe obendrauf geschenkt; und von Collalto habe ich ein schönes Portemonnaie aus Krokodilleder bekommen. Von zu Hause haben sie mir geschrieben, daß, wenn ich heimkomme, noch ein paar schöne Überraschungen auf mich warten...

Heute ist wirklich ein toller Tag! Hoch lebe die *Befana!*

8. Januar

Ich bin hier in meinem Zimmer und warte auf meinen Papa, der gleich kommen muß, um mich abzuholen, denn Collalto hat nun gestern leider doch seinen Brief abgeschickt und ihn zu allem Unglück auch noch um meine allerneusten Schurkenstreiche ergänzt.

So nennt jedenfalls Collalto die Mißgeschicke, die einem armen Jungen passieren können, wenn er vom Schicksal verfolgt wird, denn es sieht fast so aus, als würde es sich einen Spaß daraus machen, ihn genau in dem Augenblick in den Abgrund zu werfen, in dem er sich bemüht, wieder in der Achtung seiner Eltern und Verwandten zu steigen.

Bekanntlich kommt ein Unglück selten allein; und so ist mir gestern aufgrund einer Kettenreaktion gleich eine ganze Reihe von Mißgeschicken auf einmal passiert. Aber da die Großen den Hang haben, immer alles zu über-

---

[40] 'Allium Cepa' wissenschaftlicher Name für Zwiebel.
[41] In Italien das weibliche Gegenstück zum Nikolaus.

treiben, haben sie meine Mißgeschicke nicht etwa, wie es logisch wäre, als ein einziges behandelt, sondern haben gleich wieder jedes einzelne furchtbar aufgebauscht.

Aber ich will schön der Reihe nach erzählen, wie alles gekommen ist.

Gestern morgen, als die *Sora* Mathilde nicht zu Hause war, ging ich in ihr kleines Arbeitskämmerchen, denn ich hatte gesehen, wie *Mascherino*, der große schwarzweiß gescheckte Kater und ihr besonderer Liebling, dort hineingegangen war.

Auf ihrem Arbeitstisch stand der Käfig mit dem Kanarienvogel, einem anderen Liebling der *Sora*, die angeblich eine große Tierliebhaberin ist, während sie Kinder nicht ausstehen kann, was ich ziemlich ungerecht finde und überhaupt nicht verstehen kann.

Aber noch weniger verstehen kann ich, was das für eine Art von Liebe sein soll, ein Tier, wie zum Beispiel ein armes kleines Vögelchen, im Käfig zu halten, statt es frei herumfliegen zu lassen, wie es seine Natur ist.

Armer Kanarienvogel! Es kam mir vor, als würde er mich angucken und mir mit seinem süßen Gezwitscher das sagen wollen, was auch der Vogel damals in meinem Lesebuch in der zweiten Klasse gesagt hatte:

— Bitte, mach mir auf und laß mich wenigstens für einen Augenblick die Freiheit kosten! Ich bin schon so lange hier eingesperrt! —

Tür und Fenster des Zimmers waren geschlossen, so daß keine Gefahr bestand, daß der Vogel wegfliegen konnte... Da öffnete ich ihm den Käfig, worauf er in die Türöffnung hüpfte und, ganz überrascht, das Türchen offen zu finden, sein Köpfchen nach allen Seiten drehte, bis er sich endlich entschloß, sein Gefängnis zu verlassen.

Ich hatte mich inzwischen auf einen Stuhl gesetzt, hatte *Mascherino* auf dem Schoß und beobachtete ganz aufmerksam jede Bewegung, die der Kanarienvogel machte.

Sei es vor Aufregung oder aus irgendeinem anderen Grund, das arme Tierchen machte erst einmal einen Klecks auf die schöne Seidenstickarbeit, die auf dem Tisch

lag; da sie jedoch noch nicht fertig war, dachte ich mir, daß es nicht so schlimm wäre, weil die *Sora* Mathilde leicht eine neue machen könnte.

Aber der Kater schien die Sache sehr ernst zu nehmen und wollte das arme Tierchen grausam bestrafen: Er sprang plötzlich von meinem Schoß auf den Stuhl, der zwischen mir und dem Tisch stand und dabei umfiel, und dann mit einem Satz auf den Tisch, packte das Vögelchen mit seinen Krallen und verschlang es mit einem Biß, noch bevor ich überhaupt daran denken konnte, eine solche Tragödie zu verhindern.

Da wollte ich nun meinerseits *Mascherino* wegen seiner Grausamkeit einen Denkzettel verpassen, damit er in Zukunft in einer ähnlichen Situation nicht noch einmal so eine Untat begeht.

Neben der Arbeitskammer der *Sora* Mathilde war ihr kleines Bad. Dort ging ich hinein, stieg auf einen Stuhl und öffnete den Hahn fürs kalte Wasser. Dann packte ich den Kater beim Schlafittchen und hielt ihn für eine ganze Weile mit dem Kopf unter die kalte Dusche, wobei er sich wand und krümmte, als hätte er Bauchkrämpfe.

Plötzlich machte er eine so heftige Bewegung, daß ich ihn nicht mehr halten konnte, und unter lautem Miauen, das sich beinahe wie Löwengebrüll anhörte, schoß er ins Arbeitszimmer und sprang wie toll herum, wobei er eine venezianische Glasvase, die auf einer Konsole [42] stand, kaputt machte.

Ich versuchte inzwischen, den Wasserhahn wieder zuzudrehen, was mir aber trotz größter Anstrengung nicht gelang. Die Wanne war bereits voll, und das Wasser fing schon an, überzulaufen... Schade! Mir tat es sehr leid um den Boden des Badezimmers, der so schön blitzblank war; aber glücklicherweise fand das Wasser, das schon ein richtiger Fluß war, einen Ausgang in das Arbeitszimmer, wohin ich mich geflüchtet hatte, um mir nicht meine Schuhe zu sehr naß zu machen.

Aber dort blieb ich nicht lange, weil ich auf dem Tisch *Mascherino* sah, der einen fürchterlichen Buckel machte und mich mit schrecklich funkelnden Augen ansah, als wollte er mich in jedem Moment fressen, so wie er es mit dem Kanarienvogel getan hatte. Ich bekam es mit der Angst zu tun und verließ, die Tür hinter mir zumachend, das Zimmer.

Als ich durch die Wäschekammer ging, sah ich vom Fenster aus ein blondes Mädchen, das auf der Terrasse der Wohnung unter uns spielte, und da das Fenster sehr niedrig war, kam mir der Gedanke, daß es vielleicht nett wäre, dem schönen Mädchen einen Besuch zu machen, und so kletterte ich zu ihm hinunter.

---

[42] Wandtisch.

— Oh — rief das Mädchen aus. — Wer bist du? Ich wußte gar nicht, daß die *Signora* Collalto ein Kind hat... —

Ich sagte ihr dann, wer ich war, und erzählte ihr meine Geschichte, die es sehr zu amüsieren schien. Dann führte sie mich in ein Zimmerchen neben der Terrasse, wo sie ihre Puppen hatte; sie zeigte sie mir alle und erklärte mir, zu welchen Gelegenheiten und von wem sie sie gekriegt hatte usw. usf...

Auf einmal begannen von der Decke Wassertropfen zu fallen, und das Mädchen rief ihre Mutter und sagte:

— Mama, Mama! Bei uns regnet es!... —

Ihre Mama kam sofort herbeigeeilt und war sehr überrascht, mich bei ihrer Tochter zu finden, woraufhin ich ihr alles erklärte. Sie muß eine sehr vernünftige Frau sein, denn sie sagte dann mit einem Lächeln zu mir:

— So, auf die Terrasse bist du geklettert? Du scheinst ja sehr früh mit den galanten Abenteuern anzufangen, junger Mann! —

Ich antwortete ihr sehr freundlich, und da sie sich sehr besorgt zeigte wegen des Wassers, das immer stärker von der Decke tropfte, sagte ich dann:

— Keine Angst, *Signora*, das ist kein Regen... Ich glaube, dieses Wasser kommt aus dem Bad der *Sora* Mathilde, weil ich den Wasserhahn dort nicht zugekriegt habe... —

— Ah, aber dann muß man sofort oben Bescheid sagen... Schnell, Rosa, begleiten Sie diesen jungen Mann zu den Collaltos und sagen Sie ihnen, daß das Bad der *Signora* Mathilde unter Wasser steht. —

Rosa - das war das Dienstmädchen - begleitete mich dann nach oben, wo uns der Diener meines Schwagers öffnete. Aber wir brauchten gar nichts mehr zu sagen, denn gerade eben war die *Sora* Mathilde nach Hause gekommen und hatte alles bemerkt.

Der Hausdiener von Collalto heißt Pietro und sein ganzes Benehmen ist derartig ernst und seine Stimme immer so feierlich, daß er mir vom ersten Augenblick an den allergrößten Respekt eingeflößt hat.

— Jetzt hören Sie mir mal gut zu! — sagte er mit einer so todernsten Stimme, daß ich von Kopf bis Fuß erschauerte. — Das Fräulein Mathilde hatte fünf Dinge, an denen sie sehr hing und die ihr ohne Zweifel die liebsten Dinge auf der Welt waren: Ihren Kanarienvogel, den sie selbst aufgezogen hatte; ihren schönen schwarzweiß gescheckten Kater, den sie, als er noch klein war, von der Straße mit nach Hause genommen hatte; die venezianische Glasvase, die ein Andenken an eine Jugendfreundin war, die letztes Jahr gestorben ist; die Seidenstickerei, an der sie seit sechs Jahren arbeitet und die sie für den Hochaltar der Kapuzinerkirche stiften wollte; und zuletzt den Teppich ihres kleinen Arbeitszimmers, der ein echter Perser ist und den ein Onkel ihr von einer Reise mitgebracht hatte... Jetzt ist der Kanarienvogel tot, der Kater liegt im Sterben und spuckt lauter gelbes Zeug, die venezianische Vase ist in tausend Scherben, die Stickarbeit ist ruiniert und der echte Perserteppich ist total vom Wasser verfärbt, das das Arbeitszimmer überschwemmt hat... —

All diese Dinge sagte er ganz ruhig und in einem so feierlichen und gleichzeitig traurigen Tonfall, als würde er eine wundersame Geschichte von fernen Ländern und längst vergangenen Zeiten erzählen.

Ich fühlte mich am Boden zerstört und stotterte:

— Was soll ich denn jetzt machen? —

— Wenn ich das Pech hätte — sagte Pietro — auf Ihren Beinen zu stehen, dann würde ich sie auf der Stelle in die Hand nehmen, um damit so schnell wie möglich nach Florenz zu laufen!... —

Er brachte diesen faulen Witz mit einer solchen Leichenbittermiene, daß ich eine Gänsehaut kriegte.

Aber im Grunde hatte er Recht, denn es gab wirklich keinen anderen Ausweg aus der fatalen Situation, in der ich mich befand.

Am liebsten hätte ich sofort das Haus verlassen, da ich sicher war, jetzt keinem

meiner Verwandten zu begegnen; aber konnte ich weggehen und es zulassen, daß diese Seiten, denen ich mein ganzes Herz anvertraue, in die Hände meiner Feinde fielen? Konnte ich mich denn von Dir, mein liebes Tagebuch, trennen, wo Du doch der einzige Trost in meinem vom Schicksal verfolgten Leben bist?

Nein, tausendmal nein!

Auf Zehenspitzen ging ich dann hoch auf mein Zimmerchen, setzte mein Hütchen auf, nahm meine Tasche und ging wieder nach unten, bereit, dem Haus meiner Schwester für immer den Rücken zu kehren.

Aber ich war nicht schnell genug.

Gerade in dem Augenblick, als ich dabei war, das Haus zu verlassen, packte mich Luisa bei der Schulter und rief:

— Wo willst du denn hin? —

— Nach Hause! — antwortete ich.

— Nach Hause? Wohin nach Hause? —

— Zu mir nach Hause, zu meinem Papa, meiner Mama und zu Ada… —

— Und woher weißt du, welchen Zug du nehmen mußt? —

— Ich fahre nicht mit dem Zug: Ich gehe zu Fuß nach Hause. —

— Unglückseliger! Schon sehr bald wirst du zu Hause sein, nämlich morgen! Collalto hat gerade eben den Brief an Papa weggeschickt, wobei er allerdings noch die folgenden Worte hinzugefügt hat: — "Gian Burrasca hat heute morgen in nicht weniger als einer Viertelstunde so viel Unfug angestellt, das es ein ganzes Buch füllen würde. Kommen Sie morgen und holen Sie ihn ab. Alles weitere mündlich." —

Ich fühlte mich derartig niedergedrückt vom Gewicht meines Unglücks, daß ich keinen Ton von mir gab.

Meine Schwester schob mich in ihr Zimmer und als sie sah, in welchem Zustand ich war, wurde sie von Mitleid ergriffen, und sie streichelte mir übers Haar und sagte:

— Ach, mein Giannino, mein Giannino! Wie hast du das nur fertig gebracht, in der kurzen Zeit, die du allein warst, soviel Schaden anzurichten? —

— Soviel Schaden? — antwortete ich schluchzend. — Ich habe doch gar nichts gemacht… Was kann ich denn dafür, daß ich immer so grausam vom Pech verfolgt werde?… Ich bin wirklich ein Unglücksrabe… —

In diesem Moment trat Collalto ins Zimmer, und da er meine letzten Worte gehört hatte, sagte er mit zusammengebissenen Zähnen:

— Du ein Unglücksrabe? Unglücksraben sind die, die mit dir unter einem Dach leben müssen… aber für mich, das versichere ich dir, hat das Unglück morgen ein Ende! —

Der ironische Unterton meines Schwagers machte mich so wütend, daß meine Tränen auf der Stelle trockneten und ich loslegte:

— Und ob ich ein Unglücksrabe bin! Aber auch wenn mir manchmal ein Mißgeschick passiert, gibt es doch dann Leute, die davon profitieren, wie zum Beispiel der Marquis, der die elektrischen Bäder bei Professor Perussi machte und vor allem der Professor selbst, der jetzt mit der Zwiebelkur, die ich erfunden habe, einen Haufen Geld verdient... —

— Aber wer hat dir das denn erzählt? —

— Ich weiß es eben, und damit basta! Und was ist mit dem Fall der Marchese Sterzi, bei der ich so getan habe, als hättest du mich vom Näseln geheilt? —

— Halt den Mund! —

— Nein, ich will nicht den Mund halten! Nur weil dir diese Sache sehr zupaß kam, und nicht etwa um meinen Eltern keine Sorgen zu bereiten, hast du deinen Brief nicht nach Hause geschickt! Es ist immer dasselbe: Wenn wir Kinder etwas Schlimmes anstellen, das für euch Großen von Nutzen ist, dann seid Ihr voller Nachsicht; aber wehe, wenn wir etwas in bester Absicht tun, was dann schief geht, wie es mir heute morgen passiert ist, dann können wir was erleben!... —

— Wie, du wagst es, zu behaupten, daß das, was du heute morgen angestellt hast, in guter Absicht geschehen ist? —

— Natürlich! Ich wollte den armen Kanarienvogel ein bißchen die Freiheit kosten lassen, weil er es satt hatte, immer in einem Käfig eingeschlossen zu sein; und ist es vielleicht meine Schuld, wenn er, kaum daß er draußen war, einen Klecks auf die Seidenstickerei der *Sora* Mathilde gemacht hat? Dann wollte die Katze den Vogel bestrafen und hat sich auf ihn gestürzt; ist es vielleicht meine Schuld, wenn *Mascherino* so streng ist und das Vögelchen gleich auffressen muß? Wegen dieser Grausamkeit hatte er eine kalte Dusche verdient, und so habe ich ihn unter die Brause im Bad gehalten... Ist es vielleicht meine Schuld, wenn das Wasser seinem Magen so schlecht bekommen ist? Und ist es meine Schuld, wenn er die venezianische Vase kaputt gemacht hat? Und ist es meine Schuld, daß das Wasser, weil ich den Wasserhahn nicht zukriegen konnte, das Arbeitszimmer der *Sora* Mathilde überschwemmt und den persischen Teppich verfärbt hat? Dabei habe ich doch so oft sagen hören, daß sich richtige Perserteppiche gar nicht verfärben... Wenn er sich also verfärbt hat, war es doch gar kein echter Perser!... —

— Das soll kein echter Perser sein! — schrie im gleichen Augenblick die *Sora* Mathilde und schoß wie eine Bombe ins Zimmer. — Jetzt erzählt er auch noch faustdicke Lügen! Unglaublich! So eine Frechheit, die gute Seele meines Onkels Prospero zu verleumden... Dabei war er so ein herzensguter Mann! Er wäre niemals imstande gewesen, mir einen falschen Perserteppich zu schenken!... Ah, mein Gott, was für eine gemeine Unterstellung!... —

Und die *Sora* Mathilde stützte einen Ellenbogen auf die Kommode, hob die Augen zum Himmel und machte einen so unglücklichen Eindruck, daß ich sie noch heute leibhaftig vor mir sehe und sie so originalgetreu wie ein Foto hier zeichnen kann. Wirklich ein Bild zum Totlachen!

— Laß es gut sein! — rief meine Schwester aus. — Man muß nicht gleich übertreiben: Giannino wollte sicherlich nichts Böses über deinen Onkel sagen... —

— Ist das vielleicht nichts Böses, wenn er behauptet, daß der Onkel mir Teppiche mit unechten Farben geschenkt hat? Das wäre genau so, wie wenn ich zu dir sagen würde, daß du dir die Wangen rot geschminkt hast! —

— Aber was redest du da! — antwortete meine Schwester beleidigt. — Das läßt sich doch gar nicht miteinander vergleichen! Dein Teppich hat sich nun mal verfärbt, während ich eine Gesichtsfarbe habe, die sich niemals verfärbt und schon gar nicht so gelb wird wie deine.

— Mein Gott, mußt du immer alles so ernst nehmen! — sagte die *Sora* Mathilde, die immer ärgerlicher wurde. — Ich habe doch nur einen Vergleich gemacht! Mir liegt es völlig fern zu behaupten, daß du dich schminkst! Wenn das einer hier sagt, ist es dein Herr Bruder, der mir erzählt hat, daß du als Mädchen Rouge auf deinem Toilettentisch hattest... —

Bei diesen Worten traf mich wie aus heiterem Himmel eine Kopfnuß, die bestimmt von meiner Schwester kam. Ich lief sofort in mein Zimmer und schloß mich darin ein. Mittlerweile war zwischen den beiden Frauen ein heftiger Streit entbrannt, in dem sie um die Wette zu schreien schienen, während Collalto sie von Zeit zu Zeit vergeblich zu beruhigen suchte, indem er ausrief:

— Aber nicht doch... Aber ja... Aber hör' doch... Aber bedenke doch... —

Ich blieb in meinem Zimmer, bis mich Pietro zum Essen abholte. Ich mußte mich zwischen Collalto und Luisa setzen, die mich abwechselnd an der Jacke hielten, als wäre ich ein Luftballon, bei dem man Angst haben müßte, daß er jeden Augenblick wegfliegen könnte.

Dieselbe Situation wiederholte sich heute morgen beim Frühstück. Danach brachte mich Pietro wieder auf mein Zimmer, in dem ich jetzt die Ankunft von Papa erwarte, der sicher wieder alles von der schlimmsten Seite betrachten wird, wie es bei den Erwachsenen ja üblich ist!

Pietro hat mir mittlerweile erzählt, daß Luisa und die *Sora* Mathilde seit gestern nicht mehr miteinander sprechen!... Auch das soll meine Schuld sein, als ob ich etwas dafür kann, daß ich eine Schwester habe mit einem zu roten Gesicht und sie eine Schwägerin hat mit einem zu gelben Gesicht!...

9. Januar

Ich schreibe im Hause des Maralli.

Mir ist zum Heulen zumute und es macht mir Mühe, meine Gedanken zu ordnen, um von dem Auftritt zu erzählen, den es hier gestern gab und der wie der Auftritt in einer Tragödie war, aber nicht wie in denen, die D'Annunzio [43] macht, den ich einmal rezitieren gehört habe und von denen sogar meine Mama gesagt hat, daß sie unmöglich passiert sein können, obwohl meine Schwestern dagegen heftig protestierten, indem sie behaupteten, daß sie von solchen Sachen nichts verstünde, weil sie keine Intellektuelle wäre. Meine Tragödie dagegen ist sehr wohl passiert, und man könnte ihr den Titel geben: *Der kleine Bandit* oder besser: *Die Leiden eines Freiheitskämpfers*, denn letzten Endes kommt mein jetziges Unglück nur daher, daß ich einen armen Kanarienvogel, den die *Sora* Mathilde in einem Käfig eingesperrt hielt, ein bißchen Freiheit schnuppern lassen wollte.

Gestern morgen also kam Papa nach Rom, um mich abzuholen, und natürlich hat ihm Collalto ausführlich von all meinen sogenannten Schurkenstreichen erzählt, außer, versteht sich, von dem mit der Marchese Sterzi und dem mit dem Marquis, der jetzt meine Zwiebelkur macht.

Papa hat sich alles angehört, und zum Schluß hat er gesagt:

— Jetzt ist das Maß voll. —

Und dann hat er kein einziges Wort mehr mit mir gesprochen, bis wir zu Hause waren.

---

[43] Italienischer Dichter und Dramatiker (1863-1938).

Dort haben mich Mama und Ada schluchzend in die Arme genommen und in einem fort wiederholt:

— Mein Gott, Giannino! Mein Gott, Giannino! —

Papa zog mich weg von ihnen, brachte mich in mein Zimmer und sagte dort mit todernster, aber ruhiger Stimme folgende Worte zu mir:

— Ich habe schon alle notwendigen Papiere vorbereitet: Morgen kommst du ins Internat. —

Dann ging er und schloß die Tür hinter sich.

Etwas später kam der Advokat Maralli mit meiner Schwester Virginia, und alle beide versuchten ihr Bestes, um Papa von seinem Entschluß abzubringen, aber ich hörte, wie er immer nur denselben Spruch wiederholte:

— Ich will ihn nicht mehr sehen! Ich will ihn nicht mehr sehen! —

Eines muß man dem Maralli lassen: Er ist wirklich ein Mensch, der das Herz auf dem rechten Fleck hat, denn er setzt sich für die Schwachen ein, wenn sie verfolgt und ungerecht behandelt werden, und er weiß auch, wenn es die Umstände erfordern, sich für eine Wohltat, die man ihm einmal erwiesen hat, erkenntlich zu zeigen. So erinnerte er sich jetzt daran, wie ich ihm damals ins Auge geschossen hatte, und er sagte zu Papa:

— Aber sehen Sie mal: Dieser Junge hätte mir beinahe das Augenlicht geraubt, und an meiner Hochzeit mit Virginia wäre ich fast unter den Trümmern des Kamins vom Empfangssalon lebendig begraben worden. Aber ich kann einfach nicht vegessen, daß Virginia und ich es ihm zu verdanken haben, daß wir jetzt glücklich vereint sind... Nicht zu vergessen, daß er mich, wie ich gehört habe, gegen die Verleumdungen des Enkels von Gaspero Bellucci verteidigt hat... Das zeigt doch, daß Giannino ein Junge ist, der ein Herz hat... Deshalb habe ich ihn auch gerne... Außerdem muß man doch immer auch nach dem Motiv fragen, das einer Handlung zugrunde liegt; so darf man zum Beispiel, bei all dem Schaden, den er in Rom angerichtet hat, nicht vergessen, daß er in bester Absicht gehandelt hat: Wollte er doch einem kleinen Vogel seine Freiheit wiedergeben... —

Was für ein genialer Rechtsanwalt ist doch der Maralli!... Ich hatte die ganze Zeit an der Tür gelauscht und sein mitreißendes Plädoyer mitangehört, aber nach den letzten Worten konnte ich mich einfach nicht mehr zurückhalten und stürmte, laut rufend:

— Hoch lebe der Sozialismus! — ins Zimmer.

Und dann fiel ich schluchzend in die Arme von Virginia.

Mein Vater fing bei meinen Worten an zu lachen, aber dann sagte er trocken:

— Nun gut: Aber da der Sozialismus will, daß jeder auf der Welt seinen Teil vom Glück abkriegt, - warum nimmt dich dann der Advokat Maralli nicht für eine Zeitlang bei sich auf? —

— Ja, warum eigentlich nicht! — rief der Maralli aus. — Ich wette, daß es mir gelingen wird, aus ihm einen anständigen und tüchtigen jungen Mann zu machen... —

— Na, dann viel Vergnügen! — sagte Papa — Mir ist es egal, wo er ist! Die Hauptsache, er ist mir aus den Augen. Nimm ihn nur!...

Und so wurde folgender Pakt geschlossen: Ich werde von zu Hause verbannt und für einen Monat bei dem Maralli zur Probe gehalten, damit ich mich rehabilitieren und zeigen kann, daß ich im Grunde nicht das Monster bin, das alle aus mir machen.

Virginia und der Maralli sind nach ihrer Hochzeitsreise, die sie nach der Kaminexplosion im Empfangssalon gemacht hatten, in diese Wohnung gezogen, die sehr günstig und zentral gelegen ist und in der mein Schwager auch seine Anwaltspraxis hat. Sie hat einen eigenen Eingang, ist aber mit der Wohnung durch eine kleine Tür im Flur verbunden.

Ich habe hier ein kleines, aber feines Zimmerchen, das auf den Hof hinausgeht und in dem ich mich sehr wohl fühle.

Außer meiner Schwester und dem Maralli gibt es hier noch den *Signor* Venanzio, den Onkel meines Schwagers. Er ist vor einigen Tagen hierher gekommen, um eine Zeitlang bei seinem Neffen zu wohnen, denn er sagt, daß das Klima hier besonders gut für seine Gesundheit sei. Wo er die allerdings hat, ist mir schleierhaft, denn er ist ein alter Tattergreis, der so taub ist, daß man sich nur noch über ein Hörrohr mit ihm unterhalten kann; und er hat einen Husten, der sich anhört wie der reinste Trommelwirbel.

Aber er muß steinreich sein, und deswegen soll er mit dem größten Respekt behandelt werden.

Ab morgen gehe ich wieder in die Schule.

10. Januar

Es ist wirklich schade, daß ich nicht so schreiben kann wie Edmondo De Amicis,[44] denn das, was ich heute morgen in der Schule erlebt habe, gehört zu jenen Ereignissen im Leben, wo man nicht anders kann als einfach losheulen wie ein Kalb.

Kaum hatte ich den Klassenraum betreten, als ein aufgeregtes Getuschel unter meinen Kameraden losging, und alle Blicke sich auf mich richteten.

Was für ein tolles Gefühl ist es doch, der Held in so einem Abenteuer wie dem mit dem Automobil gewesen zu sein! Ich konnte mich vor Freude kaum beherrschen und schaute hoch erhobenen Hauptes auf die ganze Schar dieser Jungen herab, von denen keiner jemals in einer so gefährlichen Situation gewesen war wie die, in der ich mich befunden hatte.

Aber das stimmte natürlich nicht ganz, denn es gab sehr wohl einen, der sich in derselben Lage befunden hatte wie ich; und dieser eine erhob sich jetzt mühsam, indem er sich mit seinen Händen an der Bank festhielt, von seinem Sitz und kam mir, gestützt auf eine Krücke, entgegen.

Ich spürte, wie mir ein Stich durchs Herz ging, und im Nu war mein ganzer Stolz, ein Held zu sein, verflogen; die Kehle schnürte sich mir zu, ich wurde leichenblaß und konnte immer nur bei mir wiederholen:

— Armer Cecchino! Armer Cecchino! —

Dann fielen wir uns schluchzend und in Tränen gebadet in die Arme, und keiner von uns kriegte ein Wort heraus. Auch unsere Kameraden hatten Tränen in den Augen, und selbst dem Mucks, der gerade seinen üblichen Spruch loslassen wollte, blieben die Worte im Halse stecken, und stattdessen entfuhr ihm ein tiefer Seufzer, der schließlich in ein heftiges Schluchzen überging.

Armer Cecchino! Er kann einem wirklich leid tun!

Trotz all der Behandlungen, die sie mit ihm gemacht hatten, ist das linke Bein etwas kürzer als das andere geblieben, und so wird er für den Rest seines Lebens hinken.

---

[44] Italienischer Schriftsteller (1846-1908). Autor des auch ins Deutsche übersetzten Jugendbuchs *Cuore*.

Du kannst mir glauben, mein Tagebuch, daß mich der Anblick des armen Cecchino, wie er mir auf seiner Krücke entgegenhumpelte, tief erschüttert hat. Ich hatte unser Automobil-Abenteuer schon fast vergessen, aber jetzt, nachdem ich die schrecklichen Konsequenzen gesehen habe, wird mir klar, wie leichtsinnig wir Jungen oft sind, wenn wir uns in Abenteuer stürzen, ohne uns die Folgen vor Augen zu führen, die sie haben können.

Natürlich habe ich mich gehütet, den armen Cecchino nach den beiden Buntstiften und den zehn neuen Federn zu fragen, die ich nach unserer Wette gewonnen hatte.

13. Januar

Mein Schwager ist wirklich ein prima Kerl. Er behandelt mich wie einen Erwachsenen und tadelt mich nie. Außerdem sagt er immer:

— Giannino ist im Grunde ein guter Junge, und bestimmt wird noch mal aus ihm was werden! —

Gerade eben hat er mich überrascht, wie ich über meinem Tagebuch saß. Nachdem er es durchgeblättert und sich die Bilder angeguckt hatte, die ich darin gemalt habe, sagte er zu mir:

— Du hast wirklich ein ausgesprochenes Talent zum Zeichnen! Wie genau du beobachtet hast! Und was du schon für Fortschritte gemacht hast... Schau mal, welch ein Unterschied ist zwischen deinen ersten Zeichnungen und diesen hier, die du zuletzt gemacht hast! Bravo Giannino! Du wirst sehen, wir werden aus dir einen Künstler machen! —

Dies sind Dinge, die ein Junge gerne hört, und ich will meinem Schwager zeigen, wie dankbar ich ihm bin für alles, was er für mich tut. Deshalb habe ich mich entschlossen, ihm ein Geschenk zu machen; da ich aber im Moment nicht eine einzige *Lira* besitze, habe ich mir überlegt, zu dem *Signor* Venanzio, der ja so reich ist, zu gehen, und ihn zu bitten, mir ein paar *Lire* zu leihen.

Heute beim Mittagessen kam der Maralli noch einmal auf mein Tagebuch zu sprechen.
— Hast du dir das nie angeschaut? — fragte er Virginia.
— Nein. —
— Zeig ihr dein Tagebuch, Giannino! Du wirst sehen, meine Liebe, da sind wir alle drin! Und wie gut er uns getroffen hat! Giannino ist ein richtiger Künstler!

Ganz geschmeichelt habe ich mein Tagebuch geholt und meiner Schwester die Bilder gezeigt. Allerdings habe ich ihnen verboten, zu lesen, was ich geschrieben habe, denn ich möchte, daß meine Gedanken geheim bleiben.

Trotz meines Verbots rief jedoch meine Schwester plötzlich aus:
— Aber sieh mal: Hier ist ja auch unsere Hochzeit in der Kirche San Francesco al Monte! —

Bei diesen Worten stürzte sich mein Schwager auf mein Tagebuch und fing die Seiten an zu lesen, in denen meine Reise hinten auf der Kutsche und auch die Szene beschrieben ist, in der ich sie alle in der Kirche überrascht und mit ihnen geschimpft habe, weil sie mir kein Wort von der Hochzeit gesagt hatten.

Nachdem er mit dem Lesen fertig war, streichelte mir der Maralli übers Haar und sagte zu mir:

— Hör mal, Giannino, du mußt mir einen großen Gefallen tun... Versprichst du mir das? —

Ich habe ja gesagt.

— Fein. — sagte mein Schwager. — Du muß mir nämlich erlauben, daß ich diese Seiten aus deinem Tagebuch herausreiße... —

— Nie im Leben! —

— Aber hör mal, du hast es mir doch gerade versprochen! —

— Aber, Entschuldigung, warum willst du mir diese Seiten herausreißen? —

— Um sie ins Feuer zu werfen. —

— Und warum willst du sie ins Feuer werfen? —

— Weil... weil... Ich habe schon meine Gründe, aber das sind Dinge, die ein Kind noch nicht verstehen kann. —

Da haben wir wieder die üblichen faulen Ausreden! Aber da ich mir nun einmal geschworen hatte, brav zu sein, war ich bereit, auch dieses Opfer noch zu bringen, allerdings schweren Herzens, denn die Vorstellung, aus meinem lieben Tagebuch einen Teil meiner Aufzeichnungen herauszureißen, war mir ein Graus und tat mir in der Seele weh.

Der Maralli riß also die Seiten über seine Hochzeit in San Francesco al Monte heraus, knüllte sie zu einem Ball zusammen und warf diesen dann in den Kamin.

Als ich sah, wie die Ecke einer Seite, die aus dem Ball herausguckte, Feuer fing, fühlte ich, wie mir ein heftiger Stich durchs Herz ging; aber gleich darauf spürte ich noch einen Stich, aber diesmal einen freudigen, denn ich sah, daß das Feuer, das die Seite ergriffen hatte, gleich wieder ausging, weil mein Schwager den Ball so fest zusammengeknüllt hatte, daß das Feuer ihm nichts anhaben konnte. Aber ich kriegte jedes mal wieder Herzklopfen, wenn das Feuer dabei war, sich von neuem den Seiten meines Tagebuches zu nähern. Doch ich hatte Glück; die Flammen zogen sich schließlich ganz von der Stelle zurück, wohin der Maralli den Papierball geworfen hatte, und kurze Zeit später, als keiner auf mich achtgab, holte ich ihn aus dem Kamin und versteckte ihn unter meinem Hemd, und eben habe ich die Seiten wieder schön geglättet und sie an Ort und Stelle hier wieder eingeklebt.

Die Ecke von einer Seite ist ein bißchen angekohlt, aber Text und Bilder sind noch unversehrt, so daß ich, mein liebes Tagebuch, glücklich bin, Dich wieder vollständig zu haben, mit all meinen Gedanken und Erlebnissen, ganz egal, ob sie gut oder schlimm, schön oder häßlich, klug oder dumm sind.

Jetzt will ich zu dem *Signor* Venanzio gehen und ihn um zwei *Lire* bitten.

Ob er sie mir wohl geben wird?

Ich habe einen günstigen Augenblick erwischt, denn meine Schwester war gerade unterwegs und der Maralli war in seinem Büro. Also habe ich das Hörrohr gepackt, habe es dem *Signor* Venanzio ins Ohr gesteckt und hineingerufen:

— Können Sie mir vielleicht zwei *Lire* leihen? —

— Ob ich was für Tiere leiden kann? — fragte er.

Und als ich meine Frage, so laut ich nur konnte, wiederholt hatte, sagte er:

— Kinder sollten niemals Geld in der Tasche haben! —

Diesmal hatte er verstanden!

Dann sagte ich zu ihm:

— Virginia hat ganz recht, wenn sie sagt, daß Sie ein großer Geizhals sind!... —

Bei diesen Worten sprang der *Signor* Venanzio von seinem Sessel auf und knurrte:
— Wie? Das sagt sie von mir? So eine Schwätzerin!... Ah, ich kenne doch meine Pappenheimer!... Wenn sie viel Geld hätte, würde sie alles nur für Kleider und den Friseur ausgeben!... So, so! Sie hat also gesagt, daß ich ein Geizhals bin! Aha! Aha! —
Um ihn zu trösten, dachte ich, daß es vielleicht gut wäre, ihm zu sagen, daß der Maralli meine Schwester wegen ihrer Worte ausgeschimpft hatte, was auch wirklich so war. Da beruhigte er sich wieder, und sagte:
— Ah, mein Neffe hat sie also ausgeschimpft! Na, das will ich doch auch gehofft haben! Mein Neffe ist ein guter Junge und hat immer sehr an mir gehangen... Und was hat er ihr gesagt? —
— Er hat ihr gesagt: Es ist gut, daß der Onkel so geizig ist, um so mehr werde ich von ihm erben. —
Da wurde der *Signor* Venanzio rot wie ein Truthahn und fing an zu stammeln, daß ich dachte, ihn würde jeden Augenblick der Schlag treffen.
— Fassen Sie sich! — sagte ich zu ihm, — vielleicht ist das der Schlag, der Sie, wie der Maralli immer sagt, sicher früher oder später einmal treffen wird... —
Er hob die Arme zum Himmel, murmelte einige unverständliche Worte, und holte schließlich seine Geldbörse aus der Tasche, nahm ein Zwei-Lire-Stück heraus und gab es mir mit folgenden Worten:
— Hier hast du Deine zwei *Lire*... Die kannst du öfter kriegen, mein Junge, aber nur unter der Bedingung, daß du mir immer erzählst, was mein Neffe und deine Schwester über mich sagen... denn das sind Sachen, die mir ausgesprochen viel Vergnügen machen! Du bist ein guter Junge, und du tust gut daran, immer die Wahrheit zu sagen! —

Da sieht man mal wieder, daß es sich wirklich auszahlt, anständig zu sein und die Wahrheit zu sagen.

Und jetzt muß ich mir überlegen, was ich meinem Schwager schenken will, denn ein Geschenk hat er sich wirklich verdient.

14. Januar

Der Kanzleigehilfe des Maralli ist ein alter Tattergreis, der immer im Vorzimmer an einem kleinen Tisch sitzt, mit der Feuerkieke [45] zwischen den Beinen, und von morgens bis abends nichts anderes macht als immer dieselben Sachen abschreiben und nochmals abschreiben...

Ich weiß nicht, wie er es fertig bringt, dabei nicht völlig zu vertrotteln; aber vielleicht liegt das daran, daß er schon ein Trottel ist.

Trotzdem hat mein Schwager viel Vertrauen zu ihm, und ich habe oft gehört, wie er ihm selbst schwierige Aufträge erteilt. Mir ist allerdings ein Rätsel, wie er es bei so einem Trottelgesicht fertigbringt, sie auszuführen.

Es wäre wirklich gescheiter, der Maralli würde Aufträge, die eilig sind und für die man ein bißchen Bildung und Grips braucht, mir anvertrauen, und so könnte er mich allmählich in diesen Beruf einarbeiten und bis zum Rechtsanwalt bringen.

Ich fände es toll, wenn ich so werden könnte wie der Maralli und aufs Gericht gehen und die Spitzbuben verteidigen könnte, aber nur die guten natürlich, also die, die wie ich durch Mißgeschick und die Macht der Umstände irgendwelche Dummheiten gemacht haben. Und ich würde dort große Reden halten und mit der ganzen Kraft meiner Stimme (und davon habe ich bestimmt mehr als der Maralli) brüllen, um die

---

[45] Gefäß, das in Italien mit Holz- oder Kohlenglut gefüllt wurde und zum Wärmen der Hände oder Füße diente.

Gegner zum Schweigen zu bringen und die Gerechtigkeit gegen die Ausbeutung der herrschenden Klassen, wie sich der Maralli immer ausdrückt, zu verteidigen.

Manchmal unterhalte ich mich mit Ambrogio (so heißt der Schreiber meines Schwagers), der in vielen Dingen derselben Meinung ist wie ich.

— Der Maralli macht noch mal Karriere — sagt er oft zu mir, — und wenn Sie auch Rechtsanwalt werden würden, könnten Sie sich hier ins gemachte Nest setzen.—

Heute habe ich schon mal damit angefangen, mich ein bißchen mit den Gerichtsprozessen vertraut zu machen.

Mein Schwager war außer Haus, und Ambrogio hat irgendwann die Feuerkieke weggestellt, ist hinter seinem Tischchen hervorgekommen und hat mich gefragt:

— Kann ich Sie um einen Gefallen bitten, *Sor* Giannino? —

— Na klar! —

— Aber ich kann mich doch auf Sie verlassen? —

— Aber sicher! —

Und dann hat er gesagt, daß er für einen Moment zu sich nach Hause gehen müsse, wo er sehr wichtige Papiere vergessen hätte und daß er schnell wieder zurück wäre...

— Sie bleiben hier, bis ich wieder zurück bin, und wenn jemand kommt, sagen Sie ihm, daß er warten soll... Kann ich mich darauf verlassen, daß Sie so lange hier bleiben, *Sor* Giannino? —

Ich habe es ihm versprochen, und dann habe ich mich an seinen Platz gesetzt, mit der Feuerkieke zwischen den Beinen und dem Stift in der Hand.

Kurze Zeit darauf trat ein Bauer ein, ein ulkiger Typ mit einem riesigen grünen Schirm unter dem Arm, der, indem er seinen Hut zwischen den Händen drehte, zu mir sagte:

— Ist das hier, wohin ich bestellt bin? —

— Zu wem wollt Ihr denn? — habe ich ihn gefragt.

— Zu dem *Sor* Rechtsanwalt Maralli. —

— Der Rechtsanwalt ist zur Zeit nicht da... aber ich bin sein Schwager; und so könnt Ihr ganz unbefangen sprechen... Es ist genau so, als würdet Ihr mit ihm selbst sprechen. Und wer seid Ihr? —

— Wer ich bin? — Also ich bin der Bauer Gosto vom Pian dell'Olmo, wo mich alle kennen und wo man mich auch *Gosto grullo* [46] nennt, um mich von dem anderen Gosto zu unterscheiden, der auf dem Bauernhof nebenan wohnt, und ich bin, wie Sie sich denken können, Mitglied

---

[46] Dummer August.

in der *Lega*,[47] für die ich jede Woche, die mir der Herrgott schenkt, zwei *Lire* Beitrag zahle, der *Sor* Ernesto, der wo unser Sekretär ist, kann Euch das bestätigen, denn der kann rechnen, weil er das Glück hat, kein Bauer zu sein wie wir anderen armen Teufel alle... Und so bin ich also gekommen, um mich zu erkundigen wegen dem Prozeß da wegen unserem Streik, bei dem einige von uns die Soldaten angegriffen haben, und der in zwei Tagen beginnt. Ich bin da nämlich als Zeuge geladen, und deshalb hat mich der Untersuchungsrichter bestellt, um mich zu verhören, aber bevor ich zu ihm gehe, wollte ich erst hierher kommen, um mich zu erkundigen, wie ich mich verhalten soll... —

Ich hätte beinahe laut losgelacht, aber ich habe mich zusammengenommen und eine ganz ernste Miene aufgesetzt und ihn dann gefragt:

— Was ist denn eigentlich passiert? —

— Also gebt Obacht, das war so: Als plötzlich die Soldaten vor uns standen, fingen wir an zu brüllen, und kurze Zeit später begannen Gigi *il Matto*[48] und Cecco *di Merenda*[49] Steine zu werfen, und dann schossen die Soldaten. Aber soll ich das mit den Steinen etwa dem Untersuchungsrichter sagen? —

Man weiß ja, daß Bauern keine Intelligenzbestien sind, aber daß es so schlimm ist, hätte ich nicht gedacht. Der hat wirklich den Spitznamen *Gosto grullo* verdient! Wie ist es nur möglich, daß jemand nicht weiß, daß die Zeugen vor Gericht die Wahrheit, die ganze Wahrheit und nichts als die Wahrheit sagen müssen, obwohl das doch schon jedes Baby weiß?

Und so habe ich ihm gesagt, daß er die Wahrheit sagen solle, und daß sich um alles weitere mein Schwager schon kümmern werde.

— Aber die Genossen vom Pian dell'Olmo haben mir geraten, die Sache mit den Steinen nicht zu erzählen! —

— Weil sie so dumm und unwissend sind wie Ihr! Am besten erzählt Ihr den Leuten auf dem Pian dell'Olmo gar nicht, daß Ihr dem Untersuchungsrichter die Wahrheit gesagt habt! Ihr werdet sehen, alles wird gut ausgehen. —

— Ja, also, wenn Ihr meint!... Aber es stimmt doch, daß Sie der Schwager des *Sor* Rechtsanwalt Maralli sind? —

— Ja, sicher! —

— Und mit Ihnen zu sprechen ist wirklich dasselbe, als ob ich mit ihm sprechen würde? —

— Ganz genau. —

— Also wenn es so ist, dann kann ich ja jetzt ruhig gehen und ehrlich sagen, wie alles gewesen ist. Also Auf Wiedersehen und vielen Dank. —

Und damit ging er weg. Ich bin äußerst zufrieden, diese Sache für meinen Schwager erledigt zu haben... Wäre das toll, wenn ich immer hier bleiben könnte! Dann würde ich die Prozesse vorbereiten und die Klienten beraten und ihnen bei ihren Problemen helfen, und hätte gleichzeitig dabei noch einen Heidenspaß!

Ich glaube, ich bin der geborene Rechtsanwalt...

Als Ambrogio zurück war und mich gefragt hat, ob jemand da war, habe ich geantwortet:

— Ach, da war irgendein Dummkopf, aber den bin ich schnell wieder losgeworden. —

Ambrogio hat gelächelt, hat sich auf seinen Platz gesetzt, die Feuerkieke zwischen den Beinen und die Feder zwischen den Fingern, und hat wieder angefangen sein Stempelpapier[50] vollzuschreiben...

---

[47] Gewerkschaftlicher Bund der Bauern und Arbeiter zur Wahrnehmung ihrer Rechte.
[48] Gigi der Verrückte.
[49] Cecco zu den Butterbroten.
[50] Muß man in Italien kaufen, wenn man bestimmte öffentliche Dienstleistungen erhalten will (indirekte Steuer).

15. Januar

Der *Signor* Venanzio kann einem schon ganz schön auf die Nerven gehen, aber er hat auch seine guten Seiten. Zu mir, zum Beispiel, ist er unheimlich nett, und immer wieder sagt er, daß ich ein origineller Junge sei und daß es ihm großen Spaß mache, mir beim Erzählen zuzuhören.

Und neugierig ist er, dafür gibts überhaupt keinen Ausdruck. Er will alles wissen, was im Haus geschieht und was man über ihn sagt, und dafür gibt er mir vier soldi pro Tag.

Heute morgen wollte er zum Beispiel unbedingt, daß ich ihm die Spitznamen sage, die sie ihm hier im Haus gegeben haben, und davon konnte ich ihm wirklich mehr als genug nennen.

Meine Schwester Virginia nennt ihn alten *Geizkragen, schwerhörigen Trottel* oder *wandelndes Spital*; der Maralli nennt ihn *Onkel Knicker, altes Fossil*, und oft nennt er ihn auch *unsterblichen Alten*, weil er einfach nicht sterben will. Sogar das Dienstmädchen hat ihm einen Spitznamen gegeben: Sie nennt ihn *Zitterpudding*, weil er unaufhörlich zittert.

— Na, Gott sei Dank! — sagte der *Signor* Venanzio, — wenigstens das Dienstmädchen spricht ein bißchen nett von mir! Dafür werde ich sie dereinst belohnen! —

Und dann fing er an wie ein Verrückter zu lachen.

16. Januar

Ich weiß inzwischen, was ich meinem Schwager schenke: Ich werde ihm eine schöne Aktenmappe für seinen Schreibtisch kaufen, denn die, die er jetzt hat, ist schon ziemlich ramponiert und voller Tintenkleckse.

Und außerdem werde ich noch ein paar Raketen kaufen, die ich auf der Terrasse als Zeichen meiner Freude abschießen will, daß ich endlich ein braver Junge geworden bin, so wie es sich meine Eltern wünschen.

17. Januar

Gestern ist mir eine schöne Geschichte passiert!.

Nachdem ich die Aktenmappe und die beiden Raketen für den Maralli gekauft hatte und wieder nach Hause kam, ging ich am Büro des Maralli vorbei, und als ich sah, daß Ambrogio nicht im Wartezimmer war, aber seine Feuerkieke noch unter dem Tisch stand, ist mir die Idee gekommen, ihm eine Überraschung zu bereiten, und so habe ich die beiden Raketen in die Kieke getan und sie schön mit Asche zugedeckt.

Wirklich, wenn ich die Konsequenzen hätte vorhersehen können, hätte ich mir diesen Scherz nicht erlaubt. Aber wie soll man sich um Gottes willen die Konsequenzen vorstellen können, wenn sie die unangenehme Eigenschaft haben, immer so spät zu kommen, wenn es schon keine Rettung mehr gibt?

Doch will ich mir von jetzt an immer große Mühe geben, an die Folgen zu denken, wenn ich einen Streich spielen will, damit ich mir nie mehr wie bei demjetzigen anzuhören brauche, daß meine Streiche immer von der schlimmsten Sorte sind.

Zugegeben, es war schon eine ziemlich ernste Sache, aber für mich, der ich wußte, daß keine Gefahr bestand, war das Ganze einfach zum Totlachen.

Gestern morgen kam Ambrogio also in die Küche, um, wie üblich, seine Feuerkieke zu richten. Natürlich habe ich die Ohren gespitzt wie ein Luchs. Plötzlich hörte man einen lauten Knall und gleichzeitig einen Schrei, und dann stürzten mein Schwager und zwei Klienten, die bei ihm im Büro waren, ins Wartezimmer, und auch Virginia und das Dienstmädchen kamen herbeigeeilt, um nach-zusehen, was passiert war. Und ausgerechnet als alle versammelt waren, ging in der Feuerkieke ein Knall los, der noch lauter war als der erste und auf den hin alle wie die Wahnsinnigen auseinanderstoben und den armen Ambrogio allein zurückließen, der zwischen Tisch und Stuhl eingezwängt war und nicht einmal mehr Kraft hatte, sich zu rühren; stattdessen stammelte er:

— Was war das nur? Was war das bloß! —

Ich versuchte, ihm gut zuzusprechen, indem ich sagte:

— Es besteht überhaupt keine Gefahr!... Im Gegenteil! Ich glaube, das waren die Raketen, die ich dort versteckt hatte, um ein bißchen damit zu feiern... —

Aber der arme Ambrogio verstand überhaupt nichts, ja er hörte mich nicht einmal. Gehört hatte meine Worte aber der Maralli, der sich langsam wieder hervorgewagt und gerade den Kopf zur Tür hereingesteckt hatte.

— Ah! — schrie er und zeigte mir die Faust. — Du warst das also schon wieder mit deinen Feuerwerkskörpern! Du scheinst dir ja allen Ernstes vorgenommen zu haben, mich unter den Trümmern dieses Hauses zu begraben! —

Ich versuchte ihn dann zu beruhigen, indem ich sagte:

— Aber nein, wirklich nicht! Schau doch mal, es ist ja gar nichts passiert. Nur die Feuerkieke ist kaputtgegangen, sonst nichts. Es ist mehr die Angst, daß der Schaden... —

Hätte ich das nur nicht gesagt! Mein Schwager wurde rot vor Zorn und schrie:

— Was faselst du da von Angst, elender Schwachkopf, der du bist! Ich habe keine Spur Angst, wenn du es genau wissen willst... aber ich habe Angst, dich noch länger hier in meinem Hause zu behalten, weil es eine Strafe ist, mit dir unter einem Dach zu leben, und ich sehe es schon kommen, daß du es früher oder später tatsächlich noch schaffen wirst, mich unter die Erde zu bringen... —

Ich habe dann angefangen zu weinen und bin in mein Zimmer geflüchtet, wohin wenig später auch meine Schwester kam, um mir eine stundenlange Predigt zu halten. Aber schließlich hat sie mir verziehen und dann den Maralli davon abgebracht, mich nach Hause zu bringen, wo man mich sofort ins Internat geschickt hätte.

Und um ihm meine Dankbarkeit zu zeigen, habe ich ihm dann heute morgen, bevor er in sein Büro ging, die neue Aktenmappe, die ich ihm gekauft hatte, auf seinen Schreibtisch gelegt, während ich seine alte in den Kamin geschmissen habe.

Hoffen wir, daß auch er mir für meine Dankbarkeit ein bißchen dankbar sein wird...

Heute habe ich den ganzen Tag darüber nachgedacht, wie ich mir die Unart abgewöhnen könnte, immer Streiche von der schlimmsten Sorte zu machen, und da bin ich auf die Idee gekommen, mal einen Streich zu spielen, der weder unangenehme Folgen haben noch irgend jemandem schaden kann.

Als ich bei dem *Signor* Venanzio war, der sich übrigens beim Erzählen der gestrigen Ereignisse königlich amüsiert hat, habe ich auf den Augenblick gewartet, daß er seine Brille auf dem Tischchen ablegt, um sie dann an mich zu nehmen. Dann bin ich ins Wartezimmer gegangen, und als Ambrogio mal kurz zu dem Maralli reingegangen war, um mit ihm etwas zu besprechen, habe ich mir auch seine Brille, die er auf seinem Tischchen liegen gelassen hatte, geschnappt und bin in mein Zimmer gelaufen.

Dort habe ich eine der beiden Spitzen einer Schreibfeder abgebrochen, um mir damit einen kleinen Schraubenzieher zu machen. Mit diesem habe ich die Schräubchen der beiden Brillen losgeschraubt, und dann habe ich die Gläser von Ambrogio's Brille in den goldenen Rahmen von dem *Signor* Venanzio und die Brillengläser von dem *Signor* Venanzio in den Metallrahmen von Ambrogio eingesetzt, und schließlich habe ich alle Gläser wieder mit den Schräubchen festgemacht.

Diese ganze Operation ging so blitzschnell über die Bühne, daß ich beide Brillen wieder an ihren Platz bringen konnte, ohne daß der *Signor* Venanzio und Ambrogio etwas von ihrem Fehlen bemerkt hatten.

Ich kann es kaum abwarten, wie dieser Streich ausgehen wird. Auf jeden Fall wird diesmal niemand sagen können, daß das wieder ein Streich von der schlimmsten Sorte war.

18. Januar

Ich sehe immer mehr ein, daß es für einen Jungen sehr schwierig ist, die Folgen von dem, was er tut, vorauszusehen, denn selbst der harmloseste Scherz kann manchmal so unerwartete Wirkungen haben, daß sie sogar von einem Erwachsenen nicht vohergesehen werden können.

Gestern abend also, als Ambrogio wieder an seinen Arbeitstisch zurückgekehrt war und sich die Brille auf die Nase gesetzt hatte, machte er ein ganz verdattertes Gesicht: Zuerst drehte er die Brille in seinen Händen hin und her und betrachtete sie von allen Seiten, dann hauchte er sie mehrmals an und machte sie mit seinem riesengroßen türkis gemusterten Taschentuch gründlich sauber. Nachdem er sie sich dann schließlich wieder auf die Nase gesetzt hatte, fing er an zu jammern:

— Oh Gott, oh Gott! Was um Himmels willen ist passiert mit mir? Ich kann nicht mehr sehen... Ah, jetzt verstehe ich... das kommt von der gestrigen Aufregung! Bestimmt ist es etwas sehr Ernstes!... Ach, ich Armer! Mit mir ist es aus!... —

Und dann ging er zum Maralli, um ihm sein Leid zu klagen und um ihn um Erlaubnis zu bitten, sofort zu einer Apotheke zu gehen, da er sich ganz mies fühlen und sicher eine schlimme Krankheit in sich tragen würde.

Dies war also die eine Wirkung meines Streiches. Aber die andere war noch viel merkwürdiger und eigenartiger als die erste.

Heute morgen hat sich der *Signor* Venanzio wie üblich in seinen Sessel gesetzt, um den *Corriere della Sera* [51] zu lesen, den er statt abends aber immer schon morgens bekommt; doch kaum hatte er seine Brille aufgesetzt, fing er an zu stammeln:

— Oh Gott, es ist alles so trübe... Mir wird ganz schwarz vor den Augen... Uh, mir dreht sich der Kopf... Ah, mein Ende naht! Um Gottes willen, geht schnell den Arzt holen... und den Notar, ich flehe Euch an: holt sofort den Notar! —

Daraufhin gab es im Haus eine Revolution. Der Maralli kam sofort herbeigeeilt, steckte dem Onkel das Hörrohr ins Ohr und sagte:

— Fassen Sie sich Onkel... Sie brauchen keine Angst zu haben, ich bin doch bei Ihnen! Ich werde mich um alles kümmern... Keine Angst, es ist bloß ein Schwächeanfall, der gleich wieder vorbei ist. —

Aber der *Signor* Venanzio hatte die Augen geschlossen und wurde von einem Zittern gepackt, das von Minute zu Minute stärker wurde.

Dann kam der Arzt, untersuchte ihn und sagte, daß der Zustand des Kranken hoffnungslos wäre. Als er das hörte, geriet der Maralli völlig aus dem Häuschen, wurde ganz zappelig und wiederholte in einem fort:

— Keine Angst, Onkel... Ich bin ja bei Euch! —

Um dieser tragischen Szene ein Ende zu bereiten, bin ich in das Wartezimmer gelaufen, habe die Brille von Ambrogio geholt, die er gestern abend auf seinem Tischchen liegen gelassen hatte, und wollte sie dem *Signor* Venanzio bringen, weil sie das Wunder vollbracht hätte, ihn auf der Stelle zu heilen. Doch als ich zurückkam, war die Tür verschlossen, und davor standen Virginia und mein Schwager.

Der Maralli war in bester Laune, und ich hörte, wie er sagte:

— Er hat zu dem Notar gesagt, daß es schnell gehen würde... und das ist, verstehst du, ein gutes Zeichen, denn das bedeutet, daß es nur wenige Erben gibt... —

Und zu mir, der ich schon die Hand an der Türklinke hatte, sagte er:

— Du bleibst hier... Da darf jetzt niemand reingehen. Der Notar ist drinnen... er macht das Testament... —

Kurze Zeit später ist mein Schwager in sein Büro gegangen, weil er einen Termin mit einem Klienten hatte, und auch meine Schwester ist weggegangen, wobei sie mich ermahnte, nicht zu dem Onkel hineinzugehen und sie zu benachrichtigen, wenn der Notar gegangen wäre.

Trotzdem bin ich, als der Notar aus dem Zimmer kam, zu dem *Signor* Venanzio hineingegangen, habe das Hörrohr ergriffen und hineingeschrien:

— Hören Sie nicht auf den Doktor! Ihnen ist bloß der Schreck in die Glieder gefahren, weil Sie mit Ihrer Brille nicht mehr sehen können... Wahrscheinlich handelt es sich nur um eine kleine Sehschwäche. Probieren Sie mal die Brille von Ambrogio, die ist ein bißchen stärker als Ihre... —

Und dann habe ich ihm Ambrogio's Brille auf die Nase gesetzt und ihm den *Corriere della Sera* vor die Augen gehalten.

Als der *Signor* Venanzio dann sah, daß er wieder sehen konnte, beruhigte er sich auf der Stelle, und nachdem er die beiden Brillen miteinander verglichen hatte, umarmte er mich und sagte zu mir:

— Du bist ja das reinste Genie, mein Junge! Mit deinem Köpfchen bist du deinem Alter weit voraus! Bestimmt wird aus dir mal was Großes werden!... Aber wo ist eigentlich mein Neffe? —

— Erst war er draußen vor der Tür, und jetzt ist er in seinem Büro. —

---

[51] *Abendkurier.* Italienische Tageszeitung, die es noch heute gibt.

— Und was hat er gesagt? —

— Er hat gesagt, daß es ein gutes Zeichen wäre, wenn Sie mit dem Notar schnell fertig sind, weil es bedeuten würde, daß es nicht viele Erben gibt. —

Bei diesen Worten fing der Alte so fürchterlich an zu lachen, wie er bestimmt noch nie in seinem ganzen Leben gelacht hat, und dann hat er mir meinen Wunsch erfüllt und mir seine goldene Brille geschenkt, die er ja jetzt nicht mehr braucht. Schließlich sagte er:

— Ah, das ist wirklich die köstlichste Geschichte, die ich je erlebt habe! Nur um eine Sache tut es mir leid: Daß, wenn ich tot bin, ich nicht wiederauferstehen kann, um bei der Testamentseröffnung dabei zu sein... Ich würde vor Lachen gleich wieder sterben! —

Ambrogio ist vom Arzt zurück, und er ist ganz besorgt, weil er ihm gesagt hat, daß er eine akute Neurasthenie [52] habe; er hat ihm das Rauchen verboten und ihm absolute Ruhe verschrieben.

— Wenn man bedenkt, — sagte der arme Mann — daß ich weder das eine noch das andere tun kann. Wie soll ich es anstellen, mich auszuruhen, wo ich doch arbeiten muß, um leben zu können? Und wie soll ich Unglückseliger aufhören zu rauchen... wenn ich doch in meinem ganzen Leben nicht eine einzige Zigarette geraucht habe? —

Aber ich habe ihm aus der Verlegenheit geholfen, indem ich ihm die goldene Brille des *Signor* Venanzio hingehalten und zu ihm gesagt habe:

— Nehmen Sie mal diese Brille, dann werden Sie sehen, daß Ihre Neurasthenie auf der Stelle verschwindet... —

Man kann sich die Freude von Ambrogio kaum vorstellen! Er war nahe daran den Verstand zu verlieren und überschüttete mich mit einem Haufen Fragen nach dem wie und warum, aber ich habe ihm kurz und bündig geantwortet:

— Diese Brille hat mir der *Signor* Venanzio geschenkt, und ich schenke sie jetzt Ihnen. Nehmen Sie sie und fragen Sie nicht weiter!... —

19. Januar

Seit gestern abend ist der Maralli in einer schrecklichen Laune.

Erstens ist er böse auf mich, weil ich nicht auf Virginia gehört und Bescheid gesagt hatte, als der Notar aus dem Zimmer des *Signor* Venanzio herauskam, und dann macht es ihn ganz verrückt, daß er sich nicht erklären kann, warum der Gesundheitszustand seines Onkels sich von einem Augenblick auf den anderen und ohne jede Ursache gebessert hat, obwohl der Arzt doch vorher gesagt hatte, es handele sich um eine sehr ernste Sache.

Heute morgen war seine Laune noch schwärzer als gestern abend, und er hat mich gehörig ausgeschimpft, weil ich ihm seine alte abgewetzte und verschmierte Aktenmappe ins Feuer geworfen und ihm dafür eine ganz neue auf den Schreibtisch gelegt hatte, die mit goldenen Verzierungen geschmückt ist, daß es eine Pracht ist. Das ist der Dank dafür, daß ich den hübschen Einfall hatte, ihm ein Geschenk zu machen.

---

[52] Nervenschwäche.

Es scheint, so weit ich verstehen konnte, daß in der alten Mappe äußerst wichtige Papiere und Dokumente waren, die er für einen Prozeß brauchte, und daß er jetzt nicht mehr ein noch aus weiß, weil er sie nicht mehr hat...

Glücklicherweise war es Zeit, zur Schule zu gehen, und so bin ich gegangen und habe ihn Ambrogio überlassen, damit er ihm sein Herz ausschütten konnte.

Als ich von der Schule zurückkam, fand ich meinen Schwager in einer noch schwärzeren Laune als am Vormittag.

Der *Signor* Venanzio hatte ihm erzählt, daß ich es gewesen war, der ihn geheilt hatte, indem ich ihm die Brille von Ambrogio gegeben hatte, und dann hatte auch Ambrogio ihm später erzählt, daß er ebenfalls von mir geheilt worden wäre, und zwar nur dadurch, daß ich ihm die Brille von *Signor* Venanzio gegeben hätte.

— Ich will jetzt von dir ganz genau wissen, was es mit dieser Sache auf sich hat! — sagte der Maralli mit vor Wut funkelnden Augen zu mir.

— Aber was habe ich denn damit zu tun? —

— Und ob du was damit zu tun hast! Wie kommt es wohl, daß mein Onkel nicht mehr mit seiner Brille sehen kann, aber mit der von Ambrogio? Und wie kommt es, daß Ambrogio nicht mehr mit seiner Brille, sondern mit der vom Onkel Venanzio sehen kann? —

— Ähm... Da müßte man mal einen Optiker fragen... —

Doch genau in diesem Augenblick kam Ambrogio und rief:

— Des Rätsels Lösung ist gefunden! Sehen Sie den kleinen Kratzer hier in diesem Glas? Genau daran kann ich erkennen, daß das meine alten Gläser sind, nur daß sie jetzt in dem goldenen Rahmen von Ihrem Onkel stecken... Verstehen Sie? —

Bei dieser Enthüllung stieß der Maralli einen Schrei aus, machte einen Schritt auf mich zu und streckte einen Arm aus, um mich zu packen. Doch war ich schneller als er und lief in mein Zimmer und schloß mich ein.

Nun möchte ich aber wirklich gerne wissen, ob auch diese Vertauschung der Brillengläser letztlich einer von meinen schlimmen Streichen ist.

Aber wer hätte voraussehen können, daß dieser Scherz den *Signor* Venanzio und Ambrogio dermaßen in Angst und Schrecken versetzen würde?

Und ist es vielleicht meine Schuld, wenn deswegen der eine Arzt von einem hoffnungslosen Zustand spricht und der andere eine akute Neurasthenie feststellt?

Seit einer Stunde bin ich in meinem Zimmer eingeschlossen. Um mir die Langeweile zu vertreiben, habe ich mir aus einem Stöckchen, einem Zwirnsfaden und einer gebogenen Nadel eine Angel gemacht und habe mich dann damit vergnügt, in meiner Waschschüssel die Fischchen zu angeln, die ich mir aus Papier zurechtgeschnitten hatte...

20. Januar

Heute morgen hat sich Virginia bei dem Maralli für mich eingesetzt, und es sieht so aus, daß er mich nicht nach Hause bringt, wie er erst gedroht hat.

— Aber daß du mir ja gut aufpaßt — hat er zu meiner Schwester gesagt — daß er sich anständig benimmt! Ich habe schon längst bereut, daß ich so großzügig zu ihm war; jetzt fehlt nur noch ein Tropfen, um das Faß zum Überlaufen zu bringen!... —

21. Januar

Von wegen ein Tropfen! Aus dem Faß meines Schwagers, das kurz vor dem Überlaufen war, hat sich eine wahre Sintflut ergossen und... aber ich weiß gar nicht, wo ich zu erzählen anfangen soll.

Ich müßte vor Kummer weinen und mir vor Verzweiflung die Haare raufen... aber die Schicksalsschläge, die mich gestern aus heiterem Himmel getroffen haben, waren so viele, und sie kamen so plötzlich und auch noch alle auf einmal, daß ich noch ganz betäubt bin und mir alles wie im Traum erscheint...

Aber ich will der Reihe nach erzählen.

Die eigentliche Ursache für die ganze Katastrophe ist meine Leidenschaft fürs Angeln.

Gestern, gleich nachdem ich von der Schule zurück war, habe ich in meinem Zimmer die Angel geholt, die ich mir vorgestern gebastelt hatte, und bin damit in das Zimmer von dem *Signor* Venanzio gegangen, um dort in seiner Waschschüssel zu fischen und ihn damit ein bißchen zu unterhalten.

Unglücklicherweise schlief der *Signor* Venanzio; aber er schlief auf eine ganz komische Weise: Sein Kopf lag auf der Rückenlehne des Sessels, sein Mund stand sperrangelweit offen, und dabei schnarchte er derart, daß ihm jedesmal, wenn er ausatmete, ein kleiner Pfiff entfuhr...

Das brachte mich auf eine Idee. Hinter dem Sessel stand ein Tisch. Auf diesen stellte ich nun einen Schemel, kletterte dann hinauf und setzte mich. Und nun fing ich, nur so zum Spaß, an, im Mund des *Signor* Venanzio zu fischen, indem ich die Angel so über seinen Kopf hielt, daß der Angelhaken genau vor seinem aufgesperrten Mund hing...

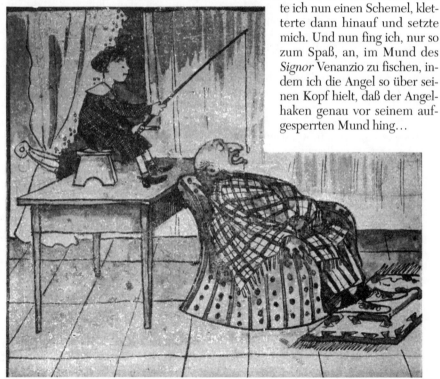

— Der wird Augen machen, wenn er aufwacht! — dachte ich bei mir.

Unglücklicherweise mußte er plötzlich niesen; und da er beim Niesen den Mund wieder schloß, blieb der Angelhaken darin hängen. Im selben Augenblick zog ich, ohne es zu merken und aus einem natürlichen Anglerinstinkt, mit einem Ruck die Angel hoch...

Man hörte einen lauten Schrei, und dann sah ich, zu meiner größten Überraschung, daß an dem Angelhaken ein Zahn mit zwei Wurzeln hing!

Gleichzeitig spuckte der *Signor* Venanzio jede Menge Blut...

Bei diesem Anblick packte mich ein solches Entsetzen, daß ich meine Angel wegwarf, mit einem Satz vom Tisch sprang und wie ein Verrückter in mein Zimmer lief.

Nach etwa einer Stunde kam mein Schwager, gefolgt von meiner Schwester, die ihn anflehte: — Bring ihn meinetwegen sofort nach Hause, aber schlag ihn nicht! —

— Ihn schlagen? — Wenn ich damit anfinge, müßte ich ihn totschlagen! — antwortete der Maralli. — Nein, nein; aber er soll wenigstens erfahren, was es mich gekostet hat, ihn eine Woche hier im Haus zu haben! —

Dann stellte er sich vor mich hin, guckte mir fest in die Augen und sagte mit einer Ruhe, die mir mehr Angst machte, als wenn er mich, wie bei so vielen anderen Gelegenheiten, angeschrieen hätte:

— Eines will ich dir sagen: Mittlerweile bin auch ich davon überzeugt, daß du mal im Zuchthaus enden wirst... und ich kann dir jetzt schon versprechen, daß ich dann mit Sicherheit nicht dein Verteidiger sein werde... Weißt du, ich habe in meinem Leben schon viele Kanaillen kennengelernt, aber du scheinst in deinen kriminellen Handlungen aus Quellen zu schöpfen, die so dunkel und verborgen sind, daß nicht einmal die ausgekochstesten Gauner einen Schimmer davon haben... Kannst du mir zum Beispiel verraten, wie du es fertig gebracht hast, die Zunge meines Onkels zu durchbohren und ihm den Zahn herauszureißen, der an einer verbogenen Nadel hing, als man ihn fand? Und warum hast du das gemacht? Das wissen allein die Götter! Aber du sollst wenigstens die Folgen deiner Heldentat erfahren: Onkel Venanzio will unter keinen Umständen mehr in diesem Haus bleiben, weil er sich hier nicht mehr sicher fühlt, und so laufe ich deinetwegen Gefahr, eine ansehnliche Erbschaft zu verlieren, deren ich bisher sicher sein konnte. —

Der Maralli wischte sich den Schweiß von der Stirn und biß sich dabei auf die Lippen; dann fuhr er so ruhig wie vorher fort:

— Meine private Zukunft hast du also ruiniert; aber das ist noch nicht alles! Zu allem Unglück ist da nämlich noch der Prozeß, der mir so daneben gegangen ist! Was bedeutet, daß es auch mit meiner beruflichen und politischen Zukunft aus und vorbei ist! Hast du nicht vor vier oder fünf Tagen mit einem Bauern namens *Gosto grullo* gesprochen? —

— Ja — gab ich zu.

— Und was hast du ihm gesagt? —

Diese Frage kam mir sehr gelegen, denn ich hoffte, daß die Anerkennung einer guten Tat, die ich vollbracht hatte, das Vergehen, für das ich soeben getadelt worden war, wieder wettmachen würde, und so antwortete ich ihm mit Triumph in der Stimme:

— Ich habe ihm gesagt, daß man vor Gericht die Wahrheit, die ganze Wahrheit und nichts als die Wahrheit sagen muß, so wie ich es auf dem Schild gelesen habe, das über dem Kopf des Präsidenten hängt. —

— Bravo! Genau so hat es auch der Bauer gemacht! Er hat erzählt, daß die Streikenden Steine gegen die Soldaten geworfen haben, und prompt sind sie auch verurteilt worden. Hast du verstanden?... Deinetwegen sind sie verurteilt worden! Und ich, als ihr Verteidiger, habe wegen dir diesen Prozeß verloren! Und deinetwegen muß ich jetzt damit rechnen, daß mich die gegnerischen Zeitungen gnadenlos angreifen werden, und deinetwegen wird unsere Partei in der Stadt die Gunst vieler

Wähler verlieren... Hast du verstanden? Bist du nun zufrieden? Freust du dich über dein Werk? Oder bist du noch nicht fertig? Hast du vor, noch mehr Zerstörung und Unheil anzurichten? Für diesen Fall weise ich dich darauf hin, daß du bis morgen früh um acht Uhr Zeit hast, denn jetzt ist es zu spät, um dich nach Hause zu bringen. —

Ich verstand überhaupt nichts mehr und hatte weder die Kraft, etwas zu sagen noch mich zu rühren..

Ganz betäubt ließ mich der Maralli dann stehen; und auch meine Schwester, nachdem sie nur das eine Wort: — Unglückseliger! — gesagt hatte, ließ mich dann allein.

Ja, unglückselig bin ich; aber noch unglückseliger sind all die anderen, die mit mir zu tun haben...

Es ist schon acht Uhr, mein liebes Tagebuch: Der Maralli wartet in seinem Büro auf mich, um mich zu meinem Vater zu bringen, der mich bestimmt sofort ins Internat schicken wird!

Kann es einen unglücklicheren Menschen geben als mich?

Trotzdem gelingt es mir nicht, zu weinen... Im Gegenteil! Trotz der schrecklichen Aussicht auf meine traurige Zukunft will mir das Bild von dem Zahn mit den beiden Wurzeln nicht aus dem Kopf, den ich gestern aus dem offenstehenden Mund des *Signor Venanzio* gefischt habe, und ab und zu muß ich sogar lachen...

22. Januar

Ich habe kaum zwei Minuten Zeit, um zwei Zeilen zu schreiben. Ich bin in Montaguzzo, im Internat Pierpaoli, und habe mich gerade unter dem Vorwand, mein Waschzeug für meine *Toilette* holen zu wollen, in den Schlafsaal zurückgezogen, wo im Moment kein Mensch ist.

Ich erzähle keine Märchen. Gestern morgen hat mich der Maralli zu Papa zurückgebracht und ihm alles erzählt, was ihm durch meine Schuld passiert ist. Kaum war er fertig, sagte Papa nichts weiter als die folgenden Worte:

— Ich habe damit gerechnet: Und so steht auch sein Koffer mit der nötigen Wäsche für das Internat Pierpaoli oben schon bereit. Wir fahren gleich mit dem nächsten Zug; er geht um neunuhrfünfundvierzig! —

Ach, mein Tagebuch, ich bringe es kaum über mich, hier die Szene zu beschreiben, wie ich mich von Mama, Ada und Caterina verabschiedet habe... Wir alle haben furchtbar geweint, und noch jetzt, wenn ich daran zurückdenke, kullern mir dicke Tränen auf Deine Seiten...

Arme Mama! In dieser Situation ist mir klar geworden, wie lieb sie mich hat, und jetzt, wo ich so weit weg von ihr bin, merke ich, wie lieb auch ich sie habe...

Kurz und gut: Nach zwei Stunden Bahnfahrt und vier Stunden Fahrt mit der Kutsche bin ich hier angekommen, wo mich Papa dem Herrn Direktor übergeben und sich von mir mit den folgenden Worten verabschiedet hat:

— Wir wollen hoffen, daß ich, wenn ich dich hier wieder abhole, einen anderen Jungen bekomme als den, den ich hierher bringe! —

Ob es mir gelingen wird, ein anderer Junge zu werden als der, der ich bin?

Ich höre die Stimme der Direktorin...

Man hat mir die Uniform des Internats angezogen; sie ist mausgrau und besteht aus einem Soldatenkäppchen, einer Jacke mit einer doppelten Reihe von schönen Silberknöpfen und langen Hosen mit dunkelroten Seitenstreifen.

Die langen Hosen stehen mir fabelhaft; aber daß zu der Uniform des Internats kein Säbel gehört, finde ich sehr schade!

29. Januar

Seit einer Woche, mein Tagebuch, habe ich keine einzige Zeile mehr geschrieben, und dabei hätte ich Dir in diesen Tagen doch so viel zu erzählen gehabt, viele lustige Dinge zum Lachen, aber ebenso viele traurige zum Weinen!...

Aber hier in diesem Gefängnis, das man Internat nennt, sind wir niemals allein, nicht einmal, wenn wir schlafen, und von der Freiheit kriegt man hier niemals auch nur den kleinsten Zipfel zu sehen...

Der Direktor heißt *Signor* Stanislaus. Er ist spindeldürr und lang wie eine Bohnenstange, und er hat einen graumelierten Schnurrbart, dessen gezwirbelte Spitzen zu zittern anfangen, wenn er wütend wird. Auf dem Kopf hat er eine rabenschwarze Mähne, die ihm bis zu den Schläfen geht und ihm das Aussehen einer großen Persönlichkeit gibt, aber einer aus längst vergangenen Zeiten.

Das ist der Signor Stanislaus / Das ist die Signora Gertrude

Er erinnert sehr an einen Feldwebel, denn er spricht mit uns immer nur im Kommandoton, und dabei rollt er ganz schrecklich mit den Augen.

— Stoppani, — hat er vor ein paar Tagen zu mir gesagt, — heute abend bekommt Ihr nur Wasser und Brot! Rechts abtreten... *Marsch!* —

Und warum das? Weil er mich im Flur, der zum Turnraum führt, erwischt hatte, als ich mit Kohle an die Wand schrieb: Nieder mit den Tyrannen!

Und etwas später sagte die Direktorin dann zu mir:

— Du bist ein Schmutzfink und ein niederträchtiger Kerl obendrein! Ein Schmutzfink, weil du die Wand beschmiert hast, und ein niederträchtiger Kerl, weil du die Personen beleidigst, die versuchen, aus dir einen besseren Menschen zu machen. Laß mal hören, an welche Tyrannen du gedacht hast! —

— An Friedrich *Barbarossa*,[53] — antwortete ich prompt, — dann an Galeazzo Visconti,[54] an den General Radetzki,[55] an… —

— So, du bist auch noch frech dazu! Gehe sofort in den Klassenraum! —

Diese Direktorin kapiert wirklich gar nichts; statt sich darüber zu freuen, daß ich etwas gegen die Feinde unseres Vaterlandes habe, hat sie sich in den Kopf gesetzt, daß ich mich über sie lustig machen wollte, und seitdem läßt sie mich keine Minute mehr aus den Augen.

Die Direktorin heißt *Signora* Gertrude und ist die Ehefrau von dem *Signor* Stanislaus, aber sie ist das ganze Gegenstück zu ihm, denn sie ist nur halb so groß wie er, aber dafür kugelrund wie ein Mops, und obendrein hat sie eine Nase so rot wie eine Kirschtomate. Den lieben langen Tag ist sie am Schimpfen, schwingt große Reden über das unwichtigste Zeug und ist nicht eine Minute mal still. Sie ist überall und schwatzt mit allen und über alles, und es gibt nichts und niemanden, an dem sie nicht was zu meckern findet.

Die Lehrer, die in den verschiedenen Klassen unterrichten, sind die Angestellten des Direktors und der Direktorin, aber man könnte sie fast für ihre Dienstboten halten. Der Französichlehrer geht sogar so weit, der *Signora* Gertrude jeden Morgen, wenn er ihr einen guten Morgen wünscht, und jeden Abend, wenn er ihr einen guten Abend wünscht, die Hand zu küssen; und der Mathematiklehrer sagt jedesmal, wenn er weggeht, zu dem *Signor* Stanislaus: "Ihnen zu Diensten, Herr Direktor!"

Wir Kollegiaten sind zusammen sechsundzwanzig: Acht große, zwölf mittelgroße und sechs Kleine. Ich bin der kleinste von allen. Wir schlafen in drei nebeneinander liegenden Sälen, und wir essen alle zusammen in einem großen Saal, zwei Mahlzeiten am Tag und morgens Milchkaffee mit eingeweichtem Brot und ohne Butter und immer mit ganz wenig Zucker.

Als ich an meinem ersten Tag hier beim Mittagessen sah, daß es Reissuppe gab, rief ich aus:

— Ein Glück, daß es wenigstens Reis hier gibt, den esse ich nämlich für mein Leben gern… —

Da begann einer von den großen Jungen, der neben mir sitzt (bei Tisch muß immer ein kleiner Junge neben einem großen sitzen) und Tito Barozzo heißt und aus Neapel kommt, laut zu lachen und sagte:

— In einer Woche wirst du nicht mehr so reden! —

Ich verstand erst überhaupt nicht, was er wollte, aber mittlerweile ist mir klar, was diese Worte bedeuteten.

Seit sieben Tagen bin ich nun hier, und außer vorgestern, das war Freitag, gab es jeden Tag, und zwar mittags und abends, Reissuppe…

Die hängt mir jetzt derart zum Hals heraus, daß mir die bloße Vorstellung einer Suppe mit Fadennudeln, die mir früher so verhaßt war, das Wasser im Munde zusammenlaufen läßt!…

Ach, liebste gute Mama, wenn ich daran denke, wie du mir so oft von Caterina meine heißgeliebten Spaghetti mit Sardellensoße hast machen lassen! Wer weiß, wie traurig du wärest, wenn du wüßtest, daß Dein Giannino im Internat gezwungen wird, zwölf Reissuppen in einer Woche zu essen!

---

[53] Friedrich I (1152-1190) aus dem Hause Hohenstaufen. War Kaiser des Heiligen Römischen Reiches und König von Deutschland.
[54] Mailänder Adelsfamilie aus dem Mittelalter (1277-1477).
[55] Österreichischer General (1766-1858). Er wurde Generalgouverneur der Lombardei und Venetien bis 1857.

1. Februar

Es wird gerade erst Tag, aber ich bin früh wach geworden, und ich will den Moment, in dem meine fünf Kameraden noch wie die Murmeltiere schlafen, nutzen, um Dir, mein liebes Tagebuch, weiter von meinen Erlebnissen zu berichten.

In den letzten beiden Tagen haben sich zwei Dinge ereignet, die ich hier unbedingt erzählen muß: Erstens bin ich zu einer Arreststrafe verdonnert worden, und zweitens habe ich ein Rezept für eine köstliche Rinderbrühe entdeckt.

Vorgestern also, das war am 30. Januar, unterhielt ich mich nach dem Frühstück gerade mit Tito Barozzo, als ein anderer Kollegiat, auch einer von den Großen, ein gewisser Carlo Pezzi, zu Barozzo trat und ihm zuflüsterte:

— Im Kämmerchen steigen wieder Wolken auf... —

— Habe verstanden! — antwortete Barozzo und zwinkerte dabei mit einem Auge.

Kurze Zeit später sagte er zu mir: — Adieu, Stoppani, ich gehe lernen — und er ging in die Richtung davon, in die auch Pezzi gegangen war.

Mir war sofort klar, daß diese Rede vom Lernengehen nur eine faule Ausrede war und Barozzo in Wirklichkeit zu dem Kämmerchen gegangen war, von dem Pezzi gesprochen hatte. Da wurde ich von einer großen Neugier gepackt und wollte auch sehen, "wie die Wolken aufsteigen", und so bin ich Barozzo unauffällig gefolgt.

Ich kam zu dem Türchen, in dem ich meinen Tischgenossen hatte verschwinden sehen, öffnete es... und sofort war mir alles klar.

In dem kleinen Kämmerchen, das zum Säubern und Zurechtmachen der Öllämpchen diente (diese standen in zwei Reihen an der Wand, in einer Ecke war eine große mit Petroleum gefüllte Zinkwanne und auf einer Bank lagen Lappen und Bürstchen), waren vier von den größeren Kollegiaten, die, als sie mich sahen, alle ein ganz verdutztes Gesicht machten, und ich bemerkte, wie einer von ihnen, ein gewisser Mario Michelozzi, etwas zu verstecken suchte...

Aber da gab es kaum etwas zu verstecken, denn die Wolken sagten alles: Das Zimmer war voll von Rauch, und man merkte sofort, daß er von einer toskanischen Zigarre kam.

— Warum bist du hierher gekommen? — fragte mich Pezzi drohend.

— Was für eine Frage! Ich möchte auch rauchen. —

— Kommt nicht in Frage! — sagte Barozzo sofort. — Er ist das nicht gewohnt... Ihm wird schlecht davon... und dann kommen sie uns auf die Schliche. —

— Na gut, dann gucke ich eben nur zu, wie ihr raucht. —

— Aber paß ja auf, — sagte ein gewisser Maurizio Del Ponte. — Wehe wenn... —

— Du brauchst gar nicht weiter zu sprechen! — unterbrach ich ihn stolz, denn ich wußte, worauf er hinaus wollte — Ich habe noch nie gepetzt und werde es auch in Zukunft nicht tun! —

Daraufhin zog Michelozzi, der es die ganze Zeit für klüger gehalten hatte, seine Hände hinter dem Rücken zu verstecken, eine noch glimmende toskanische Zigarre hervor, steckte sie gierig zwischen die Lippen, zog zwei oder dreimal kräftig daran und gab sie an Pezzi weiter, der dasselbe machte und sie dann Barozzo gab, der ebenfalls dasselbe machte und sie dann Del Ponte reichte, der sie wiederum nach den drei erlaubten Zügen an Michelozzi zurückgab... und so ging das einige Male hin und her, bis von der Zigarre nur noch ein kümmerlicher Stumpen übrig geblieben und das ganze Zimmer so voller Rauch war, daß man kaum noch Luft kriegte.

— Mach das Fenster auf! — sagte Pezzi zu Michelozzi. Doch gerade als der Anstalten machte, diesen klugen Rat auszuführen, schrie Del Ponte plötzlich:

— *Calpurnius!* —

Und damit stürzte er, gefolgt von den anderen drei, aus der Kammer.

Ich war ein bißchen überrascht von diesem unbekannten und geheimnisvollen Wort und sann einen Moment lang darüber nach, was es wohl bedeuten mochte, obwohl ich sofort verstanden hatte, daß es ein Warnsignal war. Und als ich dann einige Sekunden später das Kämmerchen verlassen wollte, wäre ich beinahe mit dem *Signor* Stanislaus höchstpersönlich zusammengestoßen, der mich, indem er mich vorne an der Jacke packte, zurückhielt und sagte:

— Was geht hier vor? —

Aber ich brauchte ihm gar nichts mehr zu sagen, denn kaum hatte er das Kämmerchen betreten, war ihm alles klar. Da fingen die Spitzen seines Schnurrbarts an zu zittern, er begann wie ein Verrückter mit den Augen zu rollen, und dann polterte er los:

— Ah, hier wurde geraucht! Und das ausgerechnet in der Kammer mit den Öllämpchen und dem Petroleum! Beim Blute des Drachen! Ihr hättet ja das ganze Internat in die Luft jagen können! Ich möchte auf der Stelle wissen, wer hier geraucht hat! Du etwa? Laß mich mal deinen Atem riechen... *Marsch!* —

Und er beugte sich zu mir herunter, so daß sein Gesicht direkt vor meinem Gesicht war und sein grauer Schnurrbart mir die Wangen kitzelte. Ich führte seinen Befehl aus, indem ich ihn kräftig anhauchte, woraufhin er sich wieder erhob und sagte:

— Du offenbar nicht... dafür bist du ja auch wirklich noch zu klein! Also waren es die Großen... und die sind natürlich abgehauen, als sie mich auf dem Flur gehört haben. Sag mir die Namen! Los, *Marsch!* —

— Die weiß ich nicht! —

— Die weißt du nicht? Na hör mal! Du warst schließlich mit ihnen zusammen! —

— Ja, das stimmt schon... aber ich habe sie nicht sehen können, verstehen Sie... Es war zu viel Rauch im Zimmer!... —

Bei diesen Worten fingen die Schnurrbarthaare des *Signor* Stanislaus an, einen wahren Veitstanz aufzuführen.

— Was? Du wagst es, Deinem Direktor solch unverschämte Antworten zu geben? Beim Blute des Drachen! In die Arrestzelle mit dir! Sofort in die Arrestzelle! Vorwärts, *Marsch!* —

Und mit diesen Worten packte er mich und zog mich fort, während er nach dem Schuldiener rief, zu dem er dann sagte:

— Der Bengel kommt bis auf weiteres in die Arrestzelle! —

Die Arrestzelle ist eine kleine Kammer, die etwa so groß ist wie das Kämmerchen mit den Öllämpchen, nur ist sie doppelt so hoch, und ganz oben hat sie, damit etwas Luft hereinkommt, ein Fenster mit einem Eisenbalken davor, so daß sie so trostlos wirkt wie eine richtige Gefängniszelle.

Dort war ich also eingesperrt und ganz meinen Gedanken überlassen, bis die *Signora* Gertrude mich besuchen kam und mir eine lange Predigt darüber hielt, was hätte passieren können, wenn ein Funke der Zigarre das Petroleum in Brand gesteckt hätte. Und nachdem sie mit ihrem Sermon zu Ende war, flehte sie mich schließlich dann mit pathetischer Stimme an, ihr alles zu sagen, wobei sie mir versicherte, daß es ihr nicht darum ginge, die Schuldigen zu bestrafen, sondern Vorsichtsmaßnahmen zu ergreifen, die im Interesse aller lägen...

Ich blieb natürlich bei meiner Behauptung, daß ich von nichts wüßte und daß ich, selbst wenn ich etwas wüßte, niemals etwas verraten würde, auch wenn man mich für eine Woche hier gefangen hielte, und daß es sowieso besser wäre, bei Wasser und Brot eingesperrt zu sein, als zweimal täglich Reissuppe essen zu müssen...

Da zog die Direktorin giftig wie eine Viper wieder ab, wobei sie in ihrem theatralischen Tonfall noch zu mir sagte:

— Du willst also mit aller Strenge behandelt werden? Bitte sehr, das kannst du haben! —

Damit war ich wieder allein. Ich legte mich auf die Pritsche, die in einer Ecke der Zelle stand, und war bald eingeschlafen, denn es war schon spät, und außerdem war ich von den ganzen Aufregungen dieses Tages müde geworden.

Am nächsten Morgen, also gestern, wachte ich in bester Laune auf.

Als ich nämlich so über mein Schicksal nachdachte, gingen meine Gedanken zu den heroischen Zeiten zurück, als die italienischen Patrioten lieber im Gefängnis verfaulten als die Namen ihrer Kampfgenossen an die Österreicher zu verraten, und da wurde meine Seele von einer großen Heiterkeit erfüllt, und ich hätte mir gewünscht, daß meine Zelle noch enger und gar noch feucht gewesen wäre, und ein paar Mäuse hätte es ruhig auch noch geben können.

Aber anstelle von Mäusen gab es hier immerhin einige Spinnen, und so setzte ich mir in den Kopf, einer von ihnen, so wie es Silvio Pellico getan hat, Kunststückchen beizubringen. Aber obwohl ich mir ungeheure Mühe gab, mußte ich schließlich aufgeben. Ich weiß nicht, ob es daran lag, daß die Spinnen von damals schlauer waren als die von heute, oder daran, daß die Spinnen dieses Internats dickschädliger sind als andere, jedenfalls war es einfach so, daß diese verdammte Spinne immer das Gegenteil von dem tat, was sie machen sollte, und das erboste mich derart, daß ich sie schließlich mit dem Fuß zertrat.

Dann kam ich auf den Gedanken, daß es bestimmt viel leichter wäre, einen Spatzen zu dressieren, den ich von meinem Fenster aus herbeilocken könnte; das Problem war nur, daß das Fenster so weit oben war...

Ich weiß nicht, was ich dafür gegeben hätte, da hinaufklettern zu können. Jedenfalls wurde ich ganz unruhig und kribbelig, denn der Gedanke daran ließ mich einfach nicht mehr los...

Als erstes schob ich meine Pritsche unter das Fenster; damit war der Abstand schon nicht mehr ganz so groß. Dann nahm ich ein Stück Kordel, das ich in meiner Hosentasche hatte, machte den Gürtel meiner Hose los und band beide zusammen... Doch sie waren zusammen nicht einmal halb so lang wie der Abstand zum Fenster. Also zog ich noch mein Hemd aus, zerriß es in Streifen, band diese miteinander zusammen und dann an das Seil, das ich schon hatte. Jetzt war es schon ganz schön lang, und so warf ich es in Richtung Fenster. In der Tat reichte es bis dahin, aber das Seil mußte ja doppelt so lang sein, da es, wenn ich es um die Eisenstange, die sich in der Mitte des Fensters befand, herumgeworfen hatte, wieder zu mir zurückkehren sollte. Also zog ich

mir noch die Unterhosen aus und zerriß auch diese in Streifen, die ich ebenfalls an das Seil band. Jetzt hatte ich endlich ein Seil, das lang genug war, um den Aufstieg zu meinem Zellenfenster zu wagen.

An dem einen Ende des Seiles befestigte ich nun noch einen Schuh, und dann begann ich mit meinen Zielübungen, indem ich mit meiner Rechten den Schuh nach der Eisenstange warf, während ich in der Linken das andere Ende des Seils festhielt.

Wieviele vergebliche Versuche habe ich unternommen! Ich hatte keine Uhr, um festzustellen, wie lange ich mit dieser Arbeit beschäftigt war, aber nach dem Schweiß zu urteilen, den mich diese Anstrengung gekostet hat, muß es eine halbe Ewigkeit gedauert haben.

Endlich gelang es mir, den Schuh über die Eisenstange zu kriegen; und mit kleinen, vorsichtigen, ruckartigen Bewegungen an dem Seilende, das ich in der Hand hielt, schaffte ich es dann auch, den Schuh langsam in die Zelle herunterzulassen, so daß ich ihn schließlich packen konnte.

War das eine Freude!... An diesem doppelten Seil kletterte ich dann hoch zu dem kleinen Fenster, in das ich mich mit Mühe und Not hineinkauern konnte, und dann begrüßte ich den Himmel, der mir nie so heiter und schön erschienen war wie in diesem Moment.

Aber außer von der Schönheit des Himmels, der sich über mir ausbreitete, wurde meine Seele von dem lieblichen Duft einer Kräutersoße angerührt, der von unten zu mir hoch drang... Tatsächlich ging mein Zellenfenster zu dem kleinen Innenhof hinter der Küche hinaus, in dem in einer Ecke ein riesiger Kessel mit kochendem Wasser stand.

Jetzt erinnerte ich mich, daß heute Freitag war, für uns

Kollegiaten ein Festtag, weil es der Tag der berühmten und exzellenten Rinderbrühe war, die in dem ewigen Einerlei von Reissuppen für unsere Mägen eine willkommene Abwechslung war und uns als die köstlichste Delikatesse erschien, die man sich nur vorstellen konnte...

Ich merkte, wie mir das Wasser im Munde zusammenlief, und angesichts der trostlosen Leere meiner armen Eingeweide wurde ich ganz trübsinnig...

Glücklicherweise dauerte diese harte Folter nicht lange, weil mir jeder Appetit mit einem Schlag verging, als ich sah, nach welchem Rezept der Koch des Internats seine wunderbare Rinderbrühe machte.

Von meinem Fenster aus hatte ich zunächst nur das Hin- und Herlaufen des Küchenjungen gesehen. Er scheint noch ein ziemlicher Grünschnabel zu sein und ist offenbar erst vor kurzem eingestellt worden; denn ich hörte, wie der Koch immer wieder zu ihm sagte: — Mach dies, mach das, bring mir dies, bring mir das — und wie er ihm alles erklärte, was er zu tun hatte und wo die Küchengeräte standen und wie sie bedient werden müssen...

Irgendwann fragte der Koch den Küchenjungen: — Wo hast du die schmutzigen Teller von gestern hingetan? —

— Dort unten auf das Brett, wie Ihr mir gesagt habt! —

— Sehr gut! Dann gehe jetzt und spüle sie in demselben Kessel, in dem du gestern und vorgestern abgewaschen hast! Das Wasser müßte jetzt heiß genug sein... Und dann spülst du sie wie die anderen im sauberen Wasser ab! —

Der Küchenjunge trug sämtliche schmutzigen Teller in den Hof und ließ sie paarweise in den Kessel mit dem heißen Wasser gleiten. Dann holte er sie wieder einzeln heraus, wobei er sie in dem Wasser hin und her schwenkte und dann mit dem Zeigefinger der rechten Hand darüber fuhr, um den letzten Rest Fett abzustreichen...

Als er den letzten Teller aus dem Kessel gezogen hatte, tauchte er seine Hand hinein und rief aus:

— Was für eine Brühe! Die kann man ja mit dem Messer schneiden! —

— Ausgezeichnet! — sagte der Koch und erschien in der Tür. — Jetzt ist sie genau richtig für die Rinderbrühe von heute! —

Der Küchenjunge traute seinen Ohren nicht, genau so wenig wie ich oben auf meinem Beobachtungsposten.

— Wie bitte? Wie meinen Sie das: Genau richtig für die Rinderbrühe von heute? —

— Ganz einfach! — sagte der Koch und trat zu dem Kessel. — Dies ist die hausgemachte Rinderbrühe, die es jeden Freitag hier gibt, und auf die diese ganzen Hundesöhne so scharf sind. So wie die gewürzt ist, braucht man sich ja auch nicht zu wundern...

— Na klar! Wenn darin die ganzen Teller von zwei Tagen gespült worden sind... —

— Und bevor du zu uns gekommen bist, sind die Teller von zwei weiteren Tagen hier drin gespült worden... Also damit du Bescheid weißt: In diesem Kessel werden von Sonntag an bis Donnerstag alle schmutzigen Teller gespült, und zwar immer in demselben Wasser. Klar, daß am Freitag das Wasser nicht mehr Wasser ist, sondern eine Brühe, bei der man sich die Lippen leckt... —

— Ihr könnt ja sagen, was Ihr wollt — sagte der Küchenjunge und spuckte auf den Boden. — Aber was mich betrifft, werde ich nicht einmal im Traum daran denken, mir die Lippen zu lecken! —

— Dummkopf! — sagte darauf der Koch — Glaubst du etwa im Ernst, daß wir auch diese Dreckbrühe essen? Nein, das Küchenpersonal ißt natürlich die Extra-Suppe, die der Herr Direktor und die Frau Direktor bekommen...

— Ah! — machte der Küchenjunge und stieß einen tiefen Seufzer der Erleichterung aus.

— Also los, stellen wir den Kessel jetzt aufs Feuer, denn das Brot ist schon geschnitten, und die Kräutersoße ist auch fertig. Und du lernst dein Handwerk und hältst die Klappe! Wie ich dir schon gesagt habe, wir Köche dürfen niemals irgendeiner Menschenseele etwas davon verraten, was in den vier Wänden der Küche geschieht, hast du verstanden? —

Und dann packten sie, einer rechts, einer links, den Kessel, und hoben ihn mit einem Ruck auf den Herd. Dabei fiel dem Küchenjungen seine alte speckige Mütze vom Kopf direkt in den Kessel, worauf er in ein lautes Gelächter ausbrach, die Mütze dann wieder herausfischte, sie über dem Kessel auswrang und rief:

— Das hat gerade noch gefehlt! Jetzt ist die Brühe noch besser gewürzt als vorher! —

Da packten mich ein solcher Ekel und Zorn, daß ich nicht mehr an mich halten konnte: Ich zog den einen Schuh, den ich noch anhatte, aus und warf ihn mit aller Kraft nach unten in den Kessel, wobei ich brüllte:

— Schweinebande! Da habt ihr noch was für Eure Brühe!... —

Der Koch und der Küchenjunge guckten ganz entgeistert zu mir hoch, und ich sehe jetzt noch die vier weit aufgerissenen Augen vor mir, die mit einem Ausdruck von Überraschung und gleichzeitig von panischem Schrecken auf mich gerichtet waren. Zu komisch war das!

Ich hatte die ganze Zeit über nicht aufgehört, den beiden sämtliche Schimpfwörter an den Kopf zu schmeißen, die sie verdient hatten, bis sie sich schließlich von ihrem Schrecken erholten und gemeinsam in die Küche stürzten.

Einige Minuten später öffnete sich die Tür meiner Zelle und hereinkam - allerdings von der Seite, denn von vorne hätte sie nicht durch die Tür gepaßt, - die *Signora* Gertrude.

— Uh, was muß ich sehen?!... Seid Ihr denn von allen guten Geistern verlassen, Stoppani! Was um Himmelswillen macht Ihr denn da oben?!... Ihr brecht euch ja sämtliche Knochen, wenn Ihr herunterfallt!... —

— Ach — antwortete ich,— ich gucke nur ein bißchen zu, wie die hausgemachte Rinderbrühe des Internats Pierpaolo Pierpaoli zubereitet wird... —

— Aber was redest du da? Bist du verrückt geworden? —

Im selben Augenblick trat der Schuldiener mit einer Leiter ein.

— Stellt sie hierhin und holt diesen Bengel herunter! — befahl in gebieterischem Ton die *Signora* Gertrude.

— Aber ich komme nicht herunter! — rief ich und klammerte mich an der Eisenstange fest. — Wenn ich für länger hier in der Zelle bleiben soll, bleibe ich lieber hier oben: Die Luft ist hier besser... und außerdem kriegt man hier mit, wie man für uns Kollegiaten in diesem Haus kocht!... —

— Nun komm schon herunter, los! Verstehst du denn nicht, daß ich nur gekommen bin, um dich hier herauszuholen? Vorausgesetzt natürlich, du versprichst mir, daß du dich anständig benimmst und aufs Wort gehorchst! Ansonsten, mein Freundchen, kannst du was erleben!... —

Ganz überrascht guckte ich die Direktorin an.

"Warum diese plötzliche Freilassung" dachte ich bei mir, "obwohl ich doch immer noch nicht die Namen von meinen Kameraden verraten habe, die in dem Kämmerchen mit den Öllämpchen geraucht haben... Warum also dann? Ah, ich verstehe! Man will mir jetzt mit der sanften Tour kommen, damit ich meinen Kameraden nicht das Rezept von der hausgemachten Rinderbrühe verrate".

Auf jeden Fall gab es keinen Grund mehr, dort oben in dem Fenster hocken zu bleiben, und so stieg ich herunter.

Kaum hatte ich meine Füße auf die Erde gesetzt, befahl die *Signora* Gertrude dem Pedell, die Leiter wegzutragen, und dann packte sie mich am Arm und sagte in gebieterischem Ton zu mir:

— So, und jetzt will ich hören, was du über unsere hausgemachte Rinderbrühe sagen wolltest! —

— Ich wollte sagen, daß ich diese Brühe niemals wieder essen werde! Lieber will ich auch noch am Freitag Reissuppe essen... es sei denn, ich kriege auch die Extrasuppe, die man für Sie und den Herrn Direktor macht... —

— Aber was sagst du denn da? Ich verstehe dich nicht... Los, erzähl mal!... Aber ich will die Wahrheit hören, mein Freundchen! —

Darauf habe ich ihr dann alles erzählt, was ich von meinem Zellenfenster aus gesehen und gehört hatte, und zu meiner großen Überraschung war die *Signora* Gertrude von meinem Bericht so beeindruckt, daß sie sagte:

— Das, was du mir da erzählt hast, mein Junge, ist, wenn es wirklich stimmt, eine sehr ernste Sache... Ich hoffe, du bist dir im klaren darüber, daß das den Koch und den Küchenjungen ihre Stelle kosten kann... Also überlege es dir gut: Hast du wirklich die Wahrheit gesagt? —

— Ja, das habe ich, so wahr ich hier stehe! —

— Dann komm und erzähle die ganze Sache dem Herrn Direktor! —

Tatsächlich führte sie mich dann in das Direktionszimmer, wo hinter einem Schreibtisch, der ganz mit Büchern bedeckt war, der *Signor* Stanislaus saß.

— Hier ist der Stoppani — sagte die *Signora* Gertrude zu ihm, — er hat schwerwiegende Klagen gegen das Küchenpersonal vorzubringen. Los, Stoppani, erzählt Eure Geschichte! —

Und so erzählte ich noch einmal die ganze Szene, deren Zeuge ich gewesen war.

Ich fiel aus allen Wolken, als auch der Direktor über die ganze Sache sehr empört zu sein schien. Er rief den Schuldiener und befahl:

— Bringt mir den Koch und den Küchenjungen hierher. *Marsch!* —

Es dauerte nicht lange, und die beiden erschienen. Und so erzählte ich ein drittes Mal die ganze Geschichte... Zu meiner allergrößten Überraschung brachte ich die beiden mit meinen schweren Anschuldigungen keineswegs in Verlegenheit, wie ich erwartet hatte, sondern sie brachen beide in lautes Lachen aus, und dann ergriff der Koch das Wort, wendete sich an den *Signor* Stanislaus und sagte:

— Verzeihen Sie, Herr Direktor, aber glauben Sie im Ernst, daß ich so etwas machen würde? Sie müssen wissen, daß ich immer zu Späßchen aufgelegt bin, und vor allem jetzt, wo ich diesen Küchenjungen, der von Tuten und Blasen noch keine Ahnung hat, unter meinen Fittichen habe, macht es mir einen Heidenspaß, meinen Schabernack mit ihm zu treiben... Das, was der junge Mann hier erzählt hat, ist die reine Wahrheit: Nur daß ich, wie gesagt, mir einen Spaß mit dem Küchenjungen erlaubt habe... —

— Na schön — sagte der Direktor. — Aber meine Pflicht gebietet mir, in der Küche sofort eine Inspektion durchzuführen. Geht voraus, *Marsch!* Und Ihr, Stoppani, wartet hier auf mich... —

Und hoch erhobenen Kopfes und mit militärischem Schritt verließ er den Raum.

Als er kurze Zeit später zurückkam, lächelte er und sagte zu mir:

— Du hast gut daran getan, mir zu erzählen, was du in der Küche gesehen hast... Aber Gott sei Dank verhalten sich die Dinge so, wie unser Koch gesagt hat... und du kannst in Zukunft getrost am Freitag deinen Teller Rinderbrühe essen. Sei ein guter Junge und geh jetzt!... —

Und bei diesen Worten tätschelte er mir leicht die Wange.

Ganz zufrieden und beruhigt ging ich zu meinen Kameraden, die gerade in diesem Moment aus dem Klassenraum kamen.

Kurze Zeit darauf gingen wir alle zum Essen, und Barozzo, der, wie gesagt, neben mir sitzt, drückte mir unter dem Tischtuch kräftig die Hand und flüsterte mir zu:

— Bravo Stoppani! Du bist standhaft geblieben... Danke! —

Als dann die hausgemachte Rinderbrühe auf den Tisch kam, spürte ich im ersten Moment einen Widerwillen. Aber die Worte des Kochs hatten mich doch überzeugt... Außerdem hatte ich einen Riesenhunger... Und schließlich mußte ich, nachdem ich von der Rinderbrühe gekostet hatte, zugeben, daß sie gut war, und daher hielt ich es für unwahrscheinlich, daß etwas, das so köstlich schmeckt, auf eine so ekelhafte Weise zubereitet sein konnte.

Ich hätte Barozzo gern erzählt, was sich in dem kleinen Küchenhof und dann im Direktionszimmer abgespielt hatte... Aber ich bemerkte, daß die *Signora* Gertrude, die beim Essen immer um den Tisch herumläuft, nicht einen Moment die Augen von mir ließ, sicher weil sie sehen wollte, ob ich brav meinen Teller Brühe esse und ob ich meinen Tischnachbarn von meinen Abenteuern heute morgen erzähle.

Auch während der Mittagspause setzte die *Signora* Gertrude ihre Überwachung fort, was trotzdem nicht verhindern konnte, daß Pezzi, Del Ponte und Michelozzi mir eine große Freude bereiteten, indem sie mir erklärten, daß sie mich trotz meines Alters, und zwar aufgrund der Tatsache, daß ich lieber ins Gefängnis gehen wollte, als sie zu verraten, nun als einen der ihren ansehen würden und daß ich in ihren Geheimbund *Einer für alle, alle für einen* aufgenommen wäre.

Bis gestern abend hat mich die *Signora* Gertrude beobachtet; aber beim Abendessen schien mir, daß mein Verhalten sie schließlich davon überzeugt hatte, daß ich die Geschehnisse des Vormittags vergessen hatte.

So konnte ich dann Barozzo ausführlich erzählen, was ich alles erlebt hatte. Er nahm die Sache sehr ernst auf, und nachdem er ein bißchen überlegt hatte, sagte er zu mir:

— Ich wollte, ich würde mich irren... aber ich kann mir nicht helfen: Ich glaube, daß das Verhör des Kochs und des Küchenjungen ein einziges Theater war! —

— Wie das? —

— Ganz einfach! Fangen wir bei dem Moment an, in dem dem Koch klar wurde, daß du ihm bei der Zubereitung der Rinderbrühe beobachtet hattest, und er zu dem Direktor oder der Direktorin gelaufen ist, um sie darüber zu informieren. Und was wäre für die beiden in dieser Situation klüger gewesen, als die ganze Sache zu verharmlosen und das Schauspiel, das du gesehen hast, vergessen zu machen? Und so haben sie dem Koch und dem Küchenjungen gesagt: Wenn Ihr gerufen werdet, sagt ihr, daß alles nur ein Scherz war!... Und dann ist die Direktorin gekommen, um dich aus deiner Zelle zu holen und hat so getan, als wäre sie von deiner Erzählung alarmiert und hat dich zum Direktor geführt, der seinerseits so getan hat, als würde er dem Koch und dem Küchenjungen die Hölle heißmachen, und die ihrerseits dann so getan haben, als wäre alles nur ein Scherz gewesen... und du, durch all das beruhigt, ißt und genießt weiterhin brav deinen Teller Brühe und...

alles wäre zu ihrer Zufriedenheit gelaufen, wenn du nicht die ganze Sache deinem Freund Barozzo erzählt hättest, der mehr Erfahrung hat als du und die ganze Sache dem Geheimbund vortragen wird... —

Und so haben wir nach dem Unterricht dann eine Sitzung unseres Geheimbundes einberufen, in der wir über das weitere Vorgehen beraten wollen. Ich kann den Augenblick kaum erwarten!

Aber eben hat es zum Aufstehen gebimmelt, und ich muß mich beeilen und Dich, mein Tagebuch, verstecken.

Die Zusammenkunft unseres Geheimbunds *Einer für alle, alle für einen*, ist prima gelaufen.

Wir haben uns alle in einer Ecke des Hofs versammelt, und die folgende Zeichnung, die ich heute vor dem Schlafengehen gemacht habe, zeigt den feierlichsten Augenblick unserer Beratung: Links neben mir sieht man Tito Barozzo, den Präsidenten unseres Bundes, der neben ihm ist Mario Michelozzi, und rechts von mir sitzen Carlo Pezzi und Maurizio Del Ponte.

Zunächst habe ich von allen ein großes Lob gekriegt, weil ich mich an dem Tag, an dem sie sich in der Kammer mit den Öllämpchen zum Rauchen getroffen hatten, lieber hatte einsperren lassen, als meine Kameraden zu verraten. Und dann habe ich auch noch ein Lob dafür bekommen, daß ich die Sache mit der Rinderbrühe entdeckt habe... Kurzum, ich bin von allen wie ein Held behandelt und sehr bewundert worden.

Nachdem wir den Fall gründlich besprochen hatten, haben wir uns auf folgendes Vorgehen geeinigt: Um herauszukriegen, ob die Rinderbrühe vom Freitag wirklich mit dem Wasser gemacht wird, in dem die gebrauchten Teller der vorangegangenen Tage gespült werden, müssen wir ab morgen immer nach dem Essen etwas auf unsere Teller tun, das das Wasser verfärbt, in dem sie gespült werden.

— Dazu brauchen wir Anilin! — sagte Del Ponte.
— Darum werde ich mich kümmern! — sagte Carlo Pezzi. — Ich habe welches im Chemieraum gesehen. —
— Hervorragend! Dann beginnen wir also morgen mit unserem Test. —
Und dann haben wir uns mit Handschlag getrennt; der, der die Hand gab, sagte:
— *Alle für einen!* —
Und der, der die Hand drückte, sagte:
— *Einer für alle!* —

Ich bin sehr glücklich, daß ich in diesen Bund aufgenommen worden bin; aber ich war mir erst gar nicht sicher, mein liebes Tagebuch, ob ich davon auf Deinen Seiten schreiben soll, da ich geschworen habe, niemandem etwas von diesem Geheimnis zu erzählen... Dann habe ich mir aber gedacht, daß ich Dir ja alles sagen kann, weil Du mein treuster Freund bist, und weil ich Dich außerdem gut verwahre, indem ich Dich immer in meinem Köfferchen wegschließe.

Übrigens liegt mein Koffer mit meiner Wäsche in einem kleinen Schrank, der oberhalb des Nachttisches in die Wand eingelassen ist. Alle Kollegiaten haben solch einen durch ein graues Türchen verschließbaren Schrank.

Gestern abend nun, während meine Kameraden schon schliefen, bin ich, um mein Tagebuch in meinem Köfferchen zu verstauen, in meinen Schrank gekrochen, und da habe ich Stimmen gehört.

Ich wurde ganz neugierig und spitzte die Ohren. Ich hatte mich nicht getäuscht: Die Stimmen kamen von der Wand hinter dem Schrank... und ich glaubte sogar, die Stimme von der *Signora* Gertrude erkennen zu können.

Anscheinend ist die Wand nicht sehr dick.

2. Februar

Heute fangen wir mit unserem Test an.

Vor dem Mittagessen hatte Carlo Pezzi schon jedem von uns ein Tütchen gegeben, in dem winzige Anilin-Körnchen waren.

Weil heute Sonntag ist, hat es einen Gang mehr gegeben, und das war Fisch mit Mayonnaise, und so hat jeder von unserem Geheimbund auf den Teller, auf dem der Fisch serviert wurde, ein Körnchen getan. Ein weiteres haben wir auf den Teller mit den geschmorten Muscheln gelegt (auch dieser Gang kommt fast so oft auf den Tisch wie die Reissuppe). Somit haben wir zwei Anilin-Körnchen pro Kopf in die Küche geschmuggelt, das sind insgesamt zehn.

Und weil es heute abend Braten mit Soße gab, haben wir auf die schmutzigen Teller ein weiteres Körnchen getan, so daß heute insgesamt fünfzehn Körnchen in den berüchtigten Wasserkessel in der Küche gewandert sind...

— Stell dir vor, — sagte Barozzo zu mir, — selbst wenn wir von heute an bis Donnerstag pro Tag nur ein Körnchen los werden - wir können ja immer nur Körnchen auf den Teller tun, wenn es etwas mit Soße gibt -, sind das weitere zwanzig Körnchen, also mit denen von heute fünfunddreißig, und das ist mehr als genug, um die Rinderbrühe am Freitag rot zu färben... immer vorausgesetzt, daß das Verhör des Kochs durch den *Signor* Stanislaus eine Posse war, aber daran habe ich nach wie vor nicht den geringsten Zweifel. —

— Dann werden wir am Freitag also eine rote Rinderbrühe kriegen? —

— Bestimmt nicht! Höchstwahrscheinlich wird der Küchenjunge während der Woche überhaupt nicht mitkriegen, daß das Wasser in dem Kessel täglich roter wird; das wird erst der Koch am Freitag morgen merken, wenn er daran geht, seine berühmte hausgemachte Rinderbrühe zusammenzupanschen. —

— Aber dann wird er schnell eine andere Brühe machen! —

— Natürlich! Und was wird er in seiner Not tun? Er wird schnell eine Reissuppe machen!... Wenn es also am Freitag nicht die übliche Rinderbrühe gibt, bedeutet das, daß sie tatsächlich mit dem Spülwasser der ganzen Woche gemacht ist, und dann werden wir auf die Barrikaden gehen. —

Was für ein helles Köpfchen ist doch Barozzo! Er sieht alles voraus, und er weiß immer auf alles eine Antwort...

Und jetzt, mein Tagebuch, verstaue ich Dich wieder im Koffer, und weißt Du, was ich dann machen werde? Ich habe hier einen Meißel, den ich mir heute in einer Unterrichtspause vom Hof geholt habe, als der Maurer, der seit einigen Tagen hier zu tun hat, gerade nicht da war... Und mit diesem Meißel will ich anfangen, ganz vorsichtig ein Loch in die Wand hinter meinem Schrank zu machen, um herauszufinden, von woher die Stimmen kommen, die ich gestern abend gehört habe.

Meine Kameraden schlafen schon; jetzt lösche ich das Licht und krieche in den Schrank, um mich an die Arbeit zu machen...

3. Februar

Heute, nach dem Mittagessen, hat unser Geheimbund wieder getagt, und unter anderem haben wir darüber gesprochen, wie sehr es uns zum Hals heraushängt, ewig diese ekelhafte Reissuppe essen zu müssen, und wir sind uns alle darin einig gewesen, daß es höchste Zeit ist, dagegen etwas zu unternehmen.

Mario Michelozzi hat gesagt:

— Ich habe eine Idee, und wenn es mir gelingt, mir die Mittel zu beschaffen, die ich zu ihrer Ausführung brauche, werde ich sie euch verraten. Aber ich brauche dafür die Hilfe unseres tapferen Stoppani.—

Es freut mich zu hören, daß die großen Jungen eine so hohe Meinung von mir haben und daß ich ihr ganzes Vertrauen genieße, während sie die anderen kleinen Jungen meiner Klasse gar nicht ernst nehmen, ja nicht einmal beachten.

Aber unter meinen Klassenkameraden gibt es einen - Gigino Balestra heißt er -, der ist in meinem Alter und ein prima Kerl, und mit dem habe ich mich angefreundet. Er würde es verdienen, in unseren Geheimbund aufgenommen zu werden, denn ich glaube, er ist treu und zuverlässig... Dennoch möchte ich ganz sicher gehen, denn es würde mir sehr viel ausmachen, von den anderen verspottet zu werden, wenn sich herausstellen würde, daß ich einen Verräter mitgebracht habe.

Ich habe einen sehr lieben Brief von Mama bekommen, der mich ein bißchen über das Leben hier im Internat hinwegtröstet, ein Leben eher für einen Hund als für einen Menschen, erstens, weil es hier keine Freiheit gibt, zweitens, weil das

Essen so miserabel ist, und drittens, was das schlimmste ist, weil wir so weit weg von zu Hause sind, denn obwohl der *Signor* Stanislaus und die *Signora* Gertrude behaupten, sie würden jetzt die Stelle unserer Eltern einnehmen, werden sie es doch nie schaffen, daß wir Papa und Mama vergessen.

4. Februar

Ich habe eine große Neuigkeit!

Heute Nacht ist es mir nach langer, geduldiger Arbeit endlich gelungen, in die Wand hinter dem Schränkchen oberhalb meines Bettes ein Loch zu machen. Das war sehr anstrengend, da ich ja keinen Lärm machen durfte, um meine Schlafgenossen nicht zu wecken.

Sogleich drang von der anderen Seite ein Lichtschein zu mir herüber, aber er war ziemlich trübe, weil irgendetwas dazwischen war, was die Sicht behinderte.

Als ich den Meißel durch das Loch schob, merkte ich, daß das Hindernis nachgab; und nachdem ich es gründlich untersucht hatte, kam ich zu dem Schluß, daß es sich um ein Bild handeln müsse, das an der Wand hing.

Aber obwohl mir das Bild den Blick verstellte, hinderte es mich doch nicht am Hören; und was ich da hörte, wenn ich auch die Worte nicht verstand, waren ganz eindeutig die Stimmen vom *Signor* Stanislaus und der *Signora* Gertrude, die sich miteinander unterhielten.

Nur einmal konnte ich etwas aufschnappen, als nämlich die Direktorin ziemlich erregt folgende Worte sagte:

— Du bist und bleibst ein unverbesserlicher Esel! Diese Bengel essen noch viel zu gut! Jedenfalls habe ich jetzt einen Vertrag mit dem Gutsverwalter des Marquis Rabbi über dreißig Zentner Kartoffeln geschlossen... —

Mit wem sprach die *Signora* Gertrude da? Die andere Stimme, die ich hörte, war zweifellos die ihres Mannes; aber kann man sich vorstellen, daß ein Direktor mit der strengen Miene eines alten Feldwebels sich so von seiner Frau behandeln läßt?...

Die Rede von den Kartoffeln brachte mich auf den Gedanken, daß vielleicht auch der Koch da war und die Direktorin mit ihm gesprochen hatte.

Als ich Tito Barozzo von der Sache erzählte, meinte er:

— Wer weiß! Auf jeden Fall ist das ein zweitrangiges Problem. Viel wichtiger ist, daß auf uns arme Kollegiaten schon bald dreißig Zentner Kartoffeln zukommen, das sind dreißigmal hundert Kilogramm, also dreitausend Kilogramm, was so viel bedeutet, wie hundertfünfzehn Kilogramm pro Magen, wobei man von dieser Rechnung natürlich die Mägen des Direktors und der Direktorin sowie die des Küchenpersonals abziehen muß, weil die ja eine Extrawurst gebraten kriegen!... —

Heute in der Mittagspause ist unser Geheimbund wieder zusammengekommen, und ich habe den anderen von dem Loch erzählt, das ich in die Wand gemacht habe. Alle haben mir Beifall gespendet und gesagt, daß dieser Horchposten eine tolle Entdeckung sei und für uns alle sehr nützlich sein könne, daß man aber erst herauskriegen müsse, um was für ein Zimmer es sich handelt, aus dem die Stimmen der Direktorin und des Direktors kamen.

Diese Aufgabe hat Carlo Pezzi übernommen, der einen Onkel hat, der Bauingenieur ist und deshalb weiß, wie man den Grundriß eines Hauses zeichnet.

5. Februar

Als ich heute morgen zum Zeichensaal ging, hat sich Mario Michelozzi an mich herangeschlichen und geflüstert:
— *Einer für alle!* —
— *Alle für einen!* — habe ich geantwortet.
— Geh' in die Kammer mit den Öllämpchen, sie ist offen. Hinter der Tür findest du unter einem Handtuch eine große Flasche mit Petroleum; die nimmst du, bringst sie in Deinen Schlafsaal und versteckst sie unter Deinem Bett. Maurizio Del Ponte steht Wache; wenn er *Calpurnius* ruft, läßt du die Flasche stehen und machst dich aus dem Staub. —
Ich habe den Befehl ausgeführt, und alles hat wunderbar geklappt.

Heute hat Carlo Pezzi in einer Pause gründlich untersucht, was das für ein Zimmer sein kann, das hinter meinem Schrank ist. Aber mehr als alle Ingenieurskunst hat ihm ein Gespräch mit den Maurern geholfen, die immer noch mit Reparaturarbeiten im Haus beschäftigt sind.
Von Michelozzi hatte ich die Anweisung bekommen:
— Halte dich bereit heute abend: Wenn alle schlafen wie die Murmeltiere, werden wir uns den Reis vornehmen... das wird eine Gaudi! —

6. Februar

Bevor die Glocke zum Aufstehen bimmelt, will ich Dir, mein Tagebuch, noch schnell die letzten Neuigkeiten erzählen.
Vor allem gibt es eine frohe Nachricht: Die Kollegiaten des Internats Pierpaoli werden erst einmal eine Weile lang keine Reissuppe mehr essen!
Gestern abend, als alle schon schliefen, hörte ich an der Tür des Schlafsaals ein leichtes, mehrmals wiederkehrendes Kratzen, so ähnlich wie das von einem Holzwurm. Es war das Zeichen, das ich mit Michelozzi vereinbart hatte, der mit einem Fingernagel an der Tür kratzte, um mir Bescheid zu geben, daß ich die Petroleumflasche herausbringen sollte, was ich auch auf der Stelle tat.
Er nahm sie, und dann gab er mir die Hand und flüsterte mir ins Ohr:
— Gehe immer dicht hinter mir an der Mauer entlang... —
Obwohl ich all meinen Mut zusammennahm, hatte ich doch ziemliches Herzklopfen, als wir dann mit angehaltenem Atem und auf das kleinste Geräusch achtend durch die stockfinsteren Gänge schlichen.
Als wir schließlich in einen ziemlich engen Gang einbogen, wurde es auf einmal heller (das Licht kam von einem Fenster, dessen Läden nicht geschlossen waren), und dann standen wir plötzlich vor einer kleinen Tür, die in die Mauer eingelassen war.
— Das ist der Lagerraum! — flüsterte Michelozzi. — Nimm diesen Schlüssel... Es ist der Schlüssel vom Physiksaal, er paßt auch in dieses Schloß... Aber mach leise... —
Ich nahm den Schlüssel, steckte ihn ganz leise ins Schloß und drehte ihn dann vorsichtig um... Die Tür öffnete sich, und wir traten ein.

Der Lagerraum war spärlich erleuchtet durch einen Lichtschein, der von einer kleinen Fensterluke kam, die sich ganz oben gegenüber der Tür befand; in diesem dämmrigen Licht konnten wir auf der einen Seite eine Reihe offenstehender Säcke sehen, in denen ein weißes Zeug war...

Ich steckte die Hände hinein: Es war der Reis, jener verhaßte Reis, den wir in diesem Hause jeden Tag, außer Freitag und Sonntag, und zu jeder Mahlzeit aufgetischt bekommen...

— Hilf mir! — flüsterte Michelozzi.

Ich half ihm, die große Flasche hochzuheben, und dann übergossen wir den Reis ordentlich mit Petroleum.

— So, das hätten wir geschafft! — sagte mein Kamerad, stellte die Flasche wieder auf den Boden und ging zur Tür. — Und jetzt können sie sich ihre wunderschönen Reisvorräte in der Pfanne braten. —

Ich antwortete nicht. Ich hatte nämlich einen Sack getrockneter Feigen erspäht und war gerade dabei, mir Mund und Taschen damit vollzustopfen.

Nachdem wir die kleine Tür wieder zugeschlossen hatten, liefen wir ganz vorsichtig denselben Weg wieder zurück, den wir gekommen waren, und trennten uns vor meinem Schlafsaal.

— Alles ist gut gegangen! — sagte Michelozzi leise. — Und was die Hauptsache ist, wir haben den Kollegiaten dieses Internats einen riesengroßen Dienst erwiesen! Jetzt bringe ich den Schlüssel des Physiksaals wieder zurück, und dann gehe ich ins Bett... *Einer für alle!* —

— *Alle für einen!* — und wir gaben uns die Hand.

Ganz leise ging ich zu Bett, aber ich war von unserem nächtlichen Abenteuer noch so aufgeregt, daß ich nicht einschlafen konnte.

Schließlich entschloß ich mich, die Arbeit in meinem Schrank wieder aufzunehmen. Das Zeichen, mit dem Michelozzi mir heute abend zu verstehen gegeben hatte, daß er da war und auf mich wartete, hatte mich auf eine Idee gebracht, wie ich gefahrlos in das Bild, das mir die Sicht verstellte, ein Loch machen könnte.

Aber bevor ich daran denken konnte, mußte ich erst das Loch in der Wand etwas größer machen; und so versuchte ich ganz vorsichtig, mit dem Meißel den Mörtel um einen Ziegelstein locker zu machen, was mir auch schließlich gelang, so daß ich den Ziegelstein herausnehmen konnte!

Damit hatte ich ein richtiges Fensterchen, das ich, je nach Wunsch, mittels des Ziegelsteins öffnen oder wieder schließen konnte.

Nun blieb mir noch, das Loch in die Leinwand des Bildes zu machen. Teils mit den Fingernägeln und teils mit Hilfe des Meißels fing ich an, in regelmäßigen Abständen an der Leinwand zu kratzen, wobei ich dachte: "Selbst wenn man dieses Geräusch hier hören sollte, wird man glauben, daß es ein Holzwurm ist, so daß ich getrost weiter arbeiten kann, bis ich am Ziel bin."

Tatsächlich habe ich so lange gekratzt, bis ich durch die Fingerprobe festgestellt hatte, daß in der Leinwand ein kleines Loch war... Doch in dem Zimmer, über das Carlo Pezzi so mühselige Nachforschungen angestellt hatte, war es stockdunkel.

Und da es für den Augenblick nichts mehr zu tun gab, bin ich äußerst zufrieden über meine Arbeit wieder ins Bett gegangen.

Mein Gewissen konnte mir nun wirklich nicht vorwerfen, daß ich mich dem Müßiggang hingegeben hatte, der ja bekanntlich aller Laster Anfang ist... und so schlief ich seelenruhig ein, wobei ich mir schon halb im Schlaf die großen Überraschungen ausmalte, die mir mein Beobachtungsposten, der mir so viel Schweiß und so viele Stunden Schlaf gekostet hat, bescheren würde...

Ich kann den heutigen Abend kaum erwarten.

Hurra, wir haben gesiegt!

Heute haben wir endlich mal etwas anderes gegessen als Reissuppe!... Es gab eine wunderbare Tomatensuppe, der von den sechsundzwanzig Kollegiaten des Internats Pierpaoli einhellig und mit sechsundzwanzig freudestrahlenden Gesichtern begrüßt wurde...

Wir vom Geheimbund grinsten uns ab und zu vielsagend an, denn wir kannten ja das Geheimnis, das hinter dieser plötzlichen Änderung des Speiseplans stand.

Wer weiß, was sich in der Küche für eine Tragödie abgespielt hat!...

Die *Signora* Gertrude lief wie ein wildes Tier und mit blutunterlaufenen Augen um den Tisch herum und warf nach allen Seiten mißtrauische Blicke...

Für mich und Mario Michelozzi war es eine große Genugtuung, daß wir es waren, die hinter der Änderung unseres Speiseplans steckten, und wenn ich an unsere abenteuerliche Unternehmung von heute Nacht denke, an die Gefahren, denen wir uns mit kaltem Blut gestellt haben, so komme ich mir vor wie einer der Helden in jenen glorreichen Expeditionen, die sich in der Geschichte aller Völker finden und die denen, die sie unternommen haben, sehr viel Spaß gemacht haben müssen, während von ihnen zu lesen für uns arme Schüler ziemlich langweilig ist, weil wir sie dann immer mit all den Jahreszahlen auswendig lernen müssen...

Und geht es nicht letztenendes auch in unserem Fall, wenn auch im kleineren Rahmen, wieder einmal darum, daß die, die mehr Mut und ein größeres Herz haben als die anderen, bereit sind, sich für das Gemeinwohl zu opfern?.

Auch in der Geschichte der Nationen gibt es Völker, die es irgendwann einmal satt haben, immer nur Reissuppe zu essen, und dann gibt es Verschwörungen und Aufstände, und dann ist auch die Stunde der Michelozzis und Stoppanis gekommen, die so lange und bei Einsatz ihres Lebens kämpfen, bis es endlich statt Reissuppe Tomatensuppe gibt...

Was macht es schon, wenn das Volk die Namen der Männer nicht kennt, die dafür gesorgt haben, daß es keine Reissuppen mehr gibt? Uns genügt es zu wissen, daß wir das, was wir getan haben, für das Glück aller getan haben.

Doch die anderen Mitglieder unseres Geheimbundes haben mich und Michelozzi zu unserer erfolgreichen Aktion sehr beglückwünscht, und Tito Barozzo hat uns die Hand gegeben und gesagt:

— Ihr wart großartig! Wir ernennen euch hiermit zu unseren *Petrolieri d'onore* [56]

Dann hat uns Carlo Pezzi eine höchst wichtige Mitteilung gemacht.

---

[56] '*Petroliere d'onore* = P. ehrenhalber' dagegen wird hier spielerisch gebraucht, um die Verdienste der beiden Geheimbündler zu würdigen.

In der Fahne: Hoch lebe die Tomatensuppe! Die beiden «Petrolieri d'onore» des Geheimbunds

— Ich war in dem Zimmer, zu dem das Guckloch geht, das unser tüchtiger Stoppani gebohrt hat und das uns noch von unschätzbarem Nutzen sein wird. Es war gar nicht schwer, hineinzukommen, denn seit einigen Tagen sind dort die Maurer dabei, ein Stück des Fußbodens neu zu machen. Es handelt sich um den Audienzsaal der Direktion, in dem der *Signor* Stanislaus und die *Signora* Gertrude nur Respektpersonen und die engsten Freunde empfangen. Rechts ist dieser Raum mit dem Direktionszimmer verbunden, und links geht es zum Schlafzimmer des Direktorenpaars. Was das Bild betrifft, das unserem Stoppani den Blick auf diesen wichtigen Platz im feindlichen Lager verstellt, so handelt es sich um ein großes Ölbild, das den Professor Pierpaolo Pierpaoli darstellt, jenen verdienstvollen Gründer dieses Internats und Onkel der *Signora* Gertrude, die es geerbt hat... —

— Ausgezeichnet!

Heute abend werde ich also von meiner gemütlichen Loge oben im letzten Rang das Schauspiel genießen, das sich in dem Zimmer mit dem Bild des seligen Pierpaolo Pierpaoli abspielt.

— Wie gern wären wir an Deiner Stelle! — sagten meine Kameraden vom Geheimbund *Einer für alle, alle für einen*.

7. Februar

Gestern abend, gleich nachdem meine kleinen Kameraden eingeschlafen waren, bin ich in meinen Schrank geklettert, habe die Tür hinter mir zugemacht und, indem ich den Ziegelstein herausnahm, mein Fenster geöffnet. Dann habe ich meinen Kopf in die Öffnung gesteckt und mein Auge an das kleine Loch gehalten, das ich gestern abend in das Bild des seligen Professor Pierpaolo Pierpaoli gemacht habe, der den äußerst unglücklichen Einfall hatte, dieses verhaßte Internat zu gründen.

Am Anfang war alles dunkel, aber kurze Zeit später wurde es plötzlich hell, und ich sah, wie unten in der linken Tür die *Signora* Gertrude mit einem angezündeten Kerzenleuchter in der Hand erschien. Hinter ihr kam der *Signor* Stanislaus, der in flehendem Ton sagte:

— Aber liebe Gertrude, du mußt doch zugeben, daß diese Geschichte mit dem Petroleum in den Reissäcken ziemlich rätselhaft ist... —

Die Direktorin antwortete nicht und ging langsam weiter auf die rechte Tür zu.

— Sollte sich bei uns ein Bengel eingenistet haben, dem so etwas zuzutrauen ist? Auf jeden Fall werde ich alles tun, um hinter die Sache zu kommen... —

Bei diesen Worten blieb die *Signora* Gertrude stehen, drehte sich zu ihrem Mann um und sagte mit schriller Stimme:

— Ihr werdet nie dahinterkommen, weil Ihr ein unverbesserlicher Esel seid! —

Und damit ging sie in das andere Zimmer und hinterließ den Saal des seligen Pierpaolo Pierpaoli in völliger Finsternis...

So kurz diese Szene, die ich von meiner Loge aus beobachtet hatte, auch war, so aufschlußreich war sie doch.

Denn jetzt bestand kein Zweifel mehr, daß die *Signora* Gertrude vorige Nacht, als es um die Kartoffeln ging, nicht etwa dem Koch gegenüber ein so loses Mundwerk geführt hatte, sondern gegenüber dem Direktor dieses Internats...

Als die *Signora* Gertrude ihr "unverbesserlicher Esel" sagte, sprach sie mit niemand anderem als ihrem eigenen Mann!

Heute ist ein großer Tag; es ist Freitag, und wir vom Geheimbund erwarten ganz gespannt den Ausgang unseres Tests, mit dem wir herauskriegen wollten, ob die Rinderbrühe mit Abwaschwasser gekocht ist oder nicht...

8. Februar

Gestern abend hätte ich eigentlich gern hier noch erzählt, was an diesem Freitag noch weiter passiert ist, aber mir war es dann doch wichtiger, von meinem Beobachtungsposten aus das feindliche Lager zu überwachen... Und außerdem muß ich von jetzt an ungeheuer vorsichtig sein, weil man uns überall nachspioniert, und beim bloßen Gedanken daran, daß sie mein Tagebuch finden, bricht mir der Schweiß aus...

Glücklicherweise ist das Schloß meines Koffers, in dem ich mein Tagebuch verschließe, ziemlich schwer zu öffnen... Und außerdem hat man sowieso nur die Großen im Verdacht und... Und schließlich, wenn man mich zum Reden zwingen würde, könnte ich Sachen erzählen, über die sich das ganze Internat schieflachen würde, so wie ich es jetzt tue, allerdings nur innerlich, da ich meine Kameraden nicht wecken will...

Ach, mein Tagebuch, wie viele Sachen habe ich zu berichten, und was für welche... Aber ich will der Reihe nach erzählen. Fangen wir an mit der erstaunlichen und unglaublichen Geschichte von der gestrigen Rinderbrühe.

Wie gewöhnlich saßen also alle sechsundzwanzig Kollegiaten des Internats Pierpaoli pünktlich um 12 Uhr um den Tisch des Speisesaals und warteten auf das Mittagessen... Ich wünschte, ich hätte die Feder eines Salgàri oder eines Manzoni, um zu beschreiben, mit welcher Spannung die Mitglieder unseres Geheimbunds darauf warteten, daß die Suppe aufgetragen würde...

Endlich kam sie dann auch!... Unsere Hälse wurden lang und unsere Blicke folgten voller Neugier den Suppenschüsseln... und kaum begannen sich unsere Teller zu füllen, da rundeten sich sämtliche Münder zu einem langen erstaunten *Oooooooh*, und es erhob sich ein allgemeines Gemurmel, in dem immer wieder die Worte zu hören waren:

— Die ist ja rot! —

Die *Signora* Gertrude, die um unsere Stühle herumstrich, blieb stehen und sagte mit einem Grinsen:

— Na klar! Seht ihr denn nicht, daß da rote Beete drin sind? —

Tatsächlich schwammen in der Rinderbrühe diesmal ganz viele Rote-Beete-Stückchen, für uns vom Geheimbund stumme und schreckliche Zeugen der ganzen Niederträchtigkeit des Kochs...

— Und was machen wir jetzt? — sagte ich leise zu Barozzo.

— Das wirst du gleich sehen! — flüsterte er mit vor Zorn funkelnden Augen. Und dann stand er auf, guckte in die Runde und rief mit seiner kräftigen Stimme:

— Jungs! Keiner von euch ißt von dieser roten Brühe... Sie ist vergiftet! —

Bei diesen Worten ließen sämtliche Kollegiaten ihren Löffel auf den Tisch fallen und guckten Barozzo ganz entgeistert an.

Die Direktorin, deren Gesicht noch roter als die Suppe geworden war, stürzte sich auf Barozzo, packte ihn am Arm und schrie ihn mit ihrer schrillen Stimme an:

— Was sagst du da? —

— Ich sage — antwortete Barozzo — daß die Suppe nicht von den Rote-Beete-Stückchen so rot ist, sondern von dem Anilin, das ich selbst da hineingetan habe! —

Die Bestimmtheit und Unerschrockenheit, mit der der tapfere Präsident unseres Geheimbunds seine Aussage machte, erschütterte die *Signora* Gertrude derart, daß sie einige Minuten wie vor den Kopf geschlagen dastand und kein Wort herausbringen konnte; aber schließlich entlud sich ihr fürchterlicher Zorn in folgenden unheilschwangeren Worten:

— Du!... Du!... Du!... Bist du denn verrückt geworden!... —

— Nein, ich bin nicht verrückt geworden! — gab Barozzo zurück. — Ich wiederhole noch einmal, daß diese Brühe so rot ist wegen des Anilins, daß ich selbst da hineingetan habe, obwohl sie allen Grund gehabt hätte, von alleine rot zu werden, nämlich aus Scham darüber, auf welche Weise man sie zubereitet hat! —

Dieser wunderbare Satz, von Barozzo in jenem hellen Tonfall geäußert, der für den Süditaliener typisch ist, ließ die arme Direktorin vollends außer Fassung geraten, so daß ihr nichts anderes mehr einfiel, als immer nur zu wiederholen:

— Du! Du! Ausgerechnet Du!... —

Schließlich schob sie Barozzos Stuhl weg und zischte: — Geh hinunter ins Direktionszimmer! Dort wirst du uns alles erklären! —
Und sie machte dem Pedell ein Zeichen, daß er ihn dorthin begleiten solle.
Dieser ganze Auftritt ging so blitzschnell über die Bühne, daß die Kollegiaten, auch nachdem Barozzo den Speisesaal verlassen hatte, immer noch ganz verdattert waren und wie gebannt auf seinen leeren Stuhl starrten.
Inwischen hatte die Direktorin die Anweisung gegeben, die rote Rinderbrühe wegzubringen und den nächsten Gang aufzutragen. Dieser bestand in gekochtem Stockfisch, und alle Kollegiaten stürzten sich mit einem solchen Hunger auf ihn, daß er trotz seiner Zähigkeit ihren Zähnen nicht widerstehen konnte.
Was mich betraf, so stocherte ich, obwohl ich nicht weniger Appetit hatte als die anderen, verlegen in meinem Stockfisch herum, denn ich spürte den festen durchdringenden Blick der *Signora* Gertrude auf mir, die mich seit dem Augenblick, in dem Barozzo aufgestanden war und wegen der Suppe Alarm geschlagen hatte, nicht mehr aus den Augen gelassen hatte.
Auch in der Pause nach dem Essen ließ die Direktorin nicht von ihrer strengen Überwachung, und so konnte ich nur flüchtig ein paar Worte mit Michelozzi wechseln.
— Was machen wir jetzt? —
— Warten wirs ab! Erst müssen wir hören, was uns Barozzo zu sagen hat. —
Aber Barozzo wurde den ganzen Tag über von keinem mehr gesehen.
Am Abend erschien er wieder zum Essen, aber er war völlig verwandelt. Er hatte rot umränderte Augen, und er wich den neugierigen Blicken von uns allen, besonders von den Mitgliedern unseres Geheimbunds, aus.
— Was ist denn passiert? — fragte ich ihn leise.
— Frag nicht... —
— Aber was ist denn los mit dir? —
— Wenn du mein Freund sein willst, frag mich jetzt nicht weiter. —
Er war ganz verlegen, und seine Stimme klang belegt.
Was war bloß vorgefallen?
Diese Frage beschäftigte mich gestern den ganzen Tag, ohne daß ich eine Antwort darauf fand.
Gestern abend, gleich nachdem meine kleinen Kameraden eingeschlafen waren, bin ich in meinen Schrank gekrochen, ohne auch nur daran zu denken, die Ereignisse des Tages aufzuschreiben, obwohl sie ja nun wirklich nicht unwichtig waren. Aber im Augenblick war es einfach wichtiger zu sehen, was sich im Zimmer des seligen Professor Pierpaoli abspielte, um dem Feind in die Karten zu gucken.
Tatsächlich, meine Erwartung wurde nicht enttäuscht.
Kaum war ich auf meinem Beobachtungsposten, da hörte ich auch schon die Stimme der *Signora* Gertrude. Sie sagte gerade:
— Du bist ein unverbesserlicher Esel! —
Mir war sofort klar, daß sie mit ihrem Mann sprach; und als ich dann mein Auge an das Guckloch hielt, das ich in das Bild des seligen Gründers dieses Internats gemacht hatte, sah ich wirklich unten im Saal das Direktorengespann. Sie standen sich direkt gegenüber: Die Direktorin, die Hände in die Hüfte gestemmt, mit ihrer roten Schnapsnase und mit vor Wut funkelnden Augen, und der Direktor, steif und in seiner ganzen Länge, so wie ein General, der sich in Stellung bringt, um einen Angriff abzuwehren.
— Du bist ein unverbesserlicher Esel! — sagte die *Signora* Getrude noch einmal. — Nur du bist schuld daran, daß wir diesen Schlingel aus Neapel bei uns haben! Du wirst sehen, er wird den guten Ruf unseres Hauses ruinieren, indem er die Geschichte mit der Rinderbrühe an die große Glocke hängt... —

— Beruhige dich doch, Gertrude — antwortete der *Signor* Stanislaus — und versuche einmal die Dinge ganz nüchtern zu betrachten. Zunächst hast du doch selbst zugestimmt, daß Barozzo zu Sonderkonditionen bei uns aufgenommen worden ist, weil sein Vormund uns drei weitere Zöglinge verschafft hat, für die er den vollen Verpflegungssatz zahlt... —

— Ich und zugestimmt?! Daß ich nicht lache! Ich wollte einfach dein schwachsinniges Gerede nicht mehr hören! —

— Aber Gertrude, versuch doch mal, dich zu beherrschen und mir zuzuhören! Ich garantiere dir, daß Barozzo mit der Entdeckung, die er mit seinem Anilin gemacht hat, keinen Mißbrauch treiben wird. Du weißt doch, daß er keine Ahnung davon hatte, daß er es nur besonderen Bedingungen zu verdanken hat, daß er bei uns sein darf. Diesen Umstand habe ich mir zunutze gemacht und ihn damit am empfindlichsten Punkt seiner Selbstachtung getroffen. Eindringlich habe ich ihm ins Gewissen geredet und ihm klar gemacht, daß er nur aus Mitleid aufgenommen wurde, und daß er daher mehr als alle anderen die Pflicht hat, sich dankbar zu zeigen und uns und unser Haus zu lieben. Bei dieser Enthüllung fiel Barozzo aus allen Wolken. Er wußte nicht mehr, was er sagen sollte und wurde zahm wie ein Küken. Schließlich stotterte er: "Signor Stanislaus, verzeihen Sie mir... Ich sehe jetzt ein, daß ich in diesem Haus keinerlei Rechte habe... und Sie können sicher sein, daß ich in Zukunft gegen Ihr Internat weder etwas sagen noch etwas unternehmen werde... Ich schwöre es Ihnen!" —

— Und du Esel glaubst solchen Schwüren? —

— Aber sicher. Barozzo ist im Grunde ein ernsthafter Junge, und er war sehr beeindruckt von dem Bild, das ich ihm von seiner Lage gezeichnet habe. Ich bin absolut überzeugt davon, daß wir von seiner Seite nichts zu fürchten haben... —

— Du bist und bleibst ein Esel! Hast du etwa den Stoppani vergessen? Er hat uns schließlich die ganze Suppe eingebrockt! Er ist es gewesen, der den Aufstand wegen der Rinderbrühe angezettelt hat! —

— Was den Stoppani betrifft, so läßt man ihn besser in Ruhe! Mit ihm ist es etwas ganz anderes; er ist schließlich noch ein Kind! Und wieso sollte das Geschwätz eines Kindes dem guten Ruf unseres Hauses schaden?... —

— Soll das etwa heißen, daß du ihn nicht bestrafen willst? —

— Ganz recht, meine Liebe! Eine Strafe würde ihn nur noch aufmüpfiger machen. Und außerdem war es Barozzo, der das Anilin auf die Teller getan hat; er hat mir selbst gestanden, daß er es allein gewesen ist und niemand sonst... —

Bei diesen Worten ging der *Signora* Getrude derartig die Galle hoch, daß ich dachte, sie würde jeden Augenblick der Schlag treffen. Sie erhob die Arme zum Himmel und fing an zu zetern:

— Oh, heiliger Himmel! Oh, unsterbliche Götter!... Ein solcher Trottel wie Ihr will Internatsdirektor sein? Mit welchem Recht, möchte ich wissen, wenn du so blöd bist und den Worten eines solchen Bengels wie Barozzo Glauben schenkst? Dich sollte man wahrhaftig ins Irrenhaus sperren!... Einen größeren Idioten als dich gibt es nicht noch mal auf der Welt! —

Das war dem Direktor nun doch zu viel; er beugte sich zu seiner aufgebrachten Frau hinunter, guckte ihr in die Augen und rief:

— Jetzt reicht es aber, Gertrude! —

Und dann, mein Tagebuch, sah ich etwas so Ungewöhnliches und Unerwartetes, gleichzeitig aber etwas so Komisches, daß man es sich einfach nicht vorstellen kann.

Die *Signora* Gertrude streckte, gleich einem Raubtier, das nach seiner Beute greift, ihre Rechte nach dem Kopf des Direktors aus, packte seine Haare und zischte:

— Na, was hast du jetzt vor? —

Und während sie diese Worte sagte, sah ich zu meiner größten Überraschung, daß die schwarze Mähne des Direktors in den Krallen der Direktorin geblieben war und von ihr jetzt durch die Luft gewirbelt wurde, wozu sie immer dieselben wütenden Worte wiederholte:

— So, du wagst es also, mir zu drohen? Du? Mir? —

Dann warf sie plötzlich die Perücke weg, ergriff einen Teppichklopfer, der auf einem Tischchen lag, und setzte dem *Signor* Stanislaus nach, der, ganz eingeschüchtert und mit kahlem Schädel, schlecht und recht versuchte, sich gegen die Attacken seiner besseren Hälfte zu schützen, indem er immer um den Tisch herumlief...

Die Szene war so ungeheuer komisch, daß ich mir, so sehr ich mich auch bemühte, nicht völlig das Lachen verkneifen konnte und meinem Mund ein kleiner spitzer Schrei entfuhr.

Dieser Schrei war die Rettung für den *Signor* Stanislaus. Die beiden Eheleute drehten sich ganz verwundert zu dem Bild des Professor Pierpaoli um, und die *Signora* Gertrude, deren Wut mit einem Schlage einer unbestimmten Angst gewichen war, murmelte:

— Ah, der Geist des Onkel Pierpaoli! —

Ich hielt es für klüger, mich zurückzuziehen, um die Eheleute, die jetzt auf einmal durch ein gemeinsames Gefühl der Furcht friedlich vereint waren, darüber nachgrübeln zu lassen, was wohl der Schrei des seligen Gründers dieses unglückseligen Internats ihnen hatte sagen wollen.

9. Februar

Heute morgen ist zwischen den Mitgliedern des Geheimbundes *Einer für alle, alle für einen* das übliche Losungswort ausgegeben worden, das bedeutet: In der Pause ist Versammlung.

Tatsächlich haben wir uns dann auch versammelt, und ich kann mich nicht erinnern, jemals bei einer so bewegenden Sitzung unseres Geheimbundes dabei gewesen zu sein.

Beim Wiederlesen des Berichts, den ich in meiner Eigenschaft als Sekretär unseres Bundes angefertigt habe, fühle ich mich erinnert an Szenen aus dem Leben der frühen Christen in den Katakomben oder an Episoden aus der *Carbonari*-Bewegung,[57] wie sie in den historischen Romanen beschrieben werden.

---

[57] In Süditalien gegründeter patriotischer Geheimbund, der vor allem gegen die französische und österreichische Fremdherrschaft und für die Einheit Italiens kämpfte.

Du kannst Dir denken, mein Tagebuch, daß diesmal keiner bei der Zusammenkunft unseres Geheimbunds fehlte, denn das Verhalten von Barozzo war keinem entgangen, und alle waren gespannt zu erfahren, warum er, nachdem er wegen der Anilin-Geschichte zum Direktor gerufen worden war, plötzlich so völlig verändert war.

Wie üblich haben wir uns in unserer Ecke im Hof versammelt, wobei wir sehr vorsichtig sein mußten, um nicht der Direktorin aufzufallen, die von Tag zu Tag mißtrauischer zu werden scheint. Besonders mich läßt sie keine Minute aus den Augen, als würde sie jeden Moment mit irgendeinem Streich von mir rechnen.

Glücklicherweise hat sie nicht den leisesten Verdacht, daß die Stimme des *Signor* Pierpaoli, die ihr so Angst gemacht hat, meine Stimme gewesen sein könnte, sonst würde sie mich totschlagen, wenn ich nicht mit noch Schlimmerem rechnen müßte, denn ich glaube, daß diese Frau zu allem fähig ist!

Nachdem wir also alle einen Kreis gebildet hatten, sagte Barozzo, der leichenblaß war, daß einem bange werden konnte, mit einem Seufzer und mit todernster Miene:

— Dies ist das letzte Mal, daß ich eine Versammlung des Geheimbunds leite… —

Wir waren alle wie vor den Kopf gestoßen und guckten uns ganz erstaunt an, weil jeder von uns Barozzo als einen Jungen schätzt, der großen Mut, ein helles Köpfchen und einen edlen Charakter hat, kurzum: wirklich der ideale Präsident für einen Geheimbund.

Es folgte ein Moment der Stille, den niemand zu unterbrechen wagte; dann fuhr Barozzo, noch ernster als vorher, fort:

— Ja, meine Freunde, ab heute muß ich auf die hohe Ehre, Präsident unseres Bundes zu sein, verzichten… Außerordentlich schwerwiegende, wenn auch von meinem Willen gänzlich unabhängige Gründe, zwingen mich, mein Amt niederzulegen. Täte ich das nicht, käme ich mir wie ein Verräter vor, und das kann ich nie und nimmer akzeptieren! Man kann von mir sagen, was man will, aber kein Mensch soll mir jemals vorhalten können, daß ich nur einen Tag ein Amt innegehabt habe, dessen ich mich nicht als würdig betrachte… —

An dieser Stelle unterbrach ihn Michelozzi, der ein weiches Herz hat, obwohl er jeder Gefahr mit Heldenmut begegnet, und sagte mit vor Erregung bebender Stimme:

— Nicht als würdig? Aber es kann doch überhaupt nichts geben, weswegen wir dich für unwürdig halten würden, bei uns zu bleiben… und weiterhin unser Präsident zu sein! —

— Überhaupt nichts! — wiederholten wir alle im Chor.

Aber Barozzo schüttelte den Kopf und fuhr fort:

— Ich habe nichts getan, weswegen ihr mich für unwürdig halten könntet… mein Gewissen wirft mir keine Handlung vor, die gegen die Grundsätze unseres Bundes oder gegen die Ehre im allgemeinen verstößt. —

Bei diesen Worten legte unser bisheriger Präsident in einer ergreifenden Geste eine Hand auf sein Herz, und dann fuhr er fort:

— Ich kann euch nichts weiter sagen!… Wenn ihr noch einen Rest an Zuneigung für mich empfindet, dürft ihr mich weder jetzt noch sonst irgendwann nach dem Grund fragen, der mich dazu zwingt, mein Amt niederzulegen. Euch muß das Wissen genügen, daß ihr von jetzt an mit meiner Hilfe nicht mehr rechnen könnt, und daß ich vor allem den Kampf gegen die Leitung dieses Internats nicht mehr unterstützen kann… ihr seht also, daß ich nicht mehr euer Präsident sein kann und daß meine Entscheidung unwiderruflich ist. —

Wir alle guckten uns erneut ganz erstaunt an, und einige tauschten auch ganz leise ihre Eindrücke aus. Ich merkte sofort, daß alle die Worte von Barozzo sehr ernst nahmen, daß sie aber, sobald sich die erste Überraschung gelegt hatte, seinen Rücktritt nicht akzeptieren würden.

Das merkte auch Barozzo, aber er blieb bei seiner Entscheidung wie Marcantonio Bragadino,[58] als er damit rechnen mußte, von den Türken die Haut abgezogen zu kriegen.

Da ich die ganze Zeit daran denken mußte, was ich am Abend vorher von meinem Beobachtungsposten aus gesehen und gehört hatte, konnte ich jetzt einfach nicht mehr an mich halten, und ich schrie, so laut ich nur konnte:

— Niemals und nimmer wirst du zurücktreten! —

— Und wer könnte mich daran hindern? — sagte Barozzo stolz. — Wer könnte mir verbieten, den Weg einzuschlagen, den mir die Stimme meines Gewissens gebietet? —

— Von wegen Stimme deines Gewissens! — antwortete ich. — Und was heißt hier 'Deinen Weg einschlagen'! Die Stimme, die dich so durcheinanderbringt, ist die von der *Signora* Gertrude! Und was das Einschlagen betrifft, so kann ich dir versichern, daß weitere Schläge nach denen, die gestern abend der *Signor* Stanislaus bekommen hat, gänzlich überflüssig sind! —

Bei diesen Worten waren die Mitglieder unseres Geheimbundes so überrascht, daß ich Mitleid mit ihnen bekam und nicht anders konnte, als ihnen sofort die ganze Szene zu erzählen, deren Zeuge ich gestern abend gewesen war.

Ich kann Dir gar nicht schildern, mein Tagebuch, wie beruhigt alle waren, als sie hörten, daß Barozzo eigentlich gar keinen zwingenden Grund für seinen Rücktritt hatte, denn es war einfach nicht wahr, daß er aus Mitleid ins Internat aufgenommen worden war! Der wahre Grund war ja vielmehr der Vorteil, den der Direktor und die Direktorin durch den Vormund unseres Präsidenten hatten, weil er ihnen weitere Kollegiaten verschafft hatte.

Aber am meisten waren alle daran interessiert, zu hören, wie der *Signor* Stanislaus seine Tracht Prügel bekam und seine Perücke verlor, denn keiner hätte sich jemals vorstellen können, daß der Direktor mit seinem militärischen Auftreten sich so von seiner Ehefrau mißhandeln ließ, ganz zu schweigen davon, daß jemand auf den Gedanken gekommen wäre, daß seine Haare genau so Attrappe waren wie sein militärisches Gehabe.

Barozzo war jedoch noch immer ganz verstört und in seine Gedanken versunken. Man sah, daß ich ihn mit meinen Erklärungen nicht über die schreckliche Enttäuschung hatte hinwegtrösten können, die er erlebt hatte, als er hörte, daß er unter ganz anderen Bedingungen aufgenommen worden war als die anderen Kinder des Internats.

Tatsächlich wollte er trotz unseres Drängens nicht von seiner folgenschweren Entscheidung abrücken, und er schloß mit den Worten:

— Laßt mich gehen, meine Freunde, denn früher oder später werde ich etwas ganz Großes machen... etwas, das ihr euch im Augenblick gar nicht vorstellen könnt. Ich kann nun einmal nicht mehr länger Mitglied eures Geheimbunds sein, weil es mir gewisse Skrupel verbieten, und ich habe das Bedürfnis, meine Ehre zu retten, aber nicht euch gegenüber, sondern allein mir selbst gegenüber. —

Er sagte dies alles mit einer solchen Bestimmtheit, daß keiner es wagte, den Mund aufzumachen. Wir beschlossen dann, uns so bald wie möglich wieder zu treffen, um einen neuen Präsidenten zu wählen, denn es war inzwischen spät geworden, und es konnte sein, daß jemand nach uns suchte.

— Irgend etwas Großes liegt in der Luft! — sagte Maurizio Del Ponte zu mir, als wir uns die Hand gaben und die übliche Losung: *Einer für alle, alle für einen!* austauschten.

---

[58] Venetianischer General und Gouverneur von Zypern (1523-1571). Leistete bei der türkischen Belagerung von Zypern tapferen Widerstand. Nachdem er sich ergeben hatte, wurde er gehäutet.

Wir werden sehen, ob Del Ponte mit seiner Voraussage recht behält, aber auch ich habe das Gefühl, daß ein großes Abenteuer bevorsteht, und vielleicht schon in allernächster Zeit.

Noch eine umwerfende Neuigkeit!
Gestern abend habe ich von meinem Beobachtungsposten aus entdeckt, daß der Direktor, die Direktorin und der Koch Spiritisten sind...
Im Ernst! Als ich das Auge an mein Guckloch hielt, waren alle drei schon um ein rundes Tischchen versammelt und der Koch sagte gerade:
— Achtung! Jetzt kommt er! —
Und wer kommen mußte, war niemand anders als der Geist des seligen Professors Pierpaolo PierPaoli, des verdienstvollen Gründers dieses Internats, hinter dessen Bild ich mich gerade befand, um seine drei unwürdigen Beschwörer zu überwachen.

Ich brauchte nicht viel Zeit und Köpfchen, um zu erraten, warum und zu welchem Zweck diese spiritistische Sitzung stattfand. Offensichtlich waren der *Signor* Stanislaus und die *Signora* Gertrude von dem kleinen Schrei, den sie am Abend vorher aus der Richtung des Bildes ihres Vorgängers gehört hatten, ziemlich verstört und litten unter Gewissensbissen, einmal wegen des Ehekrachs, den sie vor den Augen des seligen Gründers dieses Internats inszeniert hatten, und dann vielleicht auch wegen einer vagen Angst, die ihnen die jüngsten Ereignisse im Internat einflößten. Und so wollten sie nun den Geist des großen Toten anrufen, um ihn um Vergebung, Rat und Hilfe zu bitten.

— Jetzt kommt er! Er ist da! — wiederholte der Koch.
Plötzlich rief die *Signora* Gertrude:
— Wirklich, da ist er! —
Und tatsächlich fing das Tischchen an, sich zu bewegen.
— Spreche ich mit dem Geist des Professor Pierpaoli? — fragte der Koch und starrte mit weit aufgerissenen und wie glühende Kohlen funkelnden Augen auf den Tisch.
Man hörte einige Schläge auf den Tisch, und dann sagte der Koch:
— Er ist es wirklich. —
— Frag ihn, ob er auch gestern abend da war! — flüsterte die *Signora* Gertrude.
— Warst du auch gestern abend hier? Antworte! — sagte der Koch im Befehlston.
Da fing der Tisch an zu tanzen und hin und her zu schaukeln, während die drei Spiritisten sich von ihren Stühlen erhoben, ebenfalls hin und her schaukelten, um sich dann wieder zu setzen, wobei sie jeder Bewegung des Tisches folgten.
— Ja, — sagte der Koch — er war auch gestern abend da. —
Der *Signor* Stanislaus und die *Signora* Gertrude wechselten einen Blick miteinander, als ob sie sagen wollten: "Oh je, der muß ja einen tollen Eindruck von uns gekriegt haben!"
Dann sagte der *Signor* Stanislaus zum Koch:
— Frag ihn, ob ich das Wort an ihn richten kann... —
Aber die *Signora* Gertrude unterbrach ihn schroff und sagte, indem sie ihm einen wütenden Blick zuwarf:
— Kommt nicht in Frage! Wenn jemand das Recht hat, mit dem Geist des Professors zu sprechen, bin ich das, seine Nichte, und nicht Ihr, den er nicht einmal von Ferne kannte, habt Ihr verstanden? —
Und dann wandte sie sich an den Koch und sagte:
— Frag ihn, ob er mit mir sprechen will! —
Da konzentrierte sich der Koch ganz stark, und ohne die Augen von der Tischplatte zu lassen, wiederholte er die Frage der Direktorin.
Kurze Zeit darauf fing der Tisch wieder an, zu tanzen und zu schaukeln.
— Er hat nein gesagt — sprach der Koch.
Die *Signora* Gertrude war wie vor den Kopf gestoßen, während der *Signor* Stanislaus vor lauter Freude über die verdiente Niederlage seiner rechthaberischen Ehehälfte sich nicht beherrschen konnte und mit einem kindlichen Triumph in der Stimme, der eher zu mir als zu ihm gepaßt hätte, ausrief:
— Siehst du?! —
Hätte er das nur bleiben lassen.
Die *Signora* Gertrude wurde giftig wie eine Viper und schleuderte dem armen Direktor ihre übliche Beleidigung ins Gesicht:
— Ihr seid und bleibt ein unverbesserlicher Esel! —
— Aber Gertrude! — antwortete der *Signor* Stanislaus ganz verlegen und mit kleinlauter Stimme. — Ich bitte dich, mäßige dich... mindestens in der Gegenwart des Kochs... und vor allem in der Gegenwart des Geistes des seligen Professor Pierpaolo Pierpaoli! —
Der zaghafte Protest dieses armen Mannes rührte mich so, daß ich ihn gegen seine angriffslustige Frau in Schutz nehmen wollte. Und so machte ich mit rauher Stimme und in einem mißbilligenden Tonfall:
— Ahhh... —
Mit einem Schlag drehten sich die drei, die ganz bleich geworden waren und vor Angst zitterten wie Espenlaub, zu dem Bild des Professors um.

Dann folgte eine lange Pause.
Der erste, der die Sprache wieder fand, war der Koch. Er schaute mit seinen feurigen Augen zu mir hoch und rief:
— Bist du noch immer der Geist des Pierpaolo Pierpaoli? Antworte! —
Ich machte: — Ssssssss... —
Der Koch fuhr fort: — Ist es Dir erlaubt, direkt mit uns in Kontakt zu treten? —
Mir kam eine Idee, und indem ich meine Stimme wie vorher verstellte, antwortete ich:
— Mittwoch zur Geisterstunde! —
Angesichts dieser Verabredung wurde den drei Spiritisten ganz feierlich zumute, und sie schwiegen. Dann sagte der Koch mit gedämpfter Stimme:
— Offenbar ist es ihm heute abend und morgen verboten zu sprechen... Wir sehen uns also übermorgen! —
Sie erhoben sich, stellten den Tisch in eine Ecke, warfen demütige Blicke zu mir hoch, und beim Hinausgehen sagte der Koch noch einmal mit ernster Stimme:
— Bis übermorgen! —
Der *Signor* Stanislaus und die *Signora* Gertrude waren immer noch ganz durcheinander und blieben verlegen in der Mitte des Zimmers stehen. Dann sagte der Direktor mit zuckersüßer Stimme zu seiner Frau:
— Gertrude... Gertrude... Nicht wahr, du versuchst dich zu mäßigen? Du wirst nicht mehr diesen häßlichen Satz zu mir sagen? —
Diese, hin und her gerissen zwischen ihrer Angst und ihrem bärbeißigen Charakter, antwortete zähneknirschend:
— Ich werde diesen Satz nicht mehr sagen... denn der Wunsch meines Onkels, Gott hab ihn selig, ist mir heilig... Aber auch wenn ich ihn nicht mehr sage, könnt Ihr mir glauben, daß Ihr immer der unverbesserliche Esel bleiben werdet, der Ihr seid! —
An dieser Stelle verließ ich schnell meinen Beobachtungsposten, denn ich konnte mir kaum noch das Lachen verbeißen.

Heute morgen, nachdem ich die Geschichte von der spiritistischen Sitzung von gestern abend aufgeschrieben hatte, bemerkte ich, daß einer meiner Kameraden im Schlafsaal wach war.
Ich habe ihm ein Zeichen gegeben, daß er mich nicht verraten soll, obwohl das eigentlich gar nicht nötig war, denn es war niemand anders als mein treuer Freund Gigino Balestra, von dem ich hier in meinem Tagebuch schon erzählt habe.
Gigino Balestra ist ein ernsthafter Junge, der mich sehr gern hat, und ich habe schon mehr als einmal feststellen können, daß ich mich auf ihn verlassen kann und bei ihm keine Angst zu haben brauche, daß er mich verpetzt. Vor allem kommen wir beide aus Florenz. Er ist der Sohn des berühmten Konditors Balestra, bei dem auch mein Papa immer einkauft, denn er ist berühmt für seine Meringen, die es bei ihm immer frisch gibt. Außerdem ist der Vater von Gigino sehr gut mit meinem Schwager Maralli befreundet, denn auch er ist ein hohes Tier in der sozialistischen Partei.
Und schließlich fühlen wir uns auch deshalb miteinander verbunden, weil unsere Lebenschicksale so ähnlich sind. Auch er ist ein Unglücksrabe wie ich, und er hat mir seine ganzen Schicksalsschläge der Reihe nach erzählt, deren letzter, der

auch der größte war, seinen Vater zu dem Entschluß gebracht hat, seinen Sohn ins Internat zu stecken. Er ist so interessant, daß ich ihn hier in meinem Tagebuch erzählen möchte.

— Selbst wenn ich tausend Jahre leben sollte, — sagte Gigino zu mir, — werde ich niemals den 1. Mai des vergangenen Jahres vergessen, denn er wird für alle Zeiten der schönste und zugleich der schrecklichste Tag meines Lebens bleiben! —

An diesem Tag also - auch ich erinnere mich noch sehr gut an ihn - gab es eine große Unruhe in der Stadt, weil die Sozialisten wollten, daß sämtliche Geschäfte geschlossen bleiben sollten, während viele Ladenbesitzer ihren Laden geöffnet lassen wollten; sogar in den Schulen gärte es, weil einige sozialistische Väter verlangten, daß der Rektor schulfrei geben sollte, während viele andere Väter nichts davon wissen wollten.

Selbstverständlich schlagen sich sämtliche Kinder in so einer Situation auf die Seite der Sozialisten, selbst solche, deren Väter in einer anderen Partei sind, denn wenn es darum geht, schulfrei zu haben, bin ich mir sicher, daß es keinen Schüler auf der ganzen Erde gibt, der nicht bereit wäre, den heiligen Grundsatz zu unterschreiben, daß es allemal besser ist, einen Spaziergang ins Grüne mit einer roten Nelke im Knopfloch zu machen, als in die Schule zu gehen.

Tatsächlich kam es dann dazu, daß viele Kinder an diesem Tag streikten, und ich erinnere mich noch gut, daß auch ich streikte, und daß ich deswegen von Papa für drei Tage zu Wasser und Brot verdonnert wurde.

Aber da kann man nichts machen! Große Ideen haben schon immer ihre Märtyrer gehabt...

Dem armen Gigino Balestra ging es freilich noch schlimmer als mir.

Aber im Unterschied zu mir hatte Gigino seinen Schulstreik mit Zustimmung seines Vaters gemacht, ja, sein Vater hätte ihn sogar in dem unwahrscheinlichen Fall, daß Gigino hätte zur Schule gehen wollen, gezwungen, nicht hinzugehen.

— Heute ist der Tag der Arbeit, — hatte der *Signor* Balestra zu seinem Sohn gesagt — und von mir aus kannst du mit deinen Kameraden vor die Stadt gehen. Amüsier' dich schön, aber mach keine Dummheiten! —

Das ließ sich Gigi nicht zweimal sagen, und so war er mit einigen seiner Freunde losgezogen, um ein paar Kameraden zu besuchen, die auf dem Land wohnten.

Dort angekommen, fingen sie an zu spielen und zu toben, und nach und nach kamen immer mehr Kinder dazu, bis es schließlich nicht weniger als zwanzig Kinder aller Altersstufen und aus allen sozialen Verhältnissen waren, die jetzt brüderlich vereint ein Fest mit viel Geschrei und Gejohle feierten.

Irgendwann begann Gigino, der sich ein bißchen wichtig machen wollte, weil er der Sohn eines der führenden Köpfe der sozialistischen Partei ist, eine Rede zu halten über den 1. Mai, über die soziale Gerechtigkeit und andere Sachen, von denen er zu Hause oft sprechen gehört hatte und die er wie ein Papagei nachplappern konnte. Aber plötzlich und wie aus heiterem Himmel brachte eines der Kinder, ein lumpig gekleidetes Bürschchen, Gigino mit folgender Frage in Verlegenheit:

— Alles schön und gut, — sagte er — aber findest du es vielleicht gerecht, daß du eine Konditorei voll mit Kuchen und Plätzchen zu Deiner Verfügung hast, während wir Armen nicht einmal eine Ahnung davon haben, wie all diese Sachen schmecken? —

Gigino wußte erst gar nicht, was er auf diese unerwartete Bemerkung sagen sollte. Er dachte ein bißchen nach, und dann antwortete er:

— Aber die Konditorei gehört doch nicht mir, sondern meinem Vater!... —

— Na und?! — entgegnete das Bürschchen. — Dein Vater ist doch genau so Sozialist wie du! Müßte er da nicht heute, an diesem Festtag des Sozialismus, mindestens ein Stück Kuchen oder Gebäck pro Kopf an alle Kinder verteilen, und vor allem an die, die so etwas noch nie gekostet haben?... Wenn er nicht mit gutem Beispiel vorangeht, mit welchem Recht kann er so etwas dann von den konservativen Konditoren verlangen! —

Dieses fadenscheinige Argument überzeugte im Nu die ganze Gesellschaft, und alle fingen an zu schreien:

— Krabbe hat Recht! (Krabbe ist der Spitzname dieses lumpig angezogenen Bürschchens.) Hoch lebe Krabbe!...

Gigino war natürlich in höchster Verlegenheit, denn er hatte Angst, daß er - und nicht nur er, sondern auch sein Vater - vor all diesen Kindern eine schlechte Figur machen könnte; und so suchte er verzweifelt nach einem Gegenargument, mit dem er seinen Herausforderer außer Gefecht setzen konnte. Schließlich kam ihm eine Idee, die ihn anfangs wegen ihrer Gewagtheit fast erschreckte, die ihm aber dann doch als durchführbar und überhaupt als die einzige erschien, die in dieser heiklen Lage geeignet war, die politische Glaubwürdigkeit seiner eigenen Person und die seines Vaters zu retten.

Ihm war eingefallen, daß sein Vater in diesem Augenblick in der *Camera del Lavoro* [59] war, um eine Rede zu halten, und daß die Schlüssel zur Konditorei daher zu Hause in seinem Zimmer in der Nachttischschublade sein mußten.

— Also gut! — rief er. — In meinem Namen und dem meines Vaters lade ich euch alle in unseren Laden ein, damit ihr unsere Spezialitäten probieren könnt... Aber Jungs, natürlich nur unter einer Bedingung: Ein Stück Gebäck pro Kopf! —

Die Stimmung der ganzen Bande schlug im Nu um; jedem lief das Wasser im Munde zusammen, und ein einziger Schrei der Begeisterung hallte durch die Luft.

— Hoch lebe Gigino Balestra! Hoch lebe sein Vater! —

Und die ganze Mannschaft folgte ihm mit dem glühenden Eifer und dem Ungestüm einer tapferen Heerschar, die eine lang umkämpfte Stellung plötzlich ohne Widerstand einnehmen kann.

"Alle zusammen sind wir zwanzig Leute" überlegte inzwischen Gigino, "und ob von Hunderten von Gebäckstücken und Plätzchen zwanzig oder meinetwegen auch fünfundzwanzig fehlen oder nicht, kann sowieso keiner feststellen... Für so einen Klacks lohnt es wirklich nicht, meinen Ruf, den meines Vaters und der Partei, in der wir sind, aufs Spiel zu setzen!"

Als sie wieder in der Stadt waren, sagte Gigino zu seiner treuen Gefolgschaft:

— Hört zu, ich laufe jetzt geschwind nach Hause, um die Ladenschlüssel zu holen... Ihr anderen geht inzwischen zum Hintereingang der Konditorei, aber nicht alle auf einmal, damit es nicht auffällt! —

— Abgemacht! — riefen alle aus einem Mund.

Doch Krabbe sagte noch:

---

[59] Arbeiterselbsthilfe-Organisation zu Gunsten der arbeitslosen Arbeiter.

— Aber ich warne dich: Führe uns ja nicht an der Nase herum, sonst weißt du, was Dir blüht... —

Da legte Gigino die Hand aufs Herz und sagte in feierlichem Ton:

— Ich bin Gigino Balestra, und wenn ich einmal mein Wort gegeben habe, halte ich es auch! —

Dann lief er ganz schnell nach Hause, wo nur seine Mutter und eine seiner kleinen Schwestern waren; unbemerkt schlüpfte er in das Zimmer seines Vaters, nahm aus der Nachttischschublade die Ladenschlüssel und stürmte mit den Worten:

— Ich gehe noch ein bißchen mit meinen Freunden spielen; ich bin aber bald wieder da! — aus dem Haus.

Und dann ging er schnurstracks zum Laden, nicht ohne ständig nach rechts und nach links zu schauen, denn er hatte Angst, von einem Bekannten gesehen zu werden.

Er schloß den Rolladen auf, zog ihn so weit hoch, daß er in den Laden treten konnte, und sobald er drinnen war, zog er ihn wieder herunter. Er hatte sich von zu Hause eine Schachtel Streichhölzer mitgebracht und zündete nun eine Kerze an, die sein Vater immer neben der Tür liegen hatte; so fand er den Gaszähler, den er öffnete, um dann alle Lampen in der Konditorei anzumachen. Danach schloß er den Hintereingang auf, der auf ein stilles Gäßchen hinausging.

Sofort drangen die Kameraden von Gigino in den Laden; erst einer, dann zwei, dann drei...

— Aber bitte — versuchte noch einmal der Sohn des Konditors seinen Kameraden einzuschärfen — ein, höchstens zwei Stück Gebäck pro Kopf... Sonst ist es um mich geschehen! —

An dieser Stelle ist es besser, wenn ich Gigino Balestra selbst sprechen lasse: Er ist der Held in diesem tragischen und zugleich komischen Abenteuer und kann es deshalb bestimmt viel besser erzählen, als ich es je könnte.

— Mir kam es — sagte Gigino — auf einmal vor, als wäre die Schar meiner Freunde ungeheuer gewachsen. Der Laden war bis ins letzte Eckchen ausgefüllt mit einem dichten Gewimmel von Kindern, die miteinander tuschelten und gierige Blicke auf all die süßen Sachen und Likörflaschen warfen. Krabbe fragte mich, ob sie nicht eine Flasche Likör aufmachen könnten, um, wie er sagte, nicht ohne Wasser zu spachteln, und nachdem ich das erlaubt hatte, reichte er mir höflich ein volles Glas und sagte, daß ich als Hausherr zuerst trinken müsse. Und ich trank, und alle anderen tranken auch, indem sie auf mein Wohl anstießen und mir immer wieder neu einschenkten, so daß wir schließlich eine weitere Flasche aufmachen mußten... Inzwischen wurden auch die Gebäckstückchen und Plätzchen immer weniger, und die mir am nächsten Stehenden boten mir immer wieder davon an, indem sie sagten: — Nimm und probier mal, wie gut dies ist, probier mal, wie lecker das ist, — praktisch so, als wären sie die Besitzer und ich ihr Gast. Was soll ich dir sagen, lieber Stoppani? Irgendwann kamen wir an einen Punkt, wo ich keinen klaren Kopf mehr hatte. Ich war ungeheuer aufgedreht, und in mir brannte ein Feuer und eine Begeisterung, wie ich sie bis dahin nie gespürt hatte. Es kam mir vor, als wäre ich in einem phantastischen Land, das ganz mit Kindern aus Marzipan bevölkert war, die ein Gehirn aus Pudding und ein Herz aus Marmelade hatten und die vereint waren durch die süßen Bande der Brüderlichkeit, die um so süßer waren, als sie mit viel Zucker und allen möglichen Sorten von *Rosolio*[60] gewürzt waren. Und dann machte auch ich es wie all die anderen und stopfte mir die Backen voll mit Gebäckstückchen und Plätzchen, leerte die verschiedenfarbigsten Flaschen und

---

[60] Likör, der in Italien seit dem Mittelalter in Klöstern hergestellter wird.

Fläschchen und warf verzückte Blicke auf das lustige Treiben all dieser Kinder, die mir wie Traumgestalten vorkamen und die immer wieder mit vollem Mund riefen: — "Hoch lebe der Sozialismus! Hoch lebe der 1. Mai!" — Ich kann dir nicht sagen, wie lange diese phantastische Szene mit all ihrem Zauber und ihrer Seligkeit dauerte... Ich weiß nur, daß irgendwann mit einem Schlag die Musik wechselte und eine schreckliche Stimme, nämlich die meines Vaters, durch den Laden donnerte und schrie: — Ah, ihr Hundesöhne, jetzt zeige ich euch mal, was ich unter Sozialismus verstehe! — Und dann hagelte es Kopfnüsse nach allen Seiten, so daß diese ganze Horde von beschwipsten Kindern unter Geschrei und Tränen halsüberkopf zum Ausgang drängte, um sich in Sicherheit zu bringen. Für einen Moment konnte ich ganz klar sehen, und das groteske Schauspiel, das sich meinen umherwandernden Blicken darbot, machte mir mit einem Schlag bewußt, welch schreckliche Schuld ich auf mich geladen hatte... Die Theke, die noch vor kurzem mit hunderten von süßen Sachen, alle schön ordentlich aufgereiht, bedeckt gewesen war, war nun leer, die Regale rundherum waren in schönster Unordnung, hier und da sah man Berge von heruntergefallenen Flaschen, aus denen Sirup und Likör herauslief, auf dem Boden war ein klebriger Matsch aus zertrampeltem Blätterteig, überall auf den Sitzen, in den Regalen und auf der Theke waren Creme- und Sahnebatzen, die aus den Meringen herausgespritzt waren und Abdrücke von schokoladeverschmierten Fingern... All das sah ich, wie gesagt, nur für einen kurzen Augenblick, denn eine gewaltige Kopfnuß schleuderte mich unter die Theke, so daß mir buchstäblich Hören und Sehen verging. Als ich wieder zu mir kam, war ich zuhause in meinem Bett, und bei mir saß meine Mama und weinte. Mir brummte der Schädel, und schlecht war mir auch... Den Tag danach, am zweiten Mai, gab mir mein Vater zwei Löffel Rhizinusöl; und am nächsten Tag, den dritten Mai, sagte er zu mir, ich sollte mich anziehen, und dann brachte er mich hierher ins Internat Pierpaoli... —

Mit diesen Worten beendete Gigino Balestra seine Erzählung, aber sein feierlicher Ton am Schluß wirkte auf mich so komisch, daß ich einfach lachen mußte.

— Wie man sieht — sagte ich zu ihm — bist du genau wie ich ein Opfer deines guten Glaubens und deiner Ehrlichkeit. Weil du einen Vater hast, der Sozialist ist, hast du in deiner Begeisterung geglaubt, du müßtest seine Theorien in die Praxis umsetzen, und eure Kuchen und Plätzchen an jene armen Kinder verteilen, die noch nie in ihrem Leben so etwas Feines gegessen haben. Und was war das Ergebnis? Dein Vater hat dich bestraft... Es ist hoffnungslos: Wir Kinder machen immer wieder denselben einen Fehler: die Theorien der Erwachsenen (übrigens nicht nur der Männer, sondern auch die der Frauen) ernst zu nehmen! Im allgemeinen läuft es so: Die Großen bringen uns Kleinen einen Haufen von guten und schönen Sachen bei, aber wehe, wenn man ihre ausgezeichneten Lehren in die Praxis umsetzt und dabei ihre Nerven reizt oder ihren Plänen oder Interessen in die Quere kommt... Ich werde niemals eine Sache vergessen, die passiert ist, als ich noch ganz klein war... Meine gute Mama, die wirklich die beste Frau dieser Welt ist, hat mir immer gepredigt, daß ich nicht lügen soll, weil man schon bei einer einzigen Lüge für sieben Jahre ins Fegefeuer muß. Eines Tages nun, als der Schneider zu ihr kommen wollte, um seine Rechnung zu bringen, befahl sie Caterina, sie solle sagen, sie sei nicht zu Hause. Da lief ich, um nicht ins Fegefeuer zu kommen, zur Tür und schrie, das wäre überhaupt nicht wahr und Mama wäre zu Hause... Und als Belohnung dafür, daß ich die Wahrheit gesagt hatte, bekam ich eine tüchtige Ohrfeige. —

— Und warum haben sie dich ins Internat geschickt? —
— Weil ich einen faulen Zahn gefischt habe! —
— Wie bitte? — rief Gigino ganz erstaunt.

— Und weil ein Tattergreis geniest hat! — fügte ich noch hinzu, denn es machte mir Spaß, zu sehen, was Gigino für ein verdutztes Gesicht machte...

Dann, nachdem ich ihn ein bißchen hatte zappeln lassen, erzählte ich ihm mein letztes Abenteuer im Hause meines Schwagers Maralli, das dazu führte, daß die Bewährungsprobe, die mir mein Vater eingeräumt hatte, ein abruptes Ende fand und ich dann in dieses Zuchthaus gebracht wurde.

— Wie du siehst, — schloß ich — bin auch ich Opfer eines Schicksals, das es nicht gut mit mir meint. Denn wenn der *Signor* Venanzio, der Onkel meines Schwagers, nicht genau in dem Moment geniest hätte, in dem der Haken meiner Angel in seinem sperrangelweit offenstehenden Mund hing, hätte ich ihm nicht den einzigen Zahn, der ihm noch geblieben war, gezogen, und ich wäre nicht hier! Da kannst du mal sehen, von was für Zufällen das Schicksal und der Ruf eines armen Jungen abhängen kann... —

Ich wollte hier von den vertraulichen Gesprächen erzählen, die ich mit Gigino Balestra hatte, um zu zeigen, daß wir jetzt ganz dicke Freunde sind, und daß ich, als er heute morgen wach war und mir beim Tagebuchschreiben zuschaute, tatsächlich nicht den geringsten Grund hatte, ihm zu mißtrauen. Außerdem habe ich ihm unter dem Siegel der Verschwiegenheit von meinen Erinnerungen erzählt, die ich hier in meinem Tagebuch aufschreibe. Und dann habe ich ihm anvertraut, daß ich in einem Geheimbund bin und habe ihm vorgeschlagen, bei uns mitzumachen...

Darauf drückte er mich so heftig an seine Brust, daß ich ganz gerührt war, und dann sagte er, daß er stolz über das Vertrauen wäre, das ich ihm entgegenbrächte.

Und so habe ich ihn heute in einer Unterrichtspause zu meinen Freunden gebracht, die ihn herzlich aufgenommen haben.

Barozzo war nicht da. Seitdem er nicht mehr unser Präsident ist, lebt er ganz zurückgezogen und grübelt über sein Schicksal nach, und wenn man ihn trifft, grüßt er nur kurz und mit todtraurigem Gesicht. Armer Barozzo!

Ich habe bei unserer Versammlung einen ausführlichen Bericht von der spiritistischen Sitzung gestern abend gegeben, und wir haben beschlossen, daß alle gründlich darüber nachdenken sollen, ob wir uns diese neue Situation nicht zunutze machen und irgendeinen Streich für Mittwoch Nacht vorbereiten könnten.

Morgen, am Dienstag, kommen wir wieder zusammen, um einen neuen Präsidenten zu wählen und um über die Rolle zu sprechen, die der Geist des seligen Professor Pierpaoli bei der Verabredung mit dem *Signor* Stanislaus, der *Signora* Gertrude und ihrem würdigen Bundesgenossen, dem Koch und Erfinder der Rinderbrühe aus Abwaschwasser, spielen soll.

Gestern abend nichts Neues.

Von meinem Beobachtungsposten aus sah ich den Direktor und die Direktorin, wie sie langsam und ohne ein Wort zu sagen durch das Zimmer des verehrten Pierpaolo in ihr Schlafzimmer gingen, nicht ohne vorher einen furchtsamen Blick hoch zu dem Bild des Professors zu werfen, als wollten sie sagen: "Bis morgen abend, und dann sei uns Gott gnädig!"

Gigino Balestra liegt auf seiner Pritsche, schaut mir beim Schreiben zu und grinst...

Heute, in der Unterrichtspause, fand die Wahl des neuen Präsidenten unseres Geheimbunds statt.

Alle Mitglieder hatten schon den Jungen ihrer Wahl auf ein Papierchen geschrieben, das zusammengefaltet in eine Mütze geworfen wurde. Gigino Balestra, der kleinste von uns (er ist zweieinhalb Monate jünger als ich) hat die Stimmen ausgezählt, mit dem Ergebnis, daß unser neuer Präsident Mario Michelozzi heißt.

Auch ich habe für ihn gestimmt, weil er es verdient, denn daß wir seit einigen Tagen nicht mehr die übliche Reissuppe essen, haben wir ihm zu verdanken.

Dann haben wir diskutiert, was wir morgen abend bei der spiritistischen Sitzung machen wollen. Jeder hatte irgendeine Idee, aber am meisten Beifall fand die von Carlino Pezzi.

Carlo Pezzi, unser Spezialist für Topographie,[61] hatte, als er dabei war herauszufinden, auf welches Zimmer mein Beobachtungsposten geht, einen Jungen kennengelernt, der den Maurern hilft, die hier im Internat gerade einige Reparaturarbeiten durchführen.

Mit Hilfe dieses Jungen hofft er, in das Zimmer gelangen zu können, in dem das Portrait des Professors Pierpaoli hängt, um dort eine Sache zu machen, die, wenn sie gelänge, eine außerordentliche Wirkung auf die drei Spiritisten haben würde...

Und dann... ja und dann... aber ich möchte jetzt noch nicht von dem Komplott erzählen, das wir geschmiedet haben.

Ich will nur so viel sagen, daß, wenn wir unseren Plan erfolgreich durchführen können, wir uns endlich gerächt haben für die vielen bitteren Brocken, die wir hinunterwürgen mußten, vor allem für die berühmt-berüchtigte Rinderbrühe, die mit dem Abwaschwasser von unseren Tellern gemacht wird, und was noch schlimmer ist, auch von den Tellern des *Signor* Stanislaus und der *Signora* Gertrude.

Himmel, das wird eine aufregende Nacht werden heute!

Wenn ich daran denke, wird mir ganz schwindlig, und ich komme mir vor wie ein Held in einem jener russischen Romane, wo einem auf einmal alles, selbst die simpelsten Sachen wie zum Beispiel mit dem Finger in der Nase bohren, wie ein dunkles Mysterium vorkommen.

Für den Augenblick will ich hier nur zwei wichtige Neuigkeiten festhalten.

Die erste: Heute ist es Carlino Pezzi, während der Direktor und die Direktorin zum Essen waren, mit Hilfe des Maurerjungen, mit dem er sich angefreundet hat, gelungen, in das Zimmer des Professor Pierpaoli hineinzukommen, wo er auch eine lange Leiter fand, die der Maler für das Ausbessern der Decke gebraucht hatte.

Im Nu hatte Pezzi die Leiter zum Bild des Professors angelegt, und nachdem er zu ihm hochgeklettert war, machte er ihm mit einem kleinen Taschenmesser zwei Löcher in die Augen. Damit ist alles wunderbar vorbereitet für das große Spektakel heute Nacht.

---

[61] Vermessungskunde.

Zweite Neuigkeit: Ich traf heute Tito Barozzo, der über unsere Pläne für heute Nacht schon informiert ist und der zu mir sagte:

— Paß auf, Stoppani, ich will dir etwas verraten: Seit dem Tag, an dem ich im Zimmer des Direktors diese tiefe Demütigung erleiden mußte, hier nur aus Mitleid aufgenommen worden zu sein und jeder Widerstandsgeist gegen die Ungerechtigkeiten und Schikanen in diesem Internat in mir erloschen ist, habe ich nur einen - verstehst du, nur einen einzigen - Gedanken gehabt: hier abzuhauen. Allein dieser Gedanke hat mir die Kraft gegeben, bis heute hier auszuhalten. —

Ich war sehr überrascht von dieser Mitteilung, und die Vorstellung, einen so liebenswerten und von uns allen so hoch geschätzten Freund zu verlieren, machte mich ganz betrübt; aber er ließ mich gar nicht zu Worte kommen und sagte:

— Nein, Stoppani, glaube mir, es ist vergebliche Liebesmüh, mich von dieser Entscheidung abbringen zu wollen. Wie elend ich mich in diesem Hause fühle, kann nur ich allein beurteilen, und ich sage dir, wenn diese unerträgliche Situation noch länger andauern würde, sähe ich keinen anderen Ausweg, als mich umzubringen. Deshalb habe ich mich entschlossen zu fliehen, und es gibt nichts, was meine Entscheidung umstoßen könnte. —

— Und wohin wirst du gehen? —

Barozzo zuckte ratlos mit den Achseln.

— Ich weiß es nicht: Ich gehe in die weite Welt, wo ich frei bin und ich es niemals mehr zulassen werde, daß ein Mensch es wagt, mich so zu demütigen, wie es mein Vormund und der Direktor dieses Internats getan haben. —

Er sagte diese Worte mit solcher Würde und solchem Stolz, daß ich ihn bewundernd ansah und dann, voll Feuer und Flamme, ausrief:

— Ich fliehe mit dir! —

Ich werde nie den warmen Blick vergessen, den er mir daraufhin zuwarf und mit dem er seine Dankbarkeit ausdrückte und mir zeigte, daß er mich genau so gern hatte wie ich ihn. Dann sagte er mit einem Ernst in der Stimme, der mir zeigte, wie sehr er mir überlegen war:

— Nein, mein lieber Freund. Weder kannst du noch darfst du von hier fliehen, denn deine Lage ist ganz anders als meine. Du hast hier alle Rechte und kannst dich jederzeit wehren, wenn sie dir jemand mit Gewalt und Tücke streitig machen will. Und außerdem hast du eine Mama und einen Papa, die sich große Sorgen machen würden, wenn du von hier abhaust... während ich bloß einen Vormund habe, der mir sicher nicht einmal eine Träne nachweinen wird, wenn er nichts mehr von mir hört!... —

Der arme Barozzo sagte diese Worte in einem so bitteren und traurigen Ton, daß mir Tränen in die Augen stiegen und ich von Liebe und Mitgefühl überwältigt wurde, so daß ich ihn fest an mich drückte und zu ihm sagte:

— Armer Tito! —

Und dann küßte ich ihn und machte ihn dabei mit meinen Tränen ganz naß.

Er seufzte tief und drückte mich fest an seine Brust. Dann ließ er mich los, fuhr mir mit einer Hand über die Augen und sagte:

— Also paß auf, Stoppani. Das, was ihr für heute nacht geplant habt, kommt meinen eigenen Plänen wunderbar entgegen. Wollt ihr mir helfen? Es ist der letzte Akt brüderlicher Solidarität, um den ich meine Freunde vom Geheimbund bitte...

— Ist doch Ehrensache! —

— Also dann paß gut auf! In dem Augenblick, in dem der Direktor, die Direktorin und der Koch von den Geistern überwältigt werden, gehst du zu der Kammer mit den Öllämpchen, öffnest sie mit diesem Schlüssel, und dann wirst du drinnen einen noch viel größeren Schlüssel finden, der an der Tür hängt und der der Schlüssel zum Eingangstor vom Internat ist, mit dem sie es jeden Abend abschließen. Diesen Schlüssel nimmst du an dich und bringst ihn nach unten ins Erdgeschoß... Dort werde ich auf dich warten.—

Bei diesen Worten nahm Tito Barozzo meine Hand, drückte sie und ging ganz schnell weg.

Wenn ich an die Ereignisse denke, die heute Nacht bevorstehen, bekomme ich Herzklopfen...

Ob unser Plan glückt?

13. Februar

Wieviele Dinge, und was für welche, habe ich heute morgen aufzuschreiben!...

Aber ich muß jetzt auf der Hut sein, deswegen darf ich mich nicht in langwierigen Beschreibungen und Überlegungen verlieren, sondern muß mich kurz fassen und auf die nackten Tatsachen beschränken.

Was für eine Nacht!... und was für eine Tracht!...

Hier also mein Bericht!

Gestern abend konnte ich natürlich nicht einschlafen.

Als die Uhr der nahe gelegenen Kirche halb zwölf schlug und ich mich überzeugt hatte, daß meine Kameraden alle fest schliefen, stand ich auf und zog mich an. Gigino Balestra, der mich von seiner Pritsche aus nicht aus den Augen ließ, machte dasselbe und schlich dann auf Zehenspitzen zu mir herüber.

— Leg dich auf meine Pritsche! — flüsterte ich ihm ins Ohr. — Ich steige in den Schrank, und wenn es so weit ist, gebe ich dir von oben ein Zeichen. —

Er tat, was ich ihm gesagt hatte, während ich auf meinen Nachttisch stieg und von da in mein kleines Observatorium schlüpfte.

Als ich das Auge an mein Guckloch legte, war es in dem Zimmer unten noch stockdunkel; doch die drei Spiritisten ließen nicht lange auf sich warten.

Der Koch stellte das Öllämpchen, das er mitgebracht hatte, auf einer Konsole ab, und dann guckten alle drei zu mir hoch... d.h. zu dem seligen Pierpaolo Pierpaoli.

Der Direktor sagte mit leiser Stimme:

— Mir scheint, daß seine Augen heute abend noch schwärzer sind als sonst!... —

Die *Signora* Gertrude guckte ihren Mann an, und wollte ihm schon, wie ich an ihren Lippen ablesen konnte, ihr übliches 'Du bist ein unverbesserlicher Esel' an den Kopf werfen, aber aus Angst vor dem Geist ihres Onkels hielt sie den Mund. Dabei hatte der *Signor* Stanislaus völlig recht, denn die beiden Löcher, die Carlino Pezzi in die Augen des Bildes gemacht hatte, mußten auf dem schwarzen Hintergrund meines Kabäuschens unweigerlich den Eindruck erwecken, daß die Augen des seligen Professor Pierpaoli viel größer und schwärzer geworden waren.

Dann setzten sich der Direktor, die Direktorin und der Koch wie üblich um ihren Tisch, hielten sich an den Händen und warteten ganz still und gesammelt darauf, daß das Fluidum sich entwickelt.

Kaum hatte die Uhr der Kirche zwölf geschlagen, rief der Koch aus:

— Pierpaolo Pierpaoli! —
Der Tisch machte einen Satz.
— Er ist da! — flüsterte die *Signora* Gertrude.
Darauf folgte eine feierliche Pause.
— Kannst du mit uns sprechen? — fragte der Koch, und alle drei guckten mit weit aufgerissenen Augen hoch zu dem Bild.
Jetzt kam mein Auftritt. Ich antwortete, indem ich mit hauchdünner Stimme machte:
— Sssssss... —
Die drei Spiritisten waren davon so ergriffen, daß es eine ganze Zeit dauerte, bis sie die Sprache wiederfanden.
— Wo bist du? — fragte der Koch schließlich.
— Im Fegefeuer! — antwortete ich mit kaum hörbarer Stimme.
— Oh Gott, Onkel! — rief die *Signora* Getrude aus. — Ausgerechnet Ihr, der so gut und edel wart! Welche Sünden habt Ihr denn begangen? —
— Nur eine einzige! — antwortete ich.
— Und welche? —
— Die, daß ich mein Internat Personen anvertraut habe, die seiner nicht würdig sind! —
Ich sagte diese Worte etwas lauter und ziemlich zornig; und es schien, als wären sie wie ein Haufen Dachziegel auf die Köpfe der drei Spiritisten niedergegangen. Sie ließen die Köpfe hängen und streckten die Arme auf ihrem Tisch aus, so überwältigt waren sie von der schrecklichen Enthüllung und den Gewissensbissen, die sie jetzt bekamen.
Nachdem sie lange Zeit so gesessen hatten, war die *Signora* Getrude die erste, die sich wieder faßte und fragte:
— Ach Onkel... verehrter Onkel... Habt Erbarmen mit uns und sagt, wo wir Unrecht getan haben; dann werden wir alles wieder gut machen! —
— Das wißt Ihr selber! — antwortete ich streng.
Sie schien nachzudenken, dann sagte sie erneut:
— Aber sagt es mir!... Sagt es mir doch bitte! —
Ich schwieg, denn ich hatte mir vorgenommen, nur auf die Fragen zu antworten, die für unseren Plan von Nutzen waren, und so wartete ich jetzt auf die eine entscheidende Frage, die todsicher noch kommen mußte.
— Onkel!... Antwortet Ihr nicht mehr? — sagte die Direktorin mit schmeichelnder Stimme.
Wieder Schweigen.
— Seid Ihr denn so zornig auf uns? — fuhr die Direktorin fort.
Ich blieb weiter still.
— Ob er sich wieder zurückgezogen hat? — fragte sie den Koch.
— Pierpaolo Pierpaoli! — sagte der verhaßte Panscher der Freitags-Rinderbrühe. — Bist du noch da? —
— Ssssss... — antwortete ich.
— Er ist noch da — sagte das Medium. — Wenn er nicht antwortet, heißt das, daß er auf bestimmte Fragen nicht antworten will und daß man ihm andere stellen muß. —
— Onkel, ich bitte dich: — Rief die *Signora* Getrude — Hab Mitleid mit uns armen Sündern!... —
Bei diesen Worten ließ ich von dem Loch, das ich in das Bild des Professors ge-

macht hatte, ab und hielt meine Augen an die Löcher, die Carlo Pezzi in die Augen des Professors gebohrt hatte. Und dann fing ich an, kräftig mit den Augen zu rollen und immer wieder den drei Spiritisten durchdringende Blicke zuzuwerfen.

Diese hatten die ganze Zeit ihre Blicke auf das Bild geheftet, und sobald sie bemerkten, daß der Professor mit den Augen rollte, fingen sie heftig zu zittern an, standen vom Tisch auf und warfen sich auf die Knie.

— Oh Gott, Onkel! — flüsterte die *Signora* Gertrude.— Oh Gott, Onkel!... Habt Erbarmen... Habt Erbarmen mit uns!... Sagt uns, wie wir unsere Verfehlungen wiedergutmachen können! —

Genau das war die Frage, auf die ich gewartet hatte.

— Schiebt den Türriegel auf — sagte ich — damit ich zu euch kommen kann... —

Der Koch, der bleich geworden war wie ein Leintuch, torkelte wie ein Betrunkener zur Tür, um den Riegel aufzuschieben.

— Macht das Licht aus und erwartet mich alle drei auf den Knien! —

Der Koch löschte das Licht, und dann hörte ich, wie er zu den anderen zweien zurückkehrte, um sich neben sie zu knien.

Der große Augenblick war gekommen.

Ich verließ meinen Beobachtungsposten, und während ich aus meinem Schrank hervorkroch, machte ich mit der Kehle einen Laut, wie man ihn macht, wenn man schnarcht.

Sofort erhob sich Gigino von meiner Pritsche, auf der er die ganze Zeit gelegen hatte, und schlich sich lautlos aus dem Schlafsaal.

Er wollte den Kameraden unseres Geheimbundes Bescheid geben, die nur darauf warteten, in das Zimmer von Pierpaolo Pierpaoli einzufallen und, bewaffnet mit Gürteln und Teppichklopfern, ihre gerechte Rache zu nehmen.

Ich schlüpfte wieder in mein Kabäuschen und hielt das Ohr an die Leinwand des Bildes, um ein bißchen das zu erwartende Spektakel zu genießen.

Ich hörte, wie die Tür des Zimmers geöffnet und dann mit dem Riegel wieder verschlossen wurde, und dann waren auf einmal die Schreie der drei Spiritisten zu hören, die ihre Tracht Prügel bekamen.

— Ah, die Geister!... Erbarmen!... Mitleid!... Hilfe!... —

Ich kletterte schnell von meinem Posten, und nachdem ich den Schlafsaal verlassen hatte, zündete ich eine Kerze an, die ich mir besorgt hatte und ging zu der Kammer mit den Öllampen. Diese öffnete ich mit dem Schlüssel, den mir Barozzo gegeben hatte, nahm den dicken Schlüssel, der an der anderen Türseite hing, und lief damit zum Haupteingang des Internats.

Dort wartete schon Tito Barozzo. Er nahm den Schlüssel und öffnete das Tor. Dann drehte er sich zu mir um, nahm mich in die Arme und drückte mich ganz fest an seine Brust. Und als er mir schließlich einen Kuß gab, liefen uns beiden dicke Tränen über die Wangen, so daß wir unsere Gesichter ganz naß machten...

Welch ein Augenblick! Ich kam mir vor wie in einem Traum... und als ich wieder zu mir kam, fand ich mich allein und an das geschlossene Tor des Internats gelehnt.

Tito Barozzo war nicht mehr da.

Ich schob den Riegel vor, zog den Schlüssel aus dem Schloß und beeilte mich, ihn wieder an seinen Platz zu hängen. Und nachdem ich die Tür zu der Kammer mit den Öllämpchen wieder verschlossen hatte, kehrte ich zu meinem Schlafsaal zurück. Ganz vorsichtig trat ich ein und versicherte mich, ob auch alle meine kleinen Kameraden schliefen.

Sie schliefen tatsächlich. Der einzige, der wach war, war Gigino Balestra. Er saß auf meiner Pritsche und war schon etwas unruhig geworden, da er nicht wußte, warum ich aus dem Schlafsaal gegangen war.

— Wir sind alle wieder in unseren Schlafsaal zurückgekehrt — flüsterte er mir zu. — Ah, war das ein Spektakel!... —

Er wollte gern erzählen, aber ich gab ihm zu verstehen, daß er still sein sollte. Dann stieg ich auf meinen Nachttisch, zog mich hoch in meinen Schrank, und sobald ich mich gesetzt hatte, gab ich Gigino ein Zeichen, daß auch er hoch kommen sollte. Mit Müh' und Not schafften wir es, uns zwischen den engen Wänden meines Beobachtungspostens auszustrecken, aber wir lagen so dicht nebeneinander wie zwei Ölsardinen, nur mit dem Unterschied, daß wir noch unsere Köpfe hatten und vor allem unsere Augen, die wir jetzt gemeinsam gegen das Guckloch preßten, das zu dem großen Saal des Professor Pierpaoli ging und in dem jetzt völlige Dunkelheit herrschte.

— Hör doch! — sagte ich ganz leise zu Gigino.

Tatsächlich hörte man von unten ein gleichmäßiges Schluchzen.

— Gertrude! — flüsterte mein Kumpel.

Wirklich, das konnte niemand anders sein als unsere Direktorin, die da wimmerte und von Zeit zu Zeit mit matter Stimme sagte:

— Erbarmen!... Vergebung!... Ich bereue alles! Ich werde es nie mehr tun!... Hab' Mitleid mit meiner Seele!... —

Mitten in diese dramatische Stille hinein sagte plötzlich eine zittrige Stimme:

— Pierpaolo Pierpaoli... können wir wieder das Licht anmachen? —
Das war der Schurke von Koch, der Erfinder der Spülwasser-Rinderbrühe.
Da ich kaum den Augenblick abwarten konnte, zu sehen, wie meine Kameraden vom Geheimbund diesem Schuft das Fell gegerbt hatten, beeilte ich mich mit meiner Antwort und hauchte wieder mein:
— Ssssssss... —
Man hörte ein Stolpern, darauf das knisternde Geräusch eines an der Wand entzündeten Streichholzes, dann sah man ein fahles gelbliches Flämmchen, das im Dunkeln flackerte wie ein Irrlicht auf einem Friedhof, und schließlich ging eine Lampe an.
Ah, was für ein Bild! Ich werde diesen Augenblick mein Lebtag nicht vergessen!
Tische und Stühle waren umgestürzt, die Uhr und der Kerzenhalter auf der Konsole waren in tausend Stücke gegangen, und überall herrschte ein schreckliches Durcheinander.
Auf der einen Seite war der Koch zu sehen. Er lehnte an der Wand, mit der angezündeten Lampe in der Hand, sein Gesicht war ganz grün und mit dicken Beulen übersät, und mit flehenden und tränenerfüllten Augen sah er hoch zu dem Bild des Professor Pierpaoli.
Auf der anderen Seite sah man, zusammengekauert in einer Ecke, die Direktorin. Ihr Gesicht war zerkratzt, ihre Haare waren aufgelöst und ihre Kleider waren ganz zerrissen. Auch sie hatte geschwollene Augen vom Weinen und guckte ganz verstört zu dem Bild des Professors.
Dann, überwältigt von Reue und Schmerz, sagte sie stotternd und unter heftigem Schluchzen zu dem verehrten Bild des seligen Pierpaoli:
— Ach, Onkel, Recht hast Du gehabt, uns eine Lektion zu erteilen! Ja, es stimmt, wir sind nicht würdig, dieses Internat zu leiten, dem du Dein vorbildliches Leben gewidmet hast!... Du hast gut daran getan, uns die Geister zu schicken, damit sie uns bestrafen für unsere Sünden... Danke, Onkel! Danke... Und wenn du uns noch mehr bestrafen willst, nur zu... Wir sind Dir dankbar dafür! Aber ich schwöre Dir, daß wir von jetzt an niemals mehr den schrecklichen Sünden des Egoismus, des Geizes und der Rechthaberei verfallen werden... Das schwören wir Dir, nicht wahr, Stanislaus!?... —
Und sie drehte sich langsam nach rechts, ließ dann ihre Blicke in alle Ecken des Zimmers schweifen, bis sie schließlich ganz bestürzt feststellte:
— Oh Gott, Stanislaus ist verschwunden!... —
Tatsächlich war der *Signor* Stanislaus nicht mehr da, und ich spürte, wie sich mein Herz zusammenzog. Was hatten meine Kameraden vom Geheimbund mit ihm gemacht?...
— Stanislaus! — rief die Direktorin, jetzt etwas lauter.
Keine Antwort.
Dann wandte sich der Koch wieder zu dem Bild des Professors:
— Pierpaolo Pierpaoli! Ist es möglich, daß die Geister unseren armen Direktor in die Hölle gebracht haben?... —
Ich antwortete nicht. Ich wollte ihnen jetzt zu verstehen geben, daß der Geist des Professors nicht mehr da war. Das gelang mir auch, denn nachdem der Koch ihn ein paarmal angerufen hatte, sagte er - und jetzt klang seine Stimme wieder ganz ruhig und normal:
— Er ist nicht mehr hier! —
Auch die *Signora* Gertrude seufzte erleichtert auf und schien wie von einer großen Last befreit.

— Aber wo ist nur Stanislaus? — sagte sie. — Stanislaus! Stanislaus, wo bist du?... —

Plötzlich kam aus der Tür, die zum Schlafgemach der beiden Eheleute führt, eine lange Gestalt, die so gespensterhaft und gleichzeitig aber so komisch wirkte, daß, obwohl die feierliche und doch so schreckliche und dramatische Begegnung mit den Geistern gerade eben erst vorbei war, der Koch und die Direktorin unwillkürlich lachen mußten.

Der *Signor* Stanislaus schien noch dürrer und hagerer geworden zu sein als vorher. Aber der Teil seiner Gestalt, der einen am meisten zum Lachen reizte, war sein Kopf; er war blank und weiß wie eine Billiardkugel, und er hatte ein blaues Auge davongetragen, das eine solch komische Trostlosigkeit ausdrückte, daß Gigino und ich, trotz aller heroischen Anstrengungen, uns zu beherrschen, einfach lachen mußten.

Glücklicherweise lachten im selben Augenblick auch der Koch und die *Signora* Gertrude, so daß sie unser Lachen nicht hören konnten. Aber der Direktor, der nicht lachte, mußte irgend etwas gehört haben, denn er guckte mit seinem blauen Auge ganz verstört zu uns hoch... Noch einmal versuchten wir mit aller Kraft uns zusammenzureißen, aber schließlich konnten wir einfach nicht mehr und prusteten los, worauf wir uns, so schnell es in dieser Enge ging, aus dem Schrank zurückzogen und in den Schlafsaal hinabstiegen.

Gigino erreichte seine Pritsche, im Nu hatten wir uns ausgezogen, und dann kroch jeder, nicht ohne Herzklopfen, unter seine Decke.

Die ganze Nacht konnte ich kein Auge zudrücken, denn ich fürchtete ständig, daß jeden Moment jemand kommen könnte, um eine Inspektion vorzunehmen und dabei dann alles ans Tageslicht käme. Glücklicherweise ist aber nichts mehr passiert, und so konnte ich heute morgen die jüngsten Ereignisse im Internat Pierpaoli in meinem Tagebuch festhalten.

14. Februar

Ich habe kaum Zeit, die Ereignisse von gestern im Telegrammstil niederzuschreiben. Die Situation im Moment ist derartig kritisch, daß es eine Katastrophe für alle wäre, wenn mein Tagebuch in die Klauen der Direktorin fiele... Deshalb habe ich es aus meinem Koffer herausgenommen und mir mit einem Bindfaden auf meine Brust gebunden, und ich möchte den sehen, der es wagt, mir zu nahe zu kommen!

Hier also die Ereignisse der letzten vierundzwanzig Stunden.

Seit gestern früh ist das ganze Haus in Aufruhr. Überall wird geflüstert und getuschelt, und selbst ein Fremder hätte sofort bemerkt, daß irgendwas Ungewöhnliches passiert sein mußte.

Die Nachricht von der Flucht von Tito Barozzo hatte sich wie ein Lauffeuer verbreitet, und während alle Kollegiaten ihre Kommentare zu diesem Ereignis abgaben und auf die Jagd nach Einzelheiten gingen, liefen die Hausmeister und die Internatsangestellten mit so betrübten Gesichtern herum, als wäre ihnen ein Lotteriegewinn durch die Lappen gegangen. Dabei warfen sie mißtrauische Blicke nach allen Seiten, daß man sie hätte für Polizisten halten können, die auf der Suche nach irgendeinem Banditen sind.

Inzwischen hatte die Direktion Telegramme in alle Himmelsrichtungen verschickt, um die Behörden der umliegenden Dörfer zu benachrichtigen und ihnen eine Personenbeschreibung des Flüchtenden zu geben, während hier im Haus mit einer sehr strengen Untersuchung begonnen wurde, mit dem Ziel, herauszufinden, ob Barozzo bei seiner Flucht unter seinen Kameraden oder den Bediensteten des Hauses Komplizen gehabt hatte.

Außerdem lief das Gerücht um, daß die Direktorin, als sie von Tito Barozzos Flucht hörte, sofort einen Hautausschlag bekam und sich ins Bett legen mußte, und daß der Direktor vor lauter Hin-und Herlaufen, um überall seine Anweisungen zu geben, mit einem Auge gegen eine Kante gerannt war und als Folge davon einen solchen Bluterguß bekam, daß er seinen Kopf mit einem großen blauen Seidenschal umwickeln mußte, der aber lange nicht so blau war wie sein blaues Auge.

Ich und meine Freunde vom Geheimbund kannten natürlich die wahren Ursachen des Hautausschlages und des Blutergusses, aber wir blieben stumm wie die Fische und beschränkten uns darauf, uns vielsagende Blicke zuzuwerfen.

Zum Frühstück erschien im Speisesaal der *Signor* Stanislaus, und mir bleibt es ein Rätsel, wie all diese Jungens es fertiggebracht haben, nicht in ein einziges schallendes Gelächter auszubrechen. Dennoch hörte man hier und da jemanden, der, trotz aller Anstrengung sich zu beherrschen, lachen mußte, und überall sah man ein eifriges Bemühen, sich mit der Serviette den Mund abzuwischen, um, so gut es ging, die Belustigung zu verbergen, von der alle ergriffen waren.

Armer *Signor* Stanislaus! Wie lächerlich sah er aus mit seinem blauen Seidenschal, den er um seine kahle Rübe gewickelt hatte (Wir vom Geheimbund wußten natürlich, warum er seine Perücke nicht mehr aufsetzen konnte, hatten wir sie doch in ein bestimmtes Örtchen geworfen, so daß er sie, selbst wenn er sie wieder gefunden hätte, garantiert nicht mehr aufgesetzt hätte), und mit jenem trüben und geschwollenen Auge, das wässrig war wie ein gerade eben erst in die Pfanne geschlagenes Spiegelei...

— Der sieht ja aus wie ein türkischer Totengräber! — sagte Maurizo Del Ponte leise zu mir und spielte damit auf den Turban an, den der Direktor auf dem Kopf hatte.

Etwas später erfuhren wir, daß jeder Kollegiat einzeln ins Direktionszimmer gerufen wurde, um einem Verhör unterzogen zu werden.

— Was wollten sie von dir wissen? — fragte ich einen, den ich auf dem Gang traf, als er gerade aus dem Direktionszimmer kam.

— Nichts! — antwortete er mir.

Gegen abend schnappte ich mir einen anderen.

— Was hat der Direktor zu dir gesagt? —

— Nichts! —

Da wurde mir klar, daß der Direktor für den Fall, daß jemand sich unterstehen sollte, etwas von dem Verhör auszuplaudern, die Jungen mit wer weiß was für wüsten Drohungen eingeschüchtert haben mußte.

In diesem Eindruck wurde ich etwas später von Mario Michelozzi bestätigt, der mir beim Vorbeigehen schnell zuflüsterte:

— Sieh' dich vor! *Calpurnius* hat den Braten gerochen! —

Und im Schlafsaal wurde dann unsere Niederlage zur schrecklichen Gewißheit.

— Bist du in der Direktion gewesen? — fragte ich Gigino Balestra leise im Vorbeigehen.

— Nein! — antwortete er.

Wie kam es, daß alle kleinen Kollegiaten verhört wurden, nur wir beide nicht?

Diese Sonderbehandlung gab mir sehr zu denken, und ich ging ins Bett mit dem festen Vorsatz, heute nicht auf meinen Beobachtungsposten zu klettern, denn ich befürchtete, daß wir heute nacht besonders streng überwacht würden.

Ich weiß nicht, wie lange ich so wach lag und über die Geschehnisse des Tages nachdachte und dabei ein ganzes Gebäude aus Vermutungen und Schlußfolgerungen auftürmte; aber die Versuchung, in meinen Schrank zu klettern, ließ mich die ganze Zeit über einfach nicht in Ruhe, bis sie mich schließlich besiegte, und ich all meine guten Vorsätze, heute besonders vorsichtig zu sein, über Bord schmiß.

Ich versicherte mich erst, daß alle meine Gefährten auch schliefen, guckte dann in sämtliche Ecken des Schlafsaals, um zu sehen, ob man vielleicht irgendeinen Spion geschickt hatte, und dann stieg ich leise auf meinen Nachttisch und schlüpfte in den Schrank...

Aber welch eine Überraschung!... Die Wand hinter dem Schrank war zugemauert; war so, wie ich sie vorfand, bevor ich in mühseliger Arbeit den Backstein entfernt und mir damit einen Ausguck auf das höchst interessante Privatleben des Herrn Direktors und der Frau Direktorin geschaffen hatte.

Es hätte nicht viel gefehlt und ich hätte vor Überraschung einen Schrei ausgestoßen.

Schnell stieg ich vom Schrank auf mein Nachtschränkchen und schlüpfte dann unter die Bettdecke... und dann wirbelten die phantastischsten und schwindelerregendsten Vermutungen in meinem Kopf umher, bis eine immer mehr und unabweisbarer die Oberhand gewann und zur schrecklichen Gewißheit wurde...

"Es hat sich folgendermaßen abgespielt" dachte ich bei mir: "Der *Signor* Stanislaus hat mich und Gigino Balestra hinter dem Bild des Professors Pierpaolo Pierpaoli lachen hören. Darauf ist ihm ein vager Verdacht gekommen, der immer stärker geworden ist, und da es keine große Sache war, ihn zu überprüfen, hat er heute morgen eine Leiter genommen, hat sie zum Bild des Professors angelegt, ist zu ihm hochgestiegen und hat, als er es abnahm, dahinter mein Guckloch entdeckt. Dann hat er das Loch zumauern lassen, nicht ohne sich natürlich vorher versichert zu haben, wohin das Loch geht, nämlich zum Schrank von Giannino Stoppani, den seine Feinde *Gian Burrasca* nennen!"

Oh je, mein liebes Tagebuch, ich glaube wirklich, ich habe mit meiner Vermutung ins Schwarze getroffen, und mir scheint, daß ich mich auf einiges gefaßt machen kann.

Wer weiß, wann ich nach den Zeilen, die ich in dieser schrecklichen schlaflosen Nacht schnell hingekritzelt habe, wieder Gelegenheit finden werde, Dir von meinen Gedanken und Erlebnissen zu erzählen?

20. Februar

Neuigkeiten über Neuigkeiten!

Diese Woche war wirklich der Teufel los! Es ist so viel passiert, daß ich einfach keine Zeit mehr zum Schreiben fand… Und so auf die Schnelle wollte ich meine Abenteuer nicht hinschreiben, weil sie es wirklich verdienen, in einem Roman erzählt zu werden.

Denn was ist mein Leben anderes als ein wahrer Roman? Daher kommt mir immer wieder der Gedanke:

"Hätte ich doch nur die Feder eines Salgàri! Dann würde ich ein Buch schreiben, daß sämtlichen Kindern dieser Welt der Mund offenstehen bleiben würde, tausendmal mehr als bei allen roten und schwarzen Korsaren!…"

Aber genug: Ich schreibe, wie ich es verstehe, und du, mein liebes Tagebuch, wirst dich, so hoffe ich, nicht schämen, wenn Deine Seiten mit nicht so viel Kunst, aber dafür, wie du wohl weißt, mit um so größerer Ehrlichkeit beschrieben sind.

Kommen wir also zu den großen Neuigkeiten, von denen die wichtigste die ist, daß ich in diesem Augenblick an meinem Tisch schreibe, in meinem Zimmer, vor dem Fenster zu meinem Garten…

Das ist die reine Wahrheit. Man hat mich aus dem Internat Pierpaoli hinausgeworfen, und das ist sicher ein großes Unglück; aber ich bin endlich wieder zu Hause, und das ist ein großes Glück.

Aber erzählen wir der Reihe nach.

Am Morgen des 14. Februar hatte ich schon eine traurige Vorahnung, wie aus den Zeilen hervorgeht, die ich damals in allerhöchster Eile geschrieben habe; und tatsächlich hatte mich diese Vorahnung nicht getäuscht.

Als ich aus dem Schlafsaal kam, merkte ich sofort, daß irgend etwas Großes in der Luft lag. In den Mienen der Menschen, in der ganzen Atmosphäre war etwas so Ernstes und Feierliches, daß kein Zweifel bestand, daß irgend ein außergewöhnliches Ereignis bevorstand.

Als mir Carlo Pezzi über den Weg lief, flüsterte er mir zu:

— Alle Großen sind verhört worden, nur ich, Michelozzi und Del Ponte nicht… —

— Und von uns kleinen — antwortete ich — alle außer mir und Gigino Balestra! —

— Dann haben sie also alles herausgekriegt. Ich habe gehört, daß die *Signora* Gertrude die ganze Untersuchung vom Bett aus leitet, indem sie *Calpurnius* ihre Anweisungen gibt. Wäre ja auch ein Wunder, wenn der selber hinter die ganze Sache käme… Um die Situation nicht noch schlimmer zu machen, haben wir uns abgesprochen, daß wir, falls wir verhört werden sollten, nicht eine Silbe antworten werden. —

— Ich und Balestra werden dasselbe machen — antwortete ich und erhob die Rechte zum Schwur.

Genau in dem Moment kam der Pedell und sagte zu mir:

— Der Direktor wünscht Euch zu sprechen. —

Ich muß zugeben, daß ich im ersten Augenblick ziemlich erschrocken war und es mir ganz schön mulmig wurde, aber das war wirklich nur ein kurzer Moment, und als ich ins Direktionszimmer trat, hatte ich mich wieder gefangen und war fest entschlossen, mich nicht einschüchtern zu lassen.

Der *Signor* Stanislaus hatte immer noch seinen blauen Turban auf dem Kopf, während sein blaues Auge mittlerweile violett geworden war. Er saß hinter seinem Schreibtisch und musterte mich mit einem durchdringenden Blick, ohne ein Wort zu sagen. Offenbar glaubte er, mir damit Gott weiß was für eine Angst einflößen zu können, aber ich kannte dieses Spiel schon und ließ meinen Blick über die Bücherregale schweifen, die voll mit wunderschön gebundenen und mit goldenen Verzierungen geschmückten Büchern standen, von denen er bestimmt noch keines gelesen hatte.

Plötzlich und unvermittelt fragte er mich in strengem Ton:
— Giovanni Stoppani, Ihr habt in der Nacht vom 13. auf den 14. gegen Mitternacht Euren Schlafsaal verlassen und seid erst nach einer Stunde wieder zurückgekehrt. Ist das richtig? —
Ich betrachtete weiter die Bücher in den Regalen.
— Ich spreche mit euch! — sagte der *Signor* Stanislaus mit erhobener Stimme. — Stimmt das oder stimmt das nicht? —
Und da er keine Antwort erhielt, schrie er noch lauter:
— Hei, ich spreche mit Euch! Antwortet und sagt mir, wo Ihr gewesen seid und was Ihr in besagter Stunde gemacht habt! —
Ich richtete meinen Blick fest auf die Amerika-Karte, die rechts neben dem Schreibtisch an der Wand hing und... stellte mich taub wie ein Indianer.
Darauf erhob sich der *Signor* Stanislaus von seinem Stuhl, stützte seine Hände auf den Schreibtisch, beugte sein wutverzerrtes Gesicht zu mir vor und donnerte mich an:
— Du hast zu antworten, wenn ich mit dir rede, verstanden, du Kanaille? —
Das erschütterte mich jedoch gar nicht, und ich dachte bei mir: "Er ist so wütend, weil ich nichts sage; also bin ich der erste von unserem Geheimbund, der zum Direktor gerufen wurde!"

In diesem Moment öffnete sich die kleine Tür links neben dem Schreibtisch und herein trat die *Signora* Gertrude, eingewickelt in einen giftgrünen Morgenrock und mit einem Gesicht, das noch grüner und mit zwei veilchenblauen Augen geschmückt war. Sie sandte mir einen haßerfüllten Blick zu und fragte ihren Mann:
— Was ist denn hier los? Warum schreist du denn so? —
— Weil dieses Miststück hier — antwortete der Direktor — nicht auf meine Fragen antwortet.
— Besser, du läßt mich das machen — antwortete sie — denn du bist und bleibst ein... —
An dieser Stelle hielt sie inne, doch ich verstand nur zu gut und sicher auch der *Signor* Stanislaus, daß hier ihr übliches 'unverbesserlicher Esel' folgen sollte.
Die Direktorin machte drei Schritte auf mich zu und pflanzte sich in drohender Haltung vor mir auf. Dann sagte sie leise und mit verhaltener Wut, die aber dadurch nur um so schrecklicher wirkte:
— So, du willst also nicht antworten, du Halunke!... Du willst deine Heldentaten nicht

zugeben, was!... Glaubst du vielleicht, wir wüßten nicht, daß du es warst, der in der vergangenen Nacht deinem hochverehrten Freund Barozzo, genau so ein Galgenstrick wie du, zur Flucht verholfen hat? Glücklicherweise gab es jemanden, der dich gesehen und es uns erzählt hat... Oh, wenn du dir eingebildet hast, daß du so einfach davonkommst, bist du auf dem Holzweg! Vom ersten Augenblick an, seitdem wir dich auf dem Hals haben, hast du mit deinen unverschämten Lügen und niederträchtigen Verleumdungen Unruhe in dieses Haus gebracht... Aber jetzt ist Schluß, hast du verstanden? Und auch, wenn du uns nicht antwortest, gibt es so viele Beweise und Zeugnisse deiner Schandtaten, daß wir gestern deinen Vater benachrichtigt haben, damit er dich abholen kommt; bestimmt ist er schon unterwegs. Ich möchte sehen, ob der dich noch zu Hause haben will! Sicher wird er dich ins Zuchthaus schicken! Da sind solche Spitzbuben, wie du es bist, am besten aufgehoben! —

Dann packte sie mich am Arm, schüttelte mich und sagte:

— Wir wissen über alles Bescheid; nur eine einzige Sache würden wir gern noch wissen... Weißt du vielleicht, wohin Barozzo gegangen ist? —

Ich antwortete nicht. Da schüttelte sie mich noch stärker.

— Antworte! Weißt du es? —

Ich schwieg noch immer. Das reizte sie so sehr, daß sie eine Hand ausholte, als wollte sie mir eine Ohrfeige verpassen; aber ich sprang zurück und ergriff eine große japanische Vase, die auf einer Konsole stand, und tat so, als wollte ich sie auf den Boden werfen.

— Schurke! Unhold! — schrie die Direktorin und zeigte mir die Faust. — Stell sofort die Vase wieder hin! Gaspero! —

Der Schuldiener kam herbeigeeilt.

— Nehmt diesen Teufel mit und laßt ihn seine Sachen packen, damit wir ihn, so Gott will, endlich vom Leibe haben! Und dann bringt mir den Balestra! —

Der Pedell begleitete mich in meinen Schlafsaal, wo ich meinen Koffer packen und die Kleider anziehen sollte, die ich anhatte, als ich ins Internat kam (und die mir, nebenbei gesagt, nicht nur zu kurz, sondern auch viel zu weit geworden waren, offenkundiger Beweis davon, daß die Kinder unter dem Regime des Internats Pierpaoli zwar an Länge, aber nicht an Umfang zunehmen).

Als er wieder ging, sagte er zu mir:

— Ihr bleibt so lange hier, denn Euer Vater wird Euch bald holen kommen, und dann werden wir, so Gott will, wieder unsere Ruhe haben! —

— Sie sind ein noch größerer Esel als der *Signor* Stanislaus, und das will was heißen! — sagte ich zu ihm, denn ich kochte vor Wut.

Beleidigt beugte er sich zu mir herunter und sagte drohend:

— Sagt das noch mal! —

— Esel! — wiederholte ich.

Da biß er sich vor Ärger in die Finger und zog zutiefst beleidigt vondannen, während ich ihm noch nachrief:

— Wenn Sie wollen, sage ich es noch einmal! Haben Sie nur keine Hemmungen, verstanden? —

Ich sagte das zwar mit einem Lachen, aber es war ein bißchen künstlich, denn im Grunde war ich wütender als er, einmal, weil es mir einfach nicht gelingen wollte, den Knoten der ganzen Geschichte zu entwirren, und zum anderen, weil ich nicht wußte, wie es meinen Kameraden vom Geheimbund ging.

Klar war mir nur eins: Daß das Lachen von mir und Gigino Balestra, als wir in meinem Schrank waren, um uns jenes einzigartige nächtliche Spektakel im Audienzsaal des Direktors und der Direktorin anzusehen, *Calpurnius* den Weg zu unserem Beobachtungsposten gewiesen hatten; daß er ihn dann klammheimlich zumauern ließ, während wir beim Unterricht waren; daß dann nicht viel Grips nötig war, um dahinter zu kommen, daß die Schläge, die es in jener schicksalhaften Nacht gehagelt hatte, nicht von dem Geist des Onkels seiner Frau kamen, sondern von irgendwelchen Kollegiaten; daß er dann jemanden unter den Jungen zu finden versuchte, der ihm sagen konnte, welche der Kollegiaten in jener Nacht den Schlafsaal verlassen hatte; und daß er schließlich tatsächlich jemanden gefunden hatten, der in dieser Nacht wach war und gesehen hatte, wie die Verschwörer aus dem Schlafsaal gegangen waren, und der dann auch nicht die geringsten Skrupel hatte, uns zu verpetzen.

Klar ist auch, daß es mindestens zwei Petzer gewesen sein müssen: Einer unter den Großen, die Mario Michelozzi, Carlo Pezzi und Maurizio del Ponte verraten haben, und einer unter den Kleinen, der Gigino Balestra und mich verraten hat.

Aber klar ist noch eine andere Sache: Daß *Calpurnius*, sicher angeführt von seiner durchtriebenen Ehefrau, den ganzen Prozeß gegen uns nur auf unsere Beihilfe zur Flucht von Barozzo gegründet hat; unser sozusagen spiritistisches Komplott, das ja in Wirklichkeit viel ernster war, wurde mit keinem einzigen Wort erwähnt, hätte es doch, wenn sie es zugegeben und alle davon erfahren hätten, dem Ansehen des Direktors und der Direktorin schwer geschadet... und natürlich auch dem des Kochs!

Doch trotz all dieser düsteren Gedanken, Erklärungen und Schlußfolgerungen, die mir im Kopf umherschwirrten, mußte ich immerzu an eine Sache denken, die ich ziemlich komisch fand und für die ich gern den Grund gewußt hätte, nämlich warum meine Freunde vom Geheimbund dem *Signor* Stanislaus den Spitznamen *Calpurnius* gegeben hatten.

Und ich wunderte mich, daß ich bis heute niemals nach einer Erklärung gefragt hatte, obwohl ich sie leicht hätte kriegen können, während jetzt, wo es nicht mehr lange dauert, bis ich das Internat auf immer verlassen werde, mich plötzlich eine große und immer größer werdende Neugier packt, die alles andere, was mich bewegt und von Rechts wegen bewegen sollte, in den Schatten stellt...

Plötzlich sah ich im Flur Michelozzi, auf den ich mich sofort stürzte.

— Hör' mal — sagte ich zu ihm — kannst du mir mal schnell verraten, warum der *Signor* Stanislaus eigentlich diesen Spitznamen *Calpurnius* hat? —

Michelozzi guckte mich ganz entgeistert an.

— Du hast Sorgen! — antwortete er. — Weißt du denn nicht, was passiert ist? Bist du nicht in die Direktion gerufen worden? —

— Na klar, und rausgeschmissen haben sie mich. Und was ist mit dir und den anderen geschehen? —

— Dasselbe! —

— Gott sei Dank! Aber ich möchte nicht von hier fortgehen, ohne zu wissen, warum der *Signor* Stanislaus *Calpurnius* genannt wird... —

Michelozzi lachte.

— Lies in der römischen Geschichte nach, dann wirst du es herausbekommen! — antwortete er und lief weg.

Im gleichen Augenblick ging ein Junge aus meinem Schlafsaal vorbei, ein gewisser Ezio Masi, der mich mit einem leicht spöttischem Lächeln ansah.

Dieses Lächeln war für mich wie eine Offenbarung. Ich erinnerte mich, daß ich mit Masi einmal ein Hühnchen zu rupfen hatte und daß er damals schließlich angesichts meiner Drohung, ihn zu verprügeln, klein beigeben mußte; außerdem wußte ich, daß er ein Liebling der *Signora* Gertrude war... All dies bestärkte mich in der Überzeugung:

— Der war's! Der hat uns verraten! —

Ohne lange darüber nachzudenken, packte ich ihn am Arm und drängte ihn in den Schlafsaal, während ich ihm zuflüsterte:

— Hör zu, Masi... ich muß mit dir reden —

Ich merkte, daß er zitterte. Schnell legte ich mir einen Plan zurecht, wie ich das, was ich wissen wollte, aus ihm herauskriegen könnte. Außerdem dachte ich mir auch schon gleich für den Fall, daß er sich wirklich als schuldig erweisen sollte, eine Rache aus.

Dem Schlachtplan entsprechend, den ich auf dem Weg von der Tür des Schlafsaals zu meinem Bett geschmiedet hatte, ließ ich ihn, als wir dort angekommen waren, los und lud ihn mit dem liebenswürdigsten Lächeln der Welt ein, sich neben mich zu setzen.

Masi war leichenblaß.

— Du brauchst keine Angst zu haben! — sagte ich mit honigsüßer Stimme zu ihm. — Ich habe dich nur hierher gebracht, weil ich dir danken möchte. —

Masi guckte mich mißtrauisch an.

— Ich weiß, daß du es gewesen bist, der dem *Signor* Stanislaus erzählt hat, daß ich gestern Nacht unseren Schlafsaal verlassen habe... —

— Aber das ist nicht wahr! — protestierte er.

— Du brauchst es nicht zu leugnen; er hat es mir selbst gesagt, verstehst du? Und genau deshalb möchte ich dir danken, denn du hast mir damit wirklich einen großen Gefallen getan... —

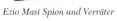

Ezio Masi Spion und Verräter

— Aber ich... —

— Verstehst du denn nicht, daß ich einfach nicht mehr länger hier eingeschlossen bleiben wollte und daß ich alles nur gemacht habe, damit sie mich rausschmeißen? Ich kann es wirklich kaum glauben, daß endlich der Augenblick gekommen ist, in dem ich meinen Vater erwarte, der jede Minute hier sein muß, um mich abzuholen. Warum sollte ich also böse auf dich sein, wenn du mir geholfen hast, dieses Ziel zu erreichen? —

Er sah mich immer noch ganz ungläubig an.

— Da du mir diesen Gefallen getan hast, mußt du mir noch einen anderen tun. Hör zu... Ich möchte für einen Moment weggehen, um mich von einem Freund zu verabschieden und ihm meine Internatsjacke zu schenken, die ich ihm zur Erinnerung an mich versprochen habe: Kannst du hier auf mich warten und für den Fall, daß der Pedell mich suchen sollte, ihm sagen, daß ich gleich wieder zurück bin? —

Masi war jetzt beruhigt und sehr froh, daß er so billig davongekommen war, und so sagte er:

— Ist doch selbstverständlich! — Mach nur, ich warte hier auf dich! —

Dann lief ich zum nahe gelegenen Zeichensaal. Er war offen und niemand war drin. Ich ging hinein, legte meine Jacke auf eine Bank, nahm ein Stück Kreide und schrieb auf die Rückseite der Jacke in großen Buchstaben das Wort: 'Spion'.

Im Nu war ich damit fertig, und so lief ich gleich wieder zurück. Mit ruhigem Schritt trat ich in den Schlafsaal, wobei ich meine Jacke am Kragen hielt, und zwar so zusammengefaltet, daß Masi das Wort nicht sehen konnte, das ich auf die Rückseite geschrieben hatte.

— Ich konnte meinen Freund nicht finden — sagte ich. — Da kann man nichts machen. Aber ich habe mir gedacht, da ich ihm die Jacke nicht schenken konnte, vermache ich sie dir zur Erinnerung, während du mir deine gibst zur Erinnerung an den großen Dienst, den du mir erwiesen hast. Komm, laß uns tauschen und sehen, ob dir meine Jacke paßt! —

Dann legte ich vorsichtig meine Jacke aufs Bett, half ihm seine auszuziehen und dann meine anzuziehen, wobei ich natürlich gut aufpaßte, daß er nicht sah, was ich hinten drauf geschrieben hatte.

Als er die Jacke anhatte, knöpfte ich sie ihm zu und sagte, ihm dabei die Hand auf die Schulter legend:

— Mensch Masi, die paßt dir ja wie angegossen! —

Er sah an den Knöpfen herunter und fand offenbar Gefallen an meiner etwas verrückten Idee. Dann stand er auf, reichte mir die Hand (wobei ich so tat, als würde ich sie nicht bemerken, weil es mir widerstrebte, einem Verräter die Hand zu geben) und sagte:

— Also dann adieu, Stoppani! —

Ich nahm ihn am Arm, begleitete ihn zur Tür und verabschiedete mich mit den Worten:

— Adieu Masi, und nochmals vielen Dank! —

Und ich sah, wie er sich entfernte, mit dem schmachvollen Wort auf dem Rücken, das er verdient hatte.

Kurze Zeit später kam der Schuldiener und sagte:

— Haltet euch bereit, Euer Vater ist eingetroffen und ist im Direktionszimmer, um mit dem *Signor* Stanislaus zu sprechen. —

Mir kam eine Idee: "Wie wäre es, wenn auch ich ins Direktionszimmer ginge und meinem Vater im Beisein von dem *Signor*

Spion

Stanislaus all die Sachen erzählte, die dieser sich bestimmt hüten wird, auch nur mit einem Wort zu erwähnen: Von der Rinderbrühe aus Abwaschwasser bis zur spiritistischen Sitzung von gestern?"

Aber leider sagte mir meine Erfahrung, daß wir Kleinen vor den Großen immer Unrecht haben, besonders dann, wenn wir im Recht sind.

Wozu sich also verteidigen? Der Direktor hätte nur gesagt, daß das die üblichen Lügenmärchen und Boshaftigkeiten von Kindern sind, und mein Vater hätte ihm sicher mehr geglaubt als mir. Deshalb hielt ich es für besser, zu schweigen und mich meinem Schicksal zu beugen.

Als mein Vater mich dann abholen kam, sagte er kein einziges Wort.

Nach so langer Zeit wäre ich ihm gern um den Hals gefallen, aber er warf mir einen so strengen und finsteren Blick zu, daß ich erstarrte. Und dann sagte er nur diese drei Worte zu mir:

— Los, vorwärts, marsch! —

Und dann fuhren wir los.

Auch in der Kutsche sprach er die ganze Zeit über kein Wort mit mir. Erst als wir zu Hause ankamen, sagte er zu mir:

— Ich habe mir deine Heimkehr weiß Gott anders vorgestellt!... Aber ich weise dich jetzt schon darauf hin, daß du beim nächsten Mal reif bist fürs Erziehungsheim! —

Diese Worte erschreckten mich, aber die Angst war schnell vergessen, denn schon lag ich weinend vor Glück in den Armen von Mama und Ada.

Ich werde diesen Moment nie vergessen: Und wenn die Väter wüßten, wie gut es der Seele ihrer Kinder täte, wenn sie liebevoll behandelt würden, würden auch sie mit ihnen weinen, wenn die Situation danach ist, statt sich immer wie Tyrannen aufzuführen, was sowieso keinem Menschen etwas bringt.

Am Tag darauf, also am 15. Februar, hörte ich, daß auch Gigino Balestra wieder zu Hause ist. Auch er ist aus dem Internat Pierpaoli hinausgeworfen worden wegen der großen Verschwörung vom 12. Februar, ein Ereignis, das es wirklich verdient, in die Geschichte der italienischen, wenn nicht der europäischen Internate einzugehen. Über die Heimkehr von Gigino habe ich mich sehr gefreut, denn ich hoffe, daß ich so oft wie möglich mit meinem Freund zusammen sein kann... und daß wir vielleicht zuweilen in seinem schönen Laden das eine oder andere Gebäckstückchen oder Plätzchen essen können... natürlich nur, wenn es sein Vater nicht sieht, der sich zwar Sozialist nennt, aber was seine Kuchen und Plätzchen betrifft, alles für sich alleine haben will.

Gestern habe ich dann noch eine andere Neuigkeit erfahren.

Dem *Signor* Venanzio, jenem alten Tattergreis, dem ich seinen allerletzten Zahn aus dem Mund gefischt hatte, geht es offenbar sehr schlecht, und mein Schwager scheint es kaum erwarten zu können, seine Erbschaft von dem armen Kerl zu kriegen.

So viel habe ich jedenfalls den Gesprächen hier im Haus entnommen. Ich habe auch gehört, daß der Maralli, als er von meiner Rückkehr aus dem Internat erfuhr, zu Ada gesagt hat:

— Um Himmels willen, paßt ja auf, daß er mir nicht ins Haus kommt, sonst bringt er es fertig, daß ich das Vertrauen, das ich in letzter Zeit bei meinem Onkel erworben habe, wieder verliere und er mich am Ende allen Ernstes noch enterbt! —

Aber er braucht keine Angst zu haben, ich komme schon nicht in sein Haus. Schließlich habe ich meiner guten Mama und Ada versprochen, ein guter Junge zu sein und mich so aufzuführen, daß Papa nicht seine Drohung wahr macht und mich in ein Erziehungsheim steckt, was wirklich eine Schande für mich und die ganze Familie wäre; und in diesen fünf Tagen habe ich gezeigt, daß ich diesmal keine leeren Versprechungen abgegeben habe und ich, wenn ich will, durchaus ein vernünftiger Junge sein kann.

Übrigens hat mich Mama heute morgen umarmt und mir einen Kuß gegeben und gesagt:

— Bravo Giannino! Wenn du so weiter machst, wirst du mal der Trost deiner Eltern sein! —

Diese Töne sind zwar nicht neu, aber von einer so guten Mama wie der meinigen gesagt, lassen sie kaum das Herz eines guten Jungen unberührt, und daher habe ich ihr geschworen, immer so brav zu sein wie in den letzten Tagen.

Ich habe schon immer gesagt, daß die Mütter vernünftiger sind als die Väter. Tatsächlich hat meine Mama, als ich ihr die Geschichte von der Rinderbrühe erzählt habe, die es immer am Freitag im Internat gab, und von dem ewigen Reis, den es all die anderen Tage gab, mir völlig recht gegeben und zu meiner Schwester gesagt:

— Die Armen! Bei so einem Fraß muß es einem ja schlecht werden! —

21. Februar

Es scheint, daß Papa, nachdem er gesehen hat, daß ich von meinen Unarten geheilt bin, die Absicht hat, für mich einen Hauslehrer anzustellen, damit ich am Ende des Jahres dann die übliche Schulabschlußprüfung machen kann. Wollen wir das Beste hoffen!

Heute habe ich endlich Gigino Balestra wieder gesehen. Zufällig hat meine Schwester eine Freundin, eine gewisse *Signorina* Cesira Boni, die neben der Familie Balestra wohnt, und da Ada diese Freundin heute besuchen gegangen ist, habe ich die Gelegenheit ergriffen, um meinerseits einen Besuch bei Gigino zu machen.

Natürlich haben wir lang und breit über die Abenteuer gesprochen, die wir zusammen erlebt haben.

Irgendwann während unserer Unterhaltung fiel mir wieder ein, daß ich gar zu gerne gewußt hätte, wie der *Signor* Stanislaus zu dem Spitznamen *Calpurnius* gekommen ist.

— Man hat mir gesagt, daß er aus der römischen Geschichte entnommen ist, aber so schlau war ich auch. Was ich gerne wissen möchte, ist, was dieser Name bedeutet und warum man ihn dem Direktor angehängt hat? Weißt du das vielleicht? —

Gigino Balestra fing an zu lachen, und dann nahm er ein Buch über Römische Geschichte zur Hand, was er in seinem Regal stehen hatte, blätterte ein bißchen darin und hielt mir schließlich das Buch mit der Seite unter die Nase, in der die Kriege von Giugurta erzählt werden. Und da habe ich folgendes Stück gelesen, und dann auch abgeschrieben, weil ich es hier wörtlich in mein Tagebuch übertragen wollte:

"Nachdem Giugurta [62] seinen Cousin hatte foltern und töten lassen, verteilte er nach allen Seiten Gold, damit Stillschweigen über seine Untat bewahrt würde. Aber der Tribun Caius Memmius enthüllte vor dem Forum die Greueltaten von Giugurta, und der Senat erklärte dem hinterhältigen numidischen Prinzen den Krieg und ernannte einen der neu gewählten Konsulen, einen gewissen Lucius Calpurnius Bestia, zum Oberbefehlshaber..."

— Ah! — rief ich und lachte mich halb kaputt. — Jetzt ist mir alles klar! Sie nannten ihn *Calpurnius*, weil... — ... weil — vollendete Gigino meinen Satz — selbst wenn er gehört hätte, daß wir ihn *Calpurnius* nannten, er niemals dahinter gekommen wäre, daß wir ihn Trottel [63] nennen wollten! —

Das ist wirklich eine geniale List, das muß man schon sagen. Aber es wäre viel besser gewesen, wenn ich das vorher gewußt hätte, damit auch ich meinen Spaß gehabt hätte, wenn sie den Direktor des Internats Pierpaoli *Calpurnius* nannten.

Über eine andere wichtige Sache habe ich mit Gigino auch noch gesprochen: Nämlich über die Stückchen und Plätzchen im Laden seines Vaters.

— Versuche morgen früh gegen zehn Uhr zum Laden zu kommen. Mein Papa ist um die Zeit auf einer Wahlveranstaltung... Ich warte auf dich vor dem Laden. —

Auch ich habe gehört, daß es Wahlen gibt; der Anlaß ist, daß einer der Abgeordneten plötzlich verrückt geworden ist, da er - so sagen jedenfalls die, die etwas von Politik verstehen - die Dinge zu ernst genommen hatte. Und die Kandidaten, die sich jetzt zur Wahl stellen, sind der Komtur Gaspero Bellucci, der Onkel von Cecchino, und der Advokat Maralli, mein Schwager.

Wenn man bedenkt, daß ich gerade erst vor zwei Monaten, genau einen Tag vor jener unglückseligen Autofahrt, bei der wir uns beinahe den Hals gebrochen hätten, mit Cecchino Bellucci genau darüber gestritten habe, wer von den beiden Kandidaten die größeren Chancen hat, Abgeordneter zu werden! Und nun treten sie tatsächlich gegeneinander an!

Gigino Balestra hält es für ausgemacht, daß der Maralli die Wahl gewinnt; und er muß das wissen, weil sein Vater nicht nur Konditor, sondern auch *Grande Elet-*

---
[62] Römischer Konsul - Prinz von Numidien - (ca. 160-104 v. Chr).
[63] 'Bestia' im Italienischen u.a. 'Dummkopf, Esel', oder wie in unserem Fall, freier übersetzt 'Trottel'.

tore[64] der sozialistischen Partei ist. Und der meint, daß es schon mit dem Teufel zugehen müßte, wenn es die Sozialisten diesmal nicht schaffen würden, den Wahlkreis zu erobern.

Für diesen Zweck hat er eine kleine Zeitung mit dem Titel *Die Sonne der Zukunft* herausgebracht, in der er mächtig gegen die *Nationalunion*, die den Onkel von Cecchino unterstützt, vom Leder zieht.

Gigino Balestra hat mir diese Zeitungen gezeigt und gesagt:

— Mein Papa weiß im Moment nicht, wie er all seinen Verpflichtungen nachkommen soll, und er ist ständig damit beschäftigt für die Zeitung Artikel zu schreiben... Morgen können wir sicher sein, daß er nicht in den Laden kommt. Ich rechne also mit dir! —

23. Februar

Heute morgen mußte ich ein Abführmittel nehmen.

Ich habe noch nie verstehen können, warum süße Sachen, obwohl sie so gut schmecken, so üble Wirkungen haben müssen, während Abführmittel, die so scheußlich sind, so gute Wirkungen haben. Tatsache ist jedenfalls, daß ich gestern an die zwanzig Plätzchen gegessen habe, und zwar lauter Mandelplätzchen, aber es scheint, daß ich sie gerade wegen der Mandeln nicht vertragen habe.

Gigino Balestra war zum verabredeten Zeitpunkt, also um 10 Uhr, vor dem Laden und zwinkerte mir zu, um mir zu verstehen zu geben, daß ich einen Moment warten solle. Ich lief ein bißchen auf und ab, bis er mir schließlich das Zeichen gab, daß ich hereinkommen könne. Tatsächlich war im Moment niemand im Laden, denn der Bäckermeister war gerade hinausgegangen, um einen Blick in die Backstube zu werfen.

— Wir müssen schnell machen, — sagte Gigino — weil er gleich wieder kommt. —

Das ließ ich mir nicht zweimal sagen, und so steckte ich mir immer gleich vier Plätzchen auf einmal in den Mund... und wie man sieht, hat mir das nicht gut getan, so schnell alles in mich hineinzustopfen, denn kaum war ich wieder zu Hause, da bekam ich ein furchtbares Magendrücken, und der Kopf fing an, sich mir zu drehen, so daß ich mich sofort ins Bett legen mußte.

Natürlich sagte ich von der Sache mit den Plätzchen kein Wort... auch um meinen Freund Gigino Balestra nicht zu verraten.

24. Februar

Heute morgen haben wir eine traurige Nachricht erhalten; der *Signor* Venanzio ist heute Nacht gestorben.

Armer *Signor* Venanzio! Es stimmt schon, daß er einem manchmal ein bißchen auf den Wecker gehen konnte, aber er war ein guter Kerl, und es tut mir sehr leid, daß er von uns gegangen ist.

Ich sehe ihn noch ganz deutlich vor mir... Armer *Signor* Venanzio!

25. Februar

War das ein aufregender Tag!

Es ist kurz vor Mitternacht; alle sind schon ins Bett gegangen, und ich bin allein

---

[64] So wurde am Anfang des Jahrhunderts in Italien derjenige genannt, der für eine Partei den Wahlkampf organisierte und leitete. Der Begriff ist die italienische Übersetzung für 'Kurfürst'. Kurfürsten wurden im Mittelalter die sieben Fürsten genannt, die den deutschen Kaiser wählten.

hier in meinem Zimmerchen: allein mit meinem Geheimnis, mit meinem großen Geheimnis, und ich weine und lache und zittere und weiß nicht, warum und wieso. Es kostet mich ganz schön Überwindung, dieses wichtige Ereignis in meinem Leben hier aufzuschreiben, denn ich habe Angst, daß man davon erfahren könnte...

Ach was! Bis heute habe ich diesen Seiten all meine Gedanken, Taten und Erlebnisse anvertraut, und ich muß, mein liebes Tagebuch, meinem Herzen einfach Luft machen, so viele aufregende Dinge habe ich erlebt...

Aber zuallererst muß ich nachsehen, ob mein kostbares Geheimnis noch an seinem Platz ist...

Ja, tatsächlich, alle zweihundert sind hier... Es fehlt nicht eine *Lira*! Ich will also versuchen, mich wieder abzuregen und in aller Ruhe den Faden dort wieder aufnehmen, wo ich ihn fallengelassen habe.

Der arme *Signor* Venanzio ist also tot; das habe ich gestern schon geschrieben.

Geschrieben habe ich auch, daß mich die Nachricht traurig gemacht hat, und das ist wirklich wahr, denn im Grunde tat mir dieser schwerhörige und gelähmte Tattergreis, dem alle den Tod wünschten, leid, und jetzt, wo er tot ist und von oben sehen kann, wie sich die Dinge in Wahrheit verhalten, wird er verstehen, daß, als ich ihm seinen letzten Zahn aus dem Mund gefischt habe, dies nicht in böser Absicht tat, sondern bloß, um ihn zu unterhalten, und daß ich das sicherlich nicht gemacht hätte, wenn ich die Konsequenzen hätte voraussehen können, die von meinem Schwager übrigens sehr übertrieben worden sind, denn ob man einen einzigen faulen Zahn hat oder nicht, ist schließlich Jacke wie Hose, und ich glaube nicht, daß ich deswegen diesem armen Kerl damit nur eine Minute das Leben verkürzt habe.

Aber obwohl mich die Nachricht vom Tod des *Signor* Venanzio sehr traurig gemacht hatte, dachte ich heute morgen nicht mehr daran. Doch dann passierte etwas sehr Merkwürdiges, was mir den *Signor* Venanzio sofort wieder ins Gedächtnis rief.

Gegen halb zehn, als ich gerade dabei war, das dritte mit Butter bestrichene Brötchen in meinen reichlich gezuckerten Milchkaffee zu tunken (ich nehme so viel Zucker nicht, weil ich eine Naschkatze bin, sondern weil ich immer viel Zucker in den Kaffee tue, denn morgens trinke ich immer viel Kaffee mit viel Milch, um viele Brötchen mit viel Butter eintunken zu können), wurde ich plötzlich laut gerufen:

— Giannino! Giannino!... Komm mal her, aber schnell... —

Es war Ada, die gerufen hatte, und beschäftigt, wie ich war, hätte ich mich sicher nicht einen Schritt von der Stelle bewegt, wenn nicht im Tonfall meiner Schwester etwas gelegen hätte, was mich aufhorchen ließ...

Ich lief nach unten in den Flur, wo ich sie zusammen mit Mama fand, und alle beide waren gerade dabei, einen Brief zu kommentieren, den Mama in den Händen hielt.

— Schau mal, Giannino, — sagte Mama sofort — hier ist ein Brief für dich...

— Für mich? Und warum habt Ihr ihn dann geöffnet? — fragte ich prompt.

— Na hör mal! Ich bin schließlich Deine Mama und habe, glaube ich, das Recht, zu sehen, wer Dir schreibt... —

— Und wer schreibt mir? —

— Der Notar Ciapi. —

— Und was will er von mir? —

— Lies selbst! —

Und dann las ich voller Erstaunen den Brief, den ich Wort für Wort hier abschreibe:

CAVALIER TEMISTOCLE CIAPI
NOTAR

Signor Giovanni Stoppani,

In meiner Eigenschaft als offentlicher Notar bin ich beauftragt, die testamentarischen Verfügungen des verstorbenen *Signor* Venanzio Maralli zu vollstrecken, und ich habe die Ehre, hier den 2. Paragraphen der besagten Verfügungen, die Sie persönlich betreffen, zu zitieren:

"*§2. — Ich wünsche und bestimme, daß bei der Eröffnung meines Testaments außer den anderen Erben, und das sind mein Neffe, der Rechtsanwalt Carlo Maralli, Cesira degli Innocenti, sein Hausmädchen, und der Bürgermeister unserer Stadt, der Komtur Giovan Maria Salviati, auch der Knabe Giovannino Stoppani, der Schwager besagten Carlo Marallis, zugegen ist, obwohl keine der Verfügungen, die in meinem Testament enthalten sind, ihn persönlich betreffen. Dennoch wünsche ich seine Anwesenheit, weil ich ihn persönlich gekannt habe und weil ich möchte, daß dieses Testament ihm eine eindringliche Lehre über die Eitelkeit menschlicher Habgier und ein edles Beispiel christlicher Nächstenliebe gibt. Zu diesem Zweck beauftrage ich hiermit den Notar Cavaliere Temistocle Ciapi den besgaten Giovanni Stoppani, wo immer er sich befinden mag, abholen zu lassen, wobei die dafür anfallenden Kosten von der im § 9 angegebenen Gesamtkapitalsumme abzuziehen sind.*"

Um dem im oben angeführten Paragraphen ausgedrückten Wunsch also Genüge zu tun, setze ich Sie davon in Kenntnis, daß ich heute um 15 Uhr zu Ihrer Wohnung eine von mir beauftragte Person meines Vertrauens schicken werde, die Sie mit der Kutsche bis zu meiner Praxis in der Via Vittorio Emanuele 15, 1. Stock, begleiten wird, damit Sie der Testamentseröffnung des verstorbenen *Signor* Venanzio Maralli beiwohnen können.

TEMISTOCLE CIAPI, NOTAR

— Versuch mal ein bißchen, dich zu erinnern, lieber Giannino... —sagte Mama zu mir, nachdem ich den Brief des Notars gelesen hatte. — Überleg mal, was du in den Tagen, als du bei den Marallis warst, alles angestellt hast... Müssen wir vielleicht wieder mit irgendeiner unangenehmen Überraschung rechnen? —

— Hm — antwortete ich. — Also da war die Geschichte mit dem Zahn, aber sonst... —

— Das ist wirklich merkwürdig! — sagte Ada. — Hat man je von einem Fall gehört, wo ein Junge eingeladen wird, an einer Testamentseröffnung teilzunehmen? —

— Wenn er Dir irgendetwas hinterlassen hätte, könnte man das ja verstehen. — fügte Mama hinzu — Aber nach allem, was du ihm angetan hast, ist daran ja überhaupt nicht zu denken...

— Und außerdem — bemerkte meine Schwester — steht in dem Brief klipp und klar: "*obwohl ihn keine meiner Verfügungen... betreffen...!*" Also wozu das Ganze! —

— Auf jeden Fall — sagte Mama schließlich — sagen wir Papa nichts von alledem, hast du gehört? Falls es sich um eine alte Geschichte handeln sollte, möchte ich nicht, daß du all deine Bemühungen, die du seit deiner Rückkehr aus dem Internat gezeigt hast, wieder zunichte machst und Papa dich in ein Erziehungsheim steckt... —

Wir verabredeten also, daß Caterina um 15 Uhr draußen vor der Tür sein sollte, um dem Kutscher zu sagen, daß er warten solle, und um so zu verhindern, daß er klingelt, und daß ich dann ganz leise in die angekündigte Kutsche steigen sollte. Mama und Ada würden Papa sagen, daß sie mich zum Spielen zu der *Signora* Olga geschickt hätten.

Ich brauche nicht zu sagen, wie sehnlich ich die festgesetzte Stunde erwartete.

Endlich kam Caterina, um mich zu holen, und ich bin wie eine Katze aus dem Haus geschlichen und in die Kutsche gestiegen, die mich mit offenem Schlag erwartete. Drinnen saß ein schwarz gekleideter Herr, der zu mir sagte:

— Sind Sie Giovannino Stoppani? —

— Ja; hier habe ich den Brief... —

— Ausgezeichnet! —

Als ich kurze Zeit später in die Praxis des Notars Ciapi trat, war der Bürgermeister schon da, und dann kam auch mein Schwager Maralli, der, kaum daß er mich gesehen hatte, das Gesicht verzog; aber ich tat so, als hätte ich ihn nicht gesehen und begrüßte stattdessen sein Hausmädchen Cesira, das gleich nach ihm eintrat und sich neben mich setzte und mich fragte, wie es mir ginge.

Der Notar Ciapi saß in einem Sessel hinter einem Tisch. Er ist ein komischer Typ: klein wie ein Zwerg und dick wie ein Nilpferd; außerdem hat er ein rundes Gesicht, das zur Hälfte unter einer bestickten Hausmütze verschwindet, an der eine

Troddel baumelt, die ihm ständig übers Ohr fällt, und die er dann jedesmal mit einem kaum merklichen Schütteln des Kopfes nach hinten zu werfen versucht, so wie es einer macht, dem die Haare ins Gesicht hängen.

Er guckte einen nach dem anderen von uns an, läutete dann mit seiner Glocke und sagte:

— Die Zeugen bitte! —

Darauf traten zwei rabenschwarze Kerle ein, die sich zwischen mich und den Notar stellten, und dann nahm dieser aus einer Kladde ein Stück Papier und fing mit näselnder Stimme an zu lesen, was sich anhörte, als würde er ein Gebet sprechen:

— Im Namen seiner Majestät des Königs Vittorio Emanuele des Dritten, glücklicher Herrscher seines Volkes... —

Und dann ergoß sich auf uns ein Redeschwall, von dem ich kein einziges Wort verstand, bis er dann irgendwann anfing, die Worte des *Signor* Venanzio, die er vor seinem Tode dem Notar diktiert hatte, vorzulesen, und die verstand ich ausgezeichnet.

Natürlich kann ich mich nicht mehr an den genauen Wortlaut erinnern, aber ich weiß noch genau die Geldsummen, die er einigen Personen hinterlassen hat, und ich erinnere mich auch noch gut, daß alle seine testamentarischen Verfügungen in einer so komischen Weise geschrieben waren, in einem Ton so voller Ironie, als ob der arme *Signor* Venanzio in der letzten Stunde seines Lebens ein höllisches Vergnügen daran gehabt hatte, alle Welt zum Narren zu halten.

Der 1. Paragraph bestimmte, daß man dem Dienstmädchen von seinem Vermögen zehntausend *Lire* geben sollte, und mir fehlen die Worte, um die Situation zu beschreiben, die entstand, nachdem der Notar diesen Abschnitt aus dem Testament vorgelesen hatte. Die Cesira fiel bei dieser frohen Nachricht in Ohnmacht, worauf alle zu ihr eilten, mit Ausnahme des Maralli, der leichenblaß geworden war und seinem Dienstmädchen einen Blick zuwarf, als wolle er es auffressen.

Wenn man jedoch hört, was der arme *Signor* Venanzio alles für Gründe angibt, warum er der Cesira diesen Haufen *Lire* vererbt hat, muß man denken, er hätte es nur deswegen getan, um seinem Neffen einen Gefallen zu tun.

"*Ich vermache besagter Cesira degli Innocenti diesen Betrag (so sagte er ungefähr) vor allem aus Dankbarkeit, die ich für sie empfinde, denn sie hat mich im Haus meines Neffen, wo ich die letzten Jahre meines Lebens verbracht habe, mit einer Aufmerksamkeit behandelt, die sogar die liebenswürdige Behandlung durch meine Verwandten noch übertroffen hat. Es genügt, darauf hinzuweisen, daß sie mich gewöhnlich einfach 'Zitterpudding" nannte, eine Anspielung auf das ständige Zittern, das ich seit meinem Schlaganfall habe*".

Mir fiel sofort ein, daß ich es war, der dem *Signor* Venanzio von seinen Spitznamen erzählt hatte, so daß die Cesira sich eigentlich bei mir bedanken müßte, daß sie zu dieser schönen Erbschaft gekommen ist. Aber der *Signor* Venanzio führte noch weitere Gründe an:

"*Außerdem*", so fuhr er in seinem Testament ungefähr fort, "*habe ich mich bei der Unterstützung dieser braven Frau von den vortrefflichen und vorbildlichen politischen Theorien meines Neffen leiten lassen, der immer gepredigt hat, daß es auf der Welt keine Herren und Diener mehr geben dürfe; und ich glaube, daß er es von ganzem Herzen begrüßen wird, wenn ich Cesira degli Innocenti mit Mitteln ausstatte, die es ihr erlauben, nicht mehr länger seine Dienerin zu sein, und ihm erlauben, nicht mehr länger ihr Herr zu sein.*"

Als der Rechtsanwalt Maralli diese Sätze hörte, schnaufte er und sagte leise, zum Bürgermeister gewandt:

— Hm, tja... mein Onkel ist schon immer ein Original gewesen! —

Der Bürgermeister lächelte spöttisch, sagte aber kein Wort. Inzwischen fuhr der Notar mit seiner Lesung fort und kam zu einem neuen Paragraphen, der etwa folgendermaßen lautete:

"Mein tiefer Respekt vor den edlen altruistischen Ideen, in denen die sozialen Theorien meines Neffen wurzeln, ist auch der Grund, warum es mir wie eine schwere Beleidigung erschiene, wenn ich ihm, der immer ein erbitterter Gegner des Kapitals und seiner Privilegien (und unter diesen steht ja die Vererbung von Vermögen an erster Stelle) war, mein Geld vererben würde.

Ich habe mich daher entschlossen, mein ganzes Vermögen den Armen der Stadt zu vermachen, d.h. all denen, die nach meinem Tod auf der Armenliste im Rathaus verzeichnet sind. Meinem geliebten Neffen dagegen überlasse ich aus Dank für seine Zuneigung und die guten Wünsche für meine Gesundheit, die er mir stets bezeugt hat, zur Erinnerung, - und ich bin sicher, daß er das sehr zu schätzen weiß - meinen letzten Zahn, den mir sein kleiner Schwager, Giovannino Stoppani, gezogen hat, und den ich extra in Gold habe einfassen lassen, damit er ihn als Krawattennadel tragen kann."

Tatsächlich holte der Notar aus einem Futteral eine riesige Anstecknadel, an deren Spitze genau der Zahn mitsamt seinen Wurzeln befestigt war, den ich aus dem offen stehenden Mund des seligen *Signor* Venanzio gefischt hatte.

Bei diesem Anblick konnte ich einfach nicht mehr und platzte los vor Lachen.

Hätte ich das nur nicht getan! Der Advokat Maralli, der plötzlich um zehn Jahre älter aussah und von Kopf bis Fuß zitterte vor Wut und gleichzeitig vor Anstrengung, sie zu unterdrücken, sprang vom Stuhl auf, reckte die Faust gegen mich und schrie:

— Kanaille, du! Lachst du auch noch über die Früchte Deiner Schandtaten? —

In diesen Worten war so viel Haß, daß alle sich zu ihm umdrehten und ihm ins Gesicht sahen, während der Notar zu ihm sagte:

— Aber beruhigen Sie sich doch, Herr Rechtsanwalt! —

Dann wollte er dem Maralli das Etui mit dem Zahn des seligen *Signor* Venanzio geben, aber dieser wies es mit einer energischen Geste zurück und sagte:

— Geben Sie das diesem Jungen... Er war es, der dem Verstorbenen den Zahn gezogen hat. Also soll er ihn auch haben! —

Und er fing an zu lachen. Aber man merkte sofort, daß es ein gekünsteltes Lachen war, das nur sein vorheriges Verhalten wiedergutmachen sollte.

Und nachdem er einige Blätter unterschrieben hatte, die ihm der Notar reichte, grüßte er und ging.

Während der Bürgermeister mit dem Notar besprach, wie die Austeilung des Vermögens, das der selige *Signor* Venanzio den Armen hinterlassen hatte, vor sich gehen sollte, sagte die Cesira zu mir:

— Haben Sie gesehen, *Sor* Giovannino, was der *Sor Padrone* für ein Gesicht gemacht hat? —

— Und ob! Und das Schönste ist, daß ich mal wieder an allem schuld bin! — .

— Ja, ja! Wer weiß, was er mir jetzt zu Hause für eine Szene macht! Ich getraue mich kaum heimzugehen! —

— Aber wieso denn? Du bist doch jetzt eine reiche Frau!... Und das nur, weil du zufällig für einen alten Tattergreis den richtigen Spitznamen gefunden hast! —

Mittlerweile hatte der Bürgermeister einige Papiere unterschrieben und seine

Besprechung mit dem Notar beendet. Dieser rief nun die Cesira zu sich und bat sie, am nächsten Tag noch einmal zu ihm zu kommen.

Als ich als einziger noch im Zimmer war, öffnete der Notar eine Schublade seines Schreibtischs und holte einen Umschlag daraus hervor. Dann setzte er seine Brille auf, guckte mir fest in die Augen und sagte:

— Der verstorbene *Signor* Venanzio Maralli war wirklich ein Original; aber es steht mir nicht zu, über ihn zu urteilen; es ist vielmehr meine Pflicht als Notar, seinen letzten Willen bis aufs I-Tüpfelchen auszuführen, sei es, daß er diesen schriftlich oder mündlich ausgedrückt hat. Mündlich hat mir der *Signor* Venanzio nun noch folgendes gesagt:

— Ich habe hier einen Umschlag, in dem Tausend *Lire* in vielen Fünf-Lire-Scheinen stecken, und es ist mein Wille, daß dieses Geld nach meinem Tod dem Schwager meines Neffen, Giovannino Stoppani, eigenhändig und ohne daß jemand es sieht oder davon erfährt, übergeben wird; er soll es nehmen und es für sich behalten und nach eigenem Gutdünken darüber verfügen, ohne irgendjemandem etwas davon zu sagen, daß er eine solche Geldsumme besitzt. —

Diese Worte, die mich in großes Erstaunen versetzten, sagte der Notar mit einer so monotonen Stimme, als hätte er sie auswendig gelernt. Dann änderte er jedoch seinen Tonfall und, indem er mir übers Haar strich, sagte er zu mir:

— Der Verstorbene sagte mir, daß du deiner Familie viel Kummer und Sorgen bereitest... —

— Jetzt bin ich aber schon seit einigen Tagen brav! — sagte ich.

— Na Gott sei Dank! Und was das Geld betrifft, das ich dir übergebe, so rate ich dir, es mit Verstand auszugeben. Vielleicht wollte dir der verstorbene *Signor* Maralli, indem er dir diese Summe ganz und gar zu deiner freien Verfügung überlassen hat, einen Beweis seines großen Vertrauens und seiner hohen Meinung von dir geben... Vielleicht hat er es aber auch - ein bißchen wunderlich war er ja - nur deswegen getan, weil es ihm Spaß gemacht hat, sich vorzustellen, was du mit dem Geld machen könntest, wenn er es dir schenkt. Wie auch immer, ich hielt es für meine Pflicht und mit meiner Eigenschaft als Notar und Testamentsvollstrecker nicht für unvereinbar, dir einen guten Rat zu geben... —

Und damit überreichte er mir den Umschlag. Dann hielt er mir auch noch das Etui mit dem Zahn hin und sagte:

— Und was ist hiermit? Dein Schwager hat es dir überlassen, also nimm es auch. Und jetzt lasse ich dich wieder nach Hause bringen. —

Ich war so durcheinander wegen all dieser unerwarteten Dinge, daß ich nicht einmal Danke sagte. Am Eingang zur Praxis des Notars wartete der ganz in Schwarz gekleidete Herr, der mich schon hierher begleitet hatte. Er ging mit mir nach unten, wo wir zusammen in die Kutsche stiegen, die mich nach Hause brachte.

Papa war nicht da, aber Mama und Ada umringten mich sofort, um mir tausend Fragen zu stellen.

Als sie erfuhren, daß der *Signor* Venanzio sein ganzes Vermögen den Armen der Stadt vermacht hatte und daß dem Maralli lediglich eine goldene Krawattennadel mit seinem letzten Zahn zugedacht war, die er aber an mich abgetreten hatte, ergoß sich eine wahre Flut von Ausrufen und Fragen auf mich:

— Wie das!... Das ist ja kaum zu glauben!... Was hat der sich dabei wohl gedacht?... Hat man so was schon gesehen?... —

Ich habe aber immer nur geantwortet, daß ich keine Ahnung hätte, und als es mir schließlich gelang, mich von ihrer Fragerei loszumachen, bin ich auf mein

Zimmer gegangen und habe meinen Schatz in der Schublade meines Tischchens versteckt und sie mit dem Schlüssel verschlossen.

Für den Rest des Tages habe ich so getan, als ob nichts wäre, aber trotzdem war ich so nervös, daß es Papa beim Abendessen auffiel und er zu mir sagte:

— Darf man erfahren, was du heute Abend hast, daß du so herumzappelst wie ein Aal? —

Als ich dann endlich wieder allein hier in meinem Zimmer war, stürzte ich mich sofort auf meinen Schatz, betrachtete ihn und zählte wieder und wieder die zweihundert Fünf-Lire-Scheine, die jetzt mir gehören. Dann tat ich sie wieder zurück in die Schublade und schloß sie ab. Aber kurz darauf öffnete ich sie wieder, nahm das Geld heraus, bestaunte es und zählte es von neuem, um es dann wieder einzuschließen und schließlich wieder hervorzuholen, ohne daß ich mich von ihm trennen konnte… .

Ich komme mir vor wie jener Alte, den ich einmal vor zwei Jahren in einer Operette mit dem Namen *Die Glocken von Corneville* [65] gesehen hatte. Aber es ist nicht aus Geiz, daß ich all diese Scheine immer wieder betrachte, sondern wegen der Träume, die ich mir mit ihnen erfüllen kann. Und das sind nicht wenige! Ich habe mehr in diesen Stunden des Wachseins geträumt als in sämtlichen verschlafenen Nächten meines Lebens!…

Aber ich glaube, es ist allmählich Zeit, zu Bett zu gehen… Ich schließe jetzt meinen Schatz weg und dann gute Nacht!

26. Februar

Es ist noch nicht ganz Tag, und ich bin schon wieder dabei, meine zweihundert Fünf-Lire-Scheine zu zählen, die sich vor mir aufstellen wie zweihundert Fragezeichen: Was soll ich bloß mit ihnen machen?

Tatsächlich: Seitdem ich all diese Scheine habe, bin ich nicht mehr ich selbst, denn mein Kopf ist voller Gedanken, Sorgen und Befürchtungen. Heute nacht konnte ich einfach kein Auge zudrücken; allen Augenblick schreckte ich hoch, weil ich das Gefühl hatte, daß die Räuber kommen, um mir mein Geld wegzunehmen, oder Papa, um mich zu fragen, woher ich es hätte, was im Grunde auf dasselbe hinausläuft, denn wegnehmen würde er es mir auch.

Auf jeden Fall ist es wichtig, daß ich sie gut verstecke, denn es kann sein, daß es im Haus einen zweiten Schlüssel gibt, mit dem man die Schublade meines Tischchens öffnen könnte, und es ist jederzeit möglich, daß Mama und Ada kommen, um in meiner Schublade herumzuwühlen…

Das erste, was ich mir unbedingt anschaffen muß, ist eine gute Geldkassette, aber eine kleine, damit ich sie hinten in meinem Schrank verstecken kann, wo ich meine Spielzeuge von früher, als ich noch kleiner war, aufbewahre.

Wenn ich so überlege, was ich mit meiner Erbschaft anfangen soll, kommen mir tausend Ideen, aber zwei liegen mir ganz besonders am Herzen: Ein Auto zu kaufen und eine Konditorei aufzumachen, wie sie der Vater von Gigino Balestra hat…
Wir werden sehen! Einstweilen stecke ich mir zwanzig Fünf-Lire-Scheine in die Hosentasche, und dann gucke ich mich nach einer Geldkassette um…

Ich bin wieder allein in meinem Zimmer, während alle anderen schon schlafen: Allein mit meinem Schatz, der endlich sicher in meinem Schrank verstaut ist…

---

[65] Operette von Robert Planquette aus dem Jahr 1877. Die Hauptfigur ist ein alter Geizkragen.

Was für ein tolles Gefühl, eine Geldkassette mit tausend *Lire* drin zu haben!... Das heißt, es sind jetzt nicht mehr ganz tausend *Lire*, sondern nur noch siebenhunderteinunddreißig, denn heute habe ich keine geringere Summe als zweihundertneunsechzig *Lire* ausgegeben!

Aber es waren alles gerechtfertigte Ausgaben, und alle sind hier ordnungsgemäß aufgeführt in meinem *Kassenbuch*, das eine *Lir*a gekostet hat und aus dem die folgende *Tagesbilanz* zu entnehmen ist:

	Einnahmen	Ausgaben
Erbe des seligen Signor Venanzio . .	1,000 | 00	
Kassenbuch		1 | 00
Almosen		15 | 00
Geldkassette		250 | 00
Süßigkeiten		3 | 00

In dem Kassenbuch, das ich gekauft habe, gibt es auch eine Spalte für *Bemerkungen*, aber in die habe ich nichts eingetragen, denn die einzige Bemerkung, die ich machen könnte, ist diese: Daß die unnötigsten Ausgaben die Almosen waren.

Heute morgen nämlich, kaum daß ich das Haus verlassen hatte, fand ich auf der Treppe der Kirche von San Gaetano einen armen Blinden, der um Almosen bettelte. Ich griff sofort in meine Tasche, zog einen Fünf-Lire-Schein hervor und ließ ihn in den Hut fallen, den er auf seinen Knien liegen hatte.

Der Blinde guckte mich ganz erstaunt an, schnappte sich blitzschnell den Schein, hielt ihn gegen das Licht und betrachtete ihn eingehend. Dann fragte er mich:

— Aber ist der auch echt, junger Mann? —

Sofort kam ein anderer armer Blinder herbeigeeilt, der am anderen Ende der Treppe saß, um den Schein zu prüfen. Dann sagte er:

— Aber das sieht man doch, daß der Schein in Ordnung ist! Und was ist mit mir, junger Mann? Wollt Ihr mir nicht auch einen Schein geben? —

Um nicht ungerecht zu sein, habe ich ihm dann auch einen gegeben. Und als auf einmal ein Lahmer, der vor der Kirchentür ebenfalls um Almosen bettelte, eiligst herbeigelaufen kam, um in den Genuß derselben Behandlung wie seine beiden Kumpane zu kommen, habe ich auch ihm fünf *Lire* gegeben.

Aber das Schöne an dieser ganzen Geschichte war, daß ich mir in dem Augenblick, als ich mit wichtigtuerischer Geste die Banknoten aus meiner Hosentasche zog, so sehr in der Rolle des großzügigen Wohltäters gefiel, daß ich nicht einen Moment daran gedacht habe, wie merkwürdig es ist, daß die beiden Blinden sehen konnten und der Lahme laufen konnte...

Das ist mir tatsächlich erst hinterher aufgefallen...

Und da habe ich begriffen, daß die Wohltätigkeit eine gute und schöne Sache ist, aber daß man sich auch darauf verstehen muß... Und weil ich mich dann ziemlich geärgert habe, daß man mich so schamlos ausgenutzt hatte, bin ich in die Konditorei Balestra gegangen, und habe, um mich zu trösten, für drei *Lire* Süßigkeiten gegessen.

Ich weiß nicht, ob das zu viel war; auf jeden Fall habe ich zu viel von den kandierten Früchten gegessen, die mir besonders gut schmecken, aber die von allen Süßigkeiten auch am schwersten im Magen liegen.

Trotzdem war das eine gerechtfertigte Ausgabe, und ich bereue sie nicht!

Übrigens war der Kauf meiner Geldkassette gar nicht so einfach! Es ist unglaublich, wie schwer es für einen Jungen ist, in ein Geschäft zu gehen und mit seinem guten Geld etwas zu kaufen, was ihm gefällt.

Schon im ersten Geschäft, in dem ich nach einer Geldkassette gefragt habe, fingen sie an zu lachen, und als ich meinen Wunsch wiederholte, sagten sie zu mir:

— Junge, mach daß du verschwindest! Wir haben Wichtigeres zu tun, als uns mit Deinen Späßchen abzugeben! —

Aber als sie mich im nächsten Geschäft genau so abwimmeln wollten, habe ich protestiert und gesagt:

— Glauben Sie vielleicht, weil ich noch ein Junge bin, daß ich kein Geld habe? —

Und dann habe ich eine Handvoll Scheine aus meiner Hosentasche gezogen.

Daraufhin änderte der Verkäufer sofort sein Benehmen und fing an, mich zu siezen. Trotzdem wollte er mir keine Geldkassette verkaufen, was er damit entschuldigte, daß er an Minderjährige nicht verkaufen dürfe und daß ich deshalb mit meinem Vater kommen müsse.

Das hätte mir gerade noch gefehlt!

Zum Glück guckte gerade ein großer Junge in den Laden und sah, wie ich mein Geld aus der Tasche zog. Als ich aus dem Laden kam, sagte er zu mir:

— Die haben wirklich eine Meise! Nächstens muß man noch die Geburtsurkunde vorlegen, wenn man etwas kaufen will!... —

Natürlich konnte ich dieser berechtigten Kritik nur zustimmen. Und dann fragte mich dieser nette Junge:

— Aber wolltet Ihr etwa dort etwas kaufen? —

— Ja, eine Geldkassette, — antwortete ich — aber eine kleine. —

— Und wieviel möchtet Ihr ausgeben? —

— Also... das kann ich nicht sagen. Ich will eine Geldkassette, in der mein Geld wirklich sicher ist, versteht Ihr?... —

Der Junge dachte ein bißchen nach, dann guckte er mich fest an und fragte mich:

— Dreihundert *Lire*? —

— Oh! Das finde ich aber teuer! —

— Teuer? Aber nein! Wißt Ihr denn nicht, daß Geldkassetten Tausende von *Lire* kosten? Ich rate euch lieber, eine gebrauchte Geldkassette zu kaufen... die ist gar nicht so schwer zu kriegen; sie ist viel billiger und erfüllt denselben Zweck wie eine neue! —

— Und wo kann ich so eine finden? —

— Da müßt Ihr mit mir kommen! Ich habe einige Freunde, die einen Trödelladen haben, alles brave Leute, die tadellose Waren verkaufen und nicht solche Scherereien machen wie in den teuren Geschäften... —

Dann begleitete er mich zu verschiedenen Läden, wo es alle möglichen gebrauchten Sachen gab. Am Anfang schien es gar nicht so leicht, eine Geldkassette zu finden; niemand hatte eine. Wir mußten ziemlich lange herumlaufen, bis wir endlich auf das stießen, was wir suchten. Der Junge war wirklich sehr hilfsbereit, und er war nicht eher zufrieden, bis es ihm endlich gelungen war, für mich eine Geldkassette aufzutreiben. Er ging in einen Laden nach dem anderen und unterhielt sich dort eine Weile mit den Verkäufern, während ich draußen wartete. Beim letzten Laden schließlich kam er mit dem Besitzer nach draußen, und der zeigte mir eine Kassette, die zwar ein bißchen verrostet war, aber für meine Zwecke genau die richtige Größe hatte.

Ich versuchte natürlich ein bißchen zu handeln, und nach einigem Hin und Her hat er sie mir für zweihundertfünfzig *Lire* gelassen. Ich gab ihm alles Geld, was ich in der Tasche hatte, nämlich zweiundachtzig *Lire*, und ließ mir die Kassette für 5 Uhr nach Hause bringen, weil ich wußte, daß Papa um diese Zeit nicht da war und Mama und Ada einen Besuch machten.

Tatsächlich habe ich die Kassette dann vorbeigebracht bekommen, und ich habe das restliche Geld, nämlich einhundertachtundsechzig *Lire*, bezahlt.

Jetzt bin ich wirklich froh, daß mein Geld in Sicherheit ist und ich keine Angst mehr zu haben brauche.

27. Februar

Am Horizont ziehen wieder dunkle Wolken auf.

Heute hat mir Papa eine stundenlange Predigt gehalten, in der er mir wieder alles Mögliche an den Kopf geworfen hat, und die in den üblichen Worten gipfelte, daß ich bestimmt noch die ganze Familie in den Ruin treiben würde.

Und all das scheinbar nur deshalb, weil der Advokat Maralli ihm erzählt hat, daß er meinetwegen von seinem Onkel enterbt wurde.

Aber selbst wenn das wahr wäre: Ist das vielleicht ein Grund, mich jetzt für eine Sache auszuschimpfen, die schon lange vorbei ist und für die ich schon längst gebüßt habe: nämlich im Internat Pierpaoli!

Immer wieder dasselbe! Ewig diese Ungerechtigkeiten und Rechthabereien!

Ich habe die Predigt wortlos über mich ergehen lassen, und als sie zu Ende war, bin ich unter einem Vorwand nach draußen gegangen und zur Konditorei Balestra gelaufen, wo ich mir etwas Gutes tun wollte und zwölf verschiedene Stückchen gegessen habe.

Als ich den Laden verließ, traf ich Gigino Balestra, dem ich sofort von dem Donnerwetter erzählte, das auf mich niedergegangen war. Er guckte mich ganz verwundert an und sagte:

— Aber der Rechtsanwalt Maralli behauptet doch selbst, daß er es war, der seinem Onkel geraten hat, sein ganzes Geld den Armen zu schenken!... —

— Wie bitte? —

— Komm mit mir nach Hause, dann kannst du dich selbst davon überzeugen! —

Und dann sind wir zu ihm nach Hause gegangen, wo mir Gigino die letzte Nummer der *Sonne der Zukunft* gezeigt hat. Darin stand ein Artikel mit dem Titel: *Unser Kandidat - Ein Gegner der Erbschaftsprivilegien*.

Gigino hat mir die Zeitung geschenkt, und ich schreibe hier den Anfang des Artikels ab, weil ich es gut finde, daß man in diesem Journal, das von einem Kind geschrieben ist, sieht, mit welcher Ehrlichkeit die Großen ihre Journale schreiben!

"Selbst auf die Gefahr hin, unserem hochgeschätzten Freund, dem Rechtsanwalt Maralli, gegenüber indiskret zu erscheinen, und obwohl wir seines Protestes sicher sind, zu dem ihn seine natürliche Bescheidenheit treibt, bringen wir es einfach nicht fertig, der Öffentlichkeit eine Tat vorzuenthalten, die ihm große Ehre macht und ein erneuter Beweis dafür ist, mit welcher Konsequenz er stets bemüht ist, nach seinen Prinzipien zu leben.

Unser Kandidat hat also aufgrund seiner Großzügigkeit, die eine der vornehmsten Tugenden seiner Persönlichkeit ist, einen alten, schwerkranken und reichen, sogar sehr reichen Onkel bei sich aufgenommen und gepflegt, und er wäre zweifellos sein natürlicher Erbe gewesen, wenn nicht unser geschätzter Genosse ein so erbit-

terter Gegner jeglicher kapitalistischer Privilegien wäre, unter denen das Vererbungsrecht bekanntlich an erster Stelle steht.

In Übereinstimmung mit dem Programm unserer Partei verzichtete er nicht nur auf das, was jeder normale Bürger an seiner Stelle getan hätte, nämlich seinen reichen Onkel dazu zu überreden, ihn zum Erben seines stattlichen Vermögens zu machen, sondern er überzeugte ihn vielmehr durch sein engagiertes Eintreten für seine Ideen davon, sein Geld den Armen der Stadt zu vermachen, das genau am heutigen Tage im Rathaus an sie verteilt wird und von dem wir hoffen, daß es ihnen eine echte Hilfe für ihr karges Leben sein wird."

Und dann folgte ein heftiger Angriff auf den Kandidaten der Gegenpartei, der als Egoist, Ausbeuter usw. bezeichnet wurde, während die Uneigennützigkeit meines Schwagers in den Himmel gelobt wurde.

Ich bin beim Lesen dieses Artikels aus allen Wolken gefallen, weil ich nur zu gut wußte, wie die Sache mit der Erbschaft des seligen *Signor* Venanzio gelaufen war. Und da ich auch wußte, daß die Zeitung von Giginos Vater herausgegeben wird, sagte ich zu ihm:

— Aber das stimmt ja alles gar nicht! Dein Vater irrt sich!... Wenn der Maralli diesen Artikel liest, dann könnt ihr euer blaues Wunder erleben!... —

— Aber was sagst du da! Der Maralli hat den Artikel schon längst gelesen! —

— Er hat ihn gelesen? —

— Er hat ihn nicht nur gelesen! Zuerst haben er und Papa lange darüber diskutiert, ob es vorteilhaft ist, ihn zu veröffentlichen, aber schließlich kamen sie zu dem Schluß, daß es nicht verkehrt wäre, weil, wie dein Schwager gesagt hat, sein Onkel in seinem Testament ja selbst erklärt, daß er sein Geld aus Respekt vor den Ideen seines Neffen den Armen vermacht, und obwohl er das nur geschrieben hat, um ihn auf den Arm zu nehmen, kann jemand, der nicht weiß, was wirklich passiert ist, das durchaus ernst nehmen. "Zumindest", hat dein Schwager gesagt, "werde ich einen moralischen Gewinn davon haben!..."—

— Dann war er also mit allem einverstanden? —

— Einverstanden? Du wirst lachen: Er hat sogar den Anfang des Artikels selbst geschrieben... —

Ich war wie vor den Kopf gestoßen: Aber Gigino Balestra, der vom Wahlkampf mehr Ahnung hat als ich, sagte zu mir:

— Wundert dich das? Ich sage dir, das ist noch gar nichts! Jetzt beginnt der Wahlkampf zwischen der *Nationalunion* und den *Sozialisten*, und du sollst einmal sehen, was die sich da alles an den Kopf schmeißen!... Aber Papa macht es Spaß, beim Schreiben seinen Gegnern das Fell über die Ohren zu ziehen... Wenn er nicht Konditor wäre, wäre er ein ausgezeichneter Journalist, das sagen alle! Aber er sagt, daß Gebackenes mehr einbringt als Gedrucktes! —

— Und wie wird die Wahl ausgehen? —

— Der Maralli wird wahrscheinlich das Rennen machen, weil die Volksparteien ein Bündnis geschlossen haben... —

— Na, Gott sei Dank! Um ehrlich zu sein, ich fände es gut, wenn mein Schwager Abgeordneter würde. —

— Warum? —

— Das weiß ich selbst nicht so genau, aber ich glaube, daß es eine schöne und nützliche Sache ist, so einen Abgeordneten in der Familie zu haben. Auch hoffe ich, daß der Maralli, wenn er gewählt wird, mir verzeihen wird. Und außerdem fände ich es ganz toll, mit ihm zu den Wahlveranstaltungen zu gehen, wo alle schreien, auch die Kinder, ohne daß sie von jemandem ausgeschimpft werden... —

— Im Gegenteil! — sagte Gigino. — je mehr geschrien wird, um so besser! Wenn du willst, kannst du am Sonntag mit uns nach Collinella fahren, wo eine große Fabrik ist mit vielen Arbeitern. Dort möchte Papa, daß man schreit: "Hoch lebe die *Lega!*" —

Ich würde gerne mitkommen, aber ich weiß nicht, ob Papa mich läßt... Wir werden sehen.

1. März

Diese Wahlen beginnen mich wirklich zu interessieren.

Gestern, als ich draußen war, hörte ich den Zeitungsverkäufer von den Konservativen schreien:

— Lesen Sie, meine Herrschaften, die *Nationalunion!* Lesen Sie die wahre Geschichte von der Erbschaft des sozialistischen Kandidaten! —

Ich habe sie sofort gekauft und den ersten Artikel gelesen, in dem Punkt für Punkt auf den Artikel aus der *Sonne der Zukunft* geantwortet wurde, den mir Gigino Balestra vor ein paar Tagen gezeigt hatte.

Er fängt folgendermaßen an:

"Unser politischer Gegner würde gern aus einer Tatsache Nutzen ziehen, die in Wirklichkeit eine wohlverdiente Strafe ist, und wir können nicht bestreiten, daß er sich damit als ein raffinierter, wenn auch ziemlich frecher Wahlkampfstratege erweist..."

Und dann folgte die Geschichte des seligen *Signor* Venanzio, der keineswegs die Ideale des Advokats Maralli teilte, sondern sie im Gegenteil ganz und gar ablehnte und sich deshalb auch entschloß, ihn zu enterben und sein beträchtliches Vermögen den Armen der Stadt zu vermachen.

Und dann fährt die *Nationalunion* fort:

"Und davon war Maralli, der jetzt gerne als ein Held der Nächstenliebe und als ein Ausbund von Selbstlosigkeit dastehen möchte, alles andere als entzückt. Er war vielmehr so enttäuscht und wütend, daß er auf der Stelle seine Hausangestellte Cesira degli Innocenti entließ, wahrscheinlich nicht ohne sie vorher noch mit einem Haufen von Vorwürfen zu überschütten, weil ihr der verstorbene Venanzio Maralli in seinem Testament zehntausend Lire vererbt hat."

Man muß zugeben, daß dies die reine Wahrheit ist; und ich kann nicht begreifen, wie mein Schwager, der doch so schlau ist, sich seinen Feinden gegenüber so angreifbar machen konnte, indem er ihnen so heikle Dinge erzählt, denn man kann sich doch leicht ausrechnen, daß sie über die ganze Sache genaustens Bescheid wissen, zumal derjenige, der die Aufgabe hatte, das Erbe des *Signor* Venanzio zu verteilen, niemand anderes war als der Bürgermeister, also einer der Köpfe der konservativen Partei, und ausgerechnet der war ja auch bei der Testamentseröffnung dabei, bei der sich der Maralli den tollen Auftritt geleistet hat, von dem ich schon berichtet habe.

Aber man sieht, daß im Wahlkampf die Lügen an der Tagesordnung sind, ganz egal, um welche Partei es sich handelt, denn auch die *Nationalunion* erzählt eine ganze Menge, und vor allem eine davon ist so unverschämt, daß ich sie hier nicht unterschlagen will.

Auf der zweiten Seite steht nämlich ein kleiner Artikel, der überschrieben ist: *"Die Feinde der Religion"*, und den ich an dieser Stelle wortwörtlich wiedergeben will:

"Angeblich wollen sich die katholischen Wähler auch diesmal der Stimme enthalten. Im gegenwärtigen Wahlkampf wäre dies aber besonders fatal, weil sie damit nicht einen Kandidaten unterstützen würden, der sich unserer Verfassung, vor

allem dem ersten Artikel, verpflichtet weiß, sondern ganz im Gegenteil den Wahlsieg eines sozialistischen Kandidaten begünstigen würden, der sich damit brüstet, ein Feind all der Institutionen zu sein, die das Herzstück jeder zivilisierten Gesellschaft sind und der auf jede nur denkbare Weise, in Worten und in Taten, die Religion unseres Staates verleugnet."

Und dann kommt eine ganze Spalte, in der die Gottlosigkeit des Maralli an den Pranger gestellt wird, obwohl ich mich noch gut erinnere (und ich habe dieses Ereignis auch hier in meinem lieben Tagebuch festgehalten), daß mein Schwager, als er meine Schwester heiratete, in die Kirche gegangen ist, weil Papa und Mama sonst der Heirat nie zugestimmt hätten.

Ich möchte wissen, wie man es fertig bringt, so viele Lügen zu erfinden.

Ich bin über diese Verleumdungen der konservativen Zeitung so empört, daß ich seit gestern darüber nachdenke, ob es nicht besser wäre, zum Direktor der *Nationalunion* zu gehen, um die Dinge richtig zu stellen.

Mir scheint, daß dies geradezu meine Pflicht ist, da man ja, wo immer es möglich ist, der Wahrheit zum Triumph verhelfen soll. Außerdem wäre es auch eine gute Gelegenheit, meinem Schwager einen Dienst zu erweisen, nachdem ich ihm, auch wenn es nicht meine Absicht war, die Erbschaft seines Onkels vermasselt habe, mit der er so sehr gerechnet hatte.

Ich will gleich zu meinem Freund Gigino Balestra gehen und ihn fragen, was er davon hält, denn er kennt sich in Fragen des Wahlkampfs besser aus als ich.

2. März

Heute bin ich bei Gigino Balestra gewesen, den ich in meinen Plan eingeweiht habe.

Er hat ein bißchen darüber nachgedacht und dann zu mir gesagt:

— Das ist eine prima Idee! Ich werde dich begleiten. — Tatsächlich haben wir uns für morgen 11 Uhr verabredet, um zum Direktor der *Nationalunion* zu gehen und ihm eine *Gegendarstellung* (Gigino sagt, daß man das so nennt) zu bringen, der auf den Artikel *Die Feinde der Religion* antwortet.

Diese *Gegendarstellung* haben wir zusammen entworfen, und gerade eben vor dem Zubettgehen habe ich sie fein säuberlich auf ein paar Bogen Papier geschrieben, die mir Gigino extra dafür gegeben hat und von denen ich immer nur eine Seite verwenden sollte, weil man das, wie Gigino sagt, so machen muß, wenn etwas gedruckt wird.

Und hier die getreue Wiedergabe der *Gegendarstellung*:

"Sehr geehrter Herr Direktor!

Nachdem ich den Artikel "Die Feinde der Religion" in der letzten Nummer Ihrer geschätzten Zeitung gelesen habe, halte ich es für meine Pflicht, Sie darauf aufmerksam zu machen, daß es nicht richtig ist, was in besagtem Artikel behauptet wird, daß nämlich der Advokat Maralli, mein Schwager, ein gottloser Mensch ist. Ich kann beschwören, daß dies die absolute Unwahrheit ist, weil ich persönlich bei seiner Eheschließung, die in der Kirche San Francesco al Monte stattfand, dabei gewesen bin und gesehen habe, wie fromm er sich dort verhalten hat, was beweist, daß er ein guter Christ ist wie jeder andere auch.

Giannino Stoppani

Dies ist das erste Mal, daß ich einen Artikel in einer Zeitung schreibe, und ich kann den morgigen Tag kaum erwarten.

Heute morgen, nach dem Aufstehen, habe ich mein Geld gezählt und festgestellt, daß ich noch siebenhundertzwölf italienische *Lire* und fünfunddreißig *Centesimi* in meiner Kasse habe.

Als ich zum Frühstück hinunterging, fand ich Papa in einer unerträglichen Laune, weil ich, wie er sagt, nicht lerne und an nichts anderes denke als an mein Vergnügen und ähnliche alte Kamellen. Ich verstehe nicht, wieso es ihm nicht schon längst zum Hals heraushängt, immer dieselben Sachen hervorzukramen, ohne auch nur eine Silbe zu ändern. Selbst der Tonfall ist immer der gleiche!

Genug. Ich habe bis zum Schluß mit gesenktem Kopf zugehört, und dabei die ganze Zeit an meine Gegendarstellung gedacht, die ich zur *Nationalunion* bringen muß.

Wie werde ich wohl aufgenommen?

Egal, auf jeden Fall muß man der *Wahrheit zur Ehre verhelfen*, wie sich Gigino Balestra ausdrückt, und davon werde ich mich auf keinen Fall abbringen lassen.

Wie verabredet, bin ich mit Gigino Balestra beim Direktor der *Nationalunion* gewesen, und ich bin wirklich sehr zufrieden, daß ich eine so gute Idee gehabt habe...

Als wir zum Haus der *Nationalunion* kamen, waren da zwei junge Kerle, die uns nicht zur Direktion durchlassen wollten, und der eine von ihnen sagte zu uns:

— Jungs, hier ist man nicht zum Vergnügen, sondern zum Arbeiten!... —

Das Schöne dabei war, daß er hinter einem Tisch saß und Däumchen drehte!

— Aber wir sind gekommen, um eine *Gegendarstellung* abzugeben! — gab Gigino zur Antwort und setzte dabei eine ganz wichtige Miene auf.

— Eine *Gegendarstellung*? Was für eine *Gegendarstellung*? —

Dann ergriff ich das Wort und sagte:

— Weil in der *Nationalunion* zu lesen steht, daß der Advokat Maralli kein Christ ist, aber ich bin sein Schwager und kann beschwören, daß das nicht wahr ist, weil ich selbst mit meinen eigenen Augen gesehen habe, daß er, als er meine Schwester geheiratet hat, in der Kirche von San Francesco al Monte niedergekniet ist. —

— Wie bitte? Sie sind der Schwager des Advokats Maralli? Ach so! Na, dann warten Sie mal ein Momentchen... —

Und dann ging der junge Kerl in ein anderes Zimmer, aus dem er kurze Zeit später wieder herauskam, um uns mit den Worten: — Treten Sie näher! — hereinzubitten.

Und so traten wir dann tatsächlich in das Zimmer des Direktors. Der Direktor ist ein Mann mit einer blitzsauberen Glatze, aber das war auch das einzige Saubere an ihm, denn er trug einen Anzug, der regelrecht aus Schmutz gewebt zu sein schien, und mitten auf seiner schwarzen Krawatte, die ganz fettig war, glänzte ein Spritzer Eidotter, so daß es aussah, als hätte er ihn absichtlich dorthin gemacht, um den Eindruck zu erwecken, er hätte eine goldene Krawattennadel.

Aber er war sehr freundlich, und nachdem er meine Gegendarstellung gelesen und ein bißchen darüber nachgedacht hatte, sagte er:

— Sehr lobenswert! Die Wahrheit muß man ehren... Aber man bräuchte Beweise... irgendwelche Dokumente... —

Ich habe ihm dann erzählt, daß die ganze Geschichte von der Hochzeit meines Schwagers hier in meinem Tagebuch steht, in den Seiten nämlich, die ich glücklicherweise aus dem Kamin retten konnte, als mein Schwager versucht hatte, sie zu verbrennen...

— Aha! Verbrennen wollte er sie also! —.

— Ja, und ob! Aber da kann man mal sehen, wie das Leben so spielt: Wenn ich nicht rechtzeitig diese Seiten gerettet hätte, wäre es um ihn jetzt schlecht bestellt, denn dann könnte ich nicht beweisen, was ich in meiner Gegendarstellung behaupte!...

— Ja, das stimmt... Da hast du recht, mein Junge... —

Tatsächlich sagte der Direktor der *Nationalunion*, daß ich ihm unbedingt mein Tagebuch, und zwar versehen mit meiner Unterschrift, zeigen müsse, und ich habe mit ihm verabredet, es ihm noch am selben Abend zu bringen. Er dagegen hat sich verpflichtet, in der nächsten Ausgabe seiner Zeitung nicht nur meine Gegendarstellung zu bringen, sondern auch, wenn es notwendig sein sollte, die Beschreibung der kirchlichen Trauung meines Schwagers...

Wer weiß, wie sich der Maralli freuen wird, wenn er sich in der Zeitung seiner Gegner rehabilitiert findet, und wenn er erfährt, daß ich die Ursache davon bin. Ich stelle mir schon vor, wie er mit ausgebreiteten Armen auf mich zukommt, um mit mir Frieden zu schließen, und dann wird man einen Schlußstrich unter die Vergangenheit setzen und die Wahrheit wird über alle Lügen und Verleumdungen triumphieren.

Und jetzt, mein liebes Tagebuch, klappe ich dich zu und stelle mich darauf ein, einige Tage von Dir getrennt zu sein, aber ich freue mich, daß du mir hilfst, eine gute Tat zu vollbringen und der Wahrheit gegen all diese tendenziösen Erfindungen (so nennt das mein Freund Gigino Balestra) zu einem strahlenden Sieg zu verhelfen.

Giannino Stoppani

....

Hier endet das Tagebuch von Gian Burrasca; aber nicht enden hier natürlich seine Streiche und Abenteuer; und da ich die Veröffentlichung dieser Aufzeichnungen übernommen habe, darf man mit Recht von mir erwarten, daß ich wenigstens noch die Geschichte von dem Wahlabenteuer zu Ende erzähle, die im schönsten... oder im schlimmsten Augenblick, je nach der politischen Anschauung meiner kleinen Leser, unterbrochen wurde.

Tatsächlich war unser armer Giannino Stoppani mitten in eine politische Auseinandersetzung hineingeraten, und man braucht sich nicht darüber zu wundern, wenn sein naives Vertrauen von allen Seiten mißbraucht wurde und all seine Absichten gründlich ihr Ziel verfehlten.

Zwar hat der Direktor der *Nationalunion*, wie versprochen, die Gegendarstellung, die ihm Giannino Stoppani gebracht hatte, angenommen, aber der Titel des Artikels, in dem sie erschien, reicht aus, um die verborgene Absicht zu erkennen, die hinter der angeblichen Wahrheitsliebe des Direktors stand.

Der Artikel war nämlich überschrieben mit: *Der Advokat Maralli - Freidenker in der Stadt und Betbruder auf dem Land*. Eingeleitet wurde er mit der Gegendarstellung von Giannino Stoppani. Und dann folgte seine Beschreibung der kirchlichen Trauung seiner Schwester mit Maralli, die wortwörtlich seinem Tagebuch entnommen war. Und der Artikel endete damit, daß der Kandidat der Sozialisten als ein Opportunist der schlimmsten Sorte hingestellt wurde, der in seinem politischen Kampf von keinen anderen Triebfedern bewegt wird als von schäbigster Geldgier und grenzenlosem Ehrgeiz.

Im Hause Stoppani traf die Nachricht von dieser politischen Tragödie am frühen Morgen ein, als der Vater von Giannino die Nummer der *Nationalunion* mit dem schrecklichen Artikel erhielt; er war blau umrandet, und daneben standen folgende Worte von Maralli:

"Euer Sohn, der mir bereits meine private Zukunft ruiniert hat, indem er mich die Erbschaft meines Onkels hat verlieren lassen, sowie meine berufliche Zukunft, indem ich durch ihn einen wichtigen Prozeß verloren habe, ist gerade rechtzeitig aus dem Internat zurückgekehrt, um nun auch noch meine politische Zukunft zu zerstören... und das ist ihm bestens gelungen."

Darauf ging ein schreckliches Gewitter auf das Haupt unseres armen Gianninos nieder... von einem tiefer liegenden Körperteil ganz zu schweigen.

— Aber ich habe doch nur die Wahrheit gesagt! — schrie dieser unter der unerwarteten Tracht Prügel. — Ich dachte doch, ich würde ihm einen Gefallen tun, wenn ich ihn gegen eine ungerechte Anklage verteidige! —

Und der Vater, während er die Prügel noch verstärkte, rief:

— Dummkopf! Galgenstrick! Wann kapierst du endlich, daß sich Kinder nicht in die Angelegenheiten mischen sollen, von denen sie nichts verstehen! Schwachkopf! Schurke! Du treibst uns noch alle in den Untergang!...

Es ist klar, daß unser Giannino noch keinen Sinn für die Mysterien der Politik haben konnte, sonst hätte er gewußt, daß auf diesem Feld eine Verteidigung, wenn sie von einem einfachen und gutgläubigen Menschen vorgebracht wird, manchmal mehr Schaden anrichten kann als eine Verleumdung durch einen niederträchtigen und verderbten Charakter.

Auf jeden Fall, die Enthüllung, die unser Giannino der *Nationalunion* und diese dem Publikum gemacht hatte, bewirkte, daß eine Fraktion der sozialistischen Partei sowie die anderen Parteien, die mit ihr verbündet waren, sich gegen Maralli stellten, und daß dieser am Tag der Wahl eine schmähliche Niederlage einstecken mußte.

Aber das war noch nicht alles. Der Streit zwischen der *Nationalunion* und der *Sonne der Zukunft* wurde so heftig und erbittert geführt, daß die schlimmsten Beleidigungen aus dem Wörterbuch des italienischen Wahlkampfs nicht mehr ausreichten und man zu Handgreiflichkeiten überging. Und so kam es, daß eines Tages die Konditorei des Vaters von Gigino Balestra Schauplatz einer fürchterlichen Schlägerei zwischen den Konservativen und den Sozialisten wurde, bei der sich beide Parteien nach allen Regeln der Kunst verprügelten und - ausgerechnet an einem Ort, der voll der süßesten Sachen ist - die bittersten Dinge an den Kopf warfen, die man sich vorstellen kann. Schließlich hatten sie sich gegenseitig so zugerichtet, daß sie einen höchst jämmerlichen, zugleich aber auch äußerst appetitlichen Eindruck machten, denn ihre Gesichter waren nicht nur voller Beulen, sondern auch voller Cremespritzer und ganz schwarz von Blutergüssen und Abdrücken von Schokoladenfingern, von denen Blut und *Alkermes*[66] tropften...

Ergebnis war, daß sie sich gegenseitig anzeigten; und vor Gericht war nun eines der für die Wahrheitsfindung wichtigsten Dokumente kein anderes als das Tagebuch von Gian Burrasca, das der Direktor der *Nationalunion* an seinen rechtmäßigen Eigentümer nicht mehr zurückgegeben hatte. Danach lag es für lange Zeit vergessen zwischen den Akten der Gerichtskanzlei, was den nicht weiter wundert, der weiß, wie langsam und vergeßlich das italienische Rechtswesen ist.

Wie schließlich das Tagebuch von Gian Burrasca in meine Hände geriet, will ich nicht verraten; es genügt zu wissen, daß ich das Glück hatte, es bei einer Portiersfrau, deren Mann Gerichtsdiener war, zu finden, und zwar gerade in dem Moment, als sie dabei war, es ihren Kindern vorzulesen. Und mit viel Mühe und mit viel Geld in Form von Stempelpapier - und mit der Zustimmung von Giannino Stoppani - gelang es mir, das Manuskript vom Gericht zu bekommen, denn von Rechts wegen dürfte das Gericht ein Prozeßdokument weder an Gian Burrasca, der zwar der Eigentümer, aber noch minderjährig ist, noch an mich, der ich leider volljährig, aber nicht der Besitzer bin, aushändigen. Aber auch dies ist für jemanden, der weiß, wie schwerfällig und teuer normalerweise die italienische Justiz ist, nicht weiter verwunderlich... ...

Ich habe anfangs gesagt, daß die Abenteuer von Gian Burrasca nicht mit seinem Tagebuch enden... Tatsächlich entschloß sich sein Vater, nachdem Giannino die politische Karriere seines Schwagers ruiniert hatte, ihn in ein Erziehungsheim zu stecken, und genau dasselbe hatte der Vater von Gigino Balestra mit seinem Sohn vor, denn Gigino war ja, wie Ihr gesehen habt, maßgeblich an der *Gegendarstellung* für die *Nationalunion* beteiligt.

Unter dieser schrecklichen Drohung heckten die beiden Jungen einen Fluchtplan aus... und an dieser Stelle beginnt ein neues Kapitel in der Geschichte von Gian Burrasca. Aber das erzähle ich euch ein anderes Mal.

Vamba

---

[66] Roter Likör aus Italien.

Biographische Angaben zu Vamba (Luigi Bertelli)

Luigi Bertelli wurde am 19. März 1860 in Florenz geboren. Er besucht zunächst die Ordensschule der "Scolopi", die er aber vorzeitig verläßt, um dann bei der Italienischen Staatsbahn, zu arbeiten. Dort hält es ihn jedoch nicht lange. Er geht dann nach Rom, wo er als Journalist und satirischer Zeichner für verschiedene Zeitschriften und Zeitungen tätig wird (z. B. *Capitan Fracassa, Fanfulla della Domenica, Don Chisciotte*). Zu Ehren des Spaßmachers in Walter Scotts *Ivanhoe* nimmt er das Pseudonym «Vamba» an.

In den neunziger Jahren kehrt er wieder nach Florenz zurück und veröffentlicht im Jahr 1893 *Ciondolino*, das schon 1895 in englischer Sprache herauskommt (eine deutsche Übersetzung erscheint nach dem 2. Weltkrieg unter dem Titel: *Max Butziwackel der Ameisenkaiser*), in dem die Abenteuer und Erlebnisse eines Kindes in der Welt der Ameisen und Insekten geschildert werden. Trotzdem ist er weiterhin als Journalist tätig. 1901 gründet er die republikanische Wochenzeitschrift *L'O di Giotto*. Bald kehrt er jedoch dem politischen Journalismus den Rücken und beschließt nach einem Treffen mit dem Herausgeber Enrico Bemporad, der *Pinocchios Abenteuer* herausgebracht hatte, nur noch für Kinder und Jugendliche zu schreiben.

Am 24. Juni 1906 erscheint im Verlag Bemporad die erste Nummer des von Luigi Bertelli herausgegebenen *Giornalino della Domenica*, eine illustrierte Wochenzeitschrift für Jugendliche, an der zahlreiche führende italienische Literaten wie Giovanni Pascoli, Edmondo de Amicis, Emilio Salgàri, Luigi Pirandello, Gabriele D'Annunzio, Grazia De-

ledda, Ada Negri, Matilde Serao u. a. mitarbeiteten. In eben dieser Zeitschrift erscheint dann auch zwischen dem 17. Februar 1907 und dem 17. Mai 1908 als Fortsetzungsgeschichte Vambas bedeutendstes Jugendbuch *Il giornalino di Gian Burrasca*. Im Buchform kommt dieses Werk dann, zusammen mit den Zeichnungen von Vamba, 1912 in Florenz heraus. Die Anregung zu diesem Buch erhielt Vamba von einem amerikanischen Jugendbuch mit dem Titel *A Bad boy's diary*, das Esther Modigliani, eine Mitarbeiterin seiner Wochenzeitschrift ins Italienische übersetzt und unter dem Titel *Memorie di un ragazzaccio* veröffentlicht hatte. Das Material einiger Geschichten hat Vamba aus diesem Buch übernommen, aber er hat es sowohl auf eine andere literarische Ebene gehoben als ihm eine andere pädagogische Richtung gegeben.

Luigi Bertelli stirbt am 27. November 1920 in Florenz, wo er auf dem Friedhof "Cimitero Monumentale delle Porte Sante di San Miniato" in der Nähe von Carlo Collodi beigesetzt wird. Der Freund und Bildhauer Libero Andreotti errichtet für ihn das Grabmal.